普通高等教育"十三五"应用型本科系列规划教材

供应链管理

GONGYINGLIANGUANLI

主　编　李喜梅

副主编　原亚丽

西安交通大学出版社

XI'AN JIAOTONG UNIVERSITY PRESS

内 容 提 要

　　本书包括供应链管理概述、供应链管理的相关理论、供应链战略合作伙伴关系的选择、供应链管理环境下的采购管理、供应链管理环境下的生产计划和控制、供应链管理环境下的库存控制、供应链管理方法、供应链管理中的绩效评价、供应链风险管理等方面的内容。本书每个项目都安排有学习目的与要求、导入案例、项目小结、思考题、案例分析、实训项目，内容由浅及深，通俗易懂，知识详尽准确，可操作性强。这有利于提高学生学习的针对性和趣味性，做到学以致用，提升学生的实际应用能力；还有利于教师系统、循序渐进、有重点地教学。

　　本书可作为应用型本科院校物流管理和电子商务专业的教材，也可作为物流从业人员的学习和培训教材。

前言
Foreword

供应链及供应链管理是当代经济发展中的热点话题。21世纪的竞争是供应链与供应链之间的竞争。任何一个企业,都要与其他企业结成供应链联盟,在竞争中寻求合作,在合作中提升竞争能力。

供应链管理是物流管理专业的综合专业课程。了解供应链管理的本质与内涵,对于组织高效的物流活动具有重要的意义。本书在内容安排上共分为九个项目。首先概括地介绍供应链管理的背景、基本概念、特征等相关理论;其次介绍供应链管理中战略合作伙伴关系选择的方法和具体内容;再次以企业实际供应链管理过程中所涉及的采购、库存、生产等内容为主线,介绍供应链管理过程中所遇到的问题以及解决方法与对策;最后介绍先进的供应链管理策略、绩效评价、激励机制和业务流程重组的基本内容,并在此基础上提出供应链风险的规避。

作为应用型本科院校物流管理专业的教材,本书具有以下特点:

一是突出实践性。本教材力求以就业为导向,以提升学生实践能力为基础,兼顾理论与实践相结合。注重学生综合素质的形成和科学思维方式与创新能力的培养,使学生边学习、边吸收、边掌握。在各项目中理论介绍部分尽量用简化的文字进行理论分析,突出内容的可操作性和实用性,而且每个项目后面附有项目实训,培养学生的知识运用能力与发现问题、分析问题和解决问题的能力,体现应用型本科院校的特点。

二是系统性和深入浅出。本书系统地介绍了供应链管理领域的主要内容和方法,每一个项目在结构安排上设置了"学习目的与要求""导入案例""项目小结""思考题""案例分析""实训项目"等环节;在内容的设置上,摒弃了深奥的理论阐述和仅泛泛罗列知识的缺点,内容由浅及深,通俗易懂,知识详尽准确,可操作性强。这有利于提高学生学习的针对性和趣味性,做到学以致用,提升学生的实际应用能力;还有利于教师系统、循序渐进、有重点地教学。

三是突出案例教学与学习。本书摘选了世界各国成功企业在供应链管理中的经验与案例。在每个项目开头配有引导案例,以案例引导教学内容;在项目中尽可能使理论知识实际化,便于学生理解;在项目结尾都会有项目小结,以方便学生对项目内容进行汇总。另外,还设计有案例分析、思考题,以案例分析来进一步消化和理解供应链管理思想和策略的真实内涵,培养学生分析问题的能力和知识的应用能力。

本书由西安培华学院李喜梅担任主编,原亚丽担任副主编。编写分工如下:项目一由张晓明编写,项目二、三、四、五由李喜梅编写,项目六、七、八、九由原亚丽编写。全书由李喜梅负责总策划、结构设计和最后统稿。

由于物流与供应链管理的内容相当广泛,书中难免存在错误与不足之处,敬请读者与专家批评指正。

编者
2016 年 5 月

目 录
Contents

项目一
供应链管理概述

导入案例

戴尔的供应链运作

戴尔在短短 20 年的发展过程中取得了 IT 行业发展的奇迹,长期坚持其"黄金三原则"不变,即"坚持直销""摒弃库存""与客户结盟"。戴尔供应链管理模式的主要特点可归纳为:①按单生产。为了能够满足客户日趋个性化、多样化的要求,戴尔采用了接单后生产及准时化的生产方式,根据顾客通过网站和电话下的订单来组装产品,其装配车间不设置任何仓储空间,原配件由供应商直接运送到装配线上,生产出来的产品直接运送给指定客户,原配件和成品均实行零库存制。②直接与顾客建立联系。戴尔通过直销与顾客建立了直接联系,不仅节省了产品通过中间环节销售所浪费的时间和成本,还可以更直接、更好地了解顾客的需求,并培养一个稳定的顾客群体。公司与客户直接发生销售和售后服务关系,中间环节的省略显著降低了客户信息传送的时间,同时有效减少了信息的损耗。③高效的分销配送体系促进成本的降低。戴尔通过建立一个机动灵活、成本低廉的配送系统,凭借超高效的供应链和生产流程管理,大大降低了生产成本。简约的直销模型有效地缩短了信息和产品在整条供应链上传送所需的时间,省略中间环节,使得通过分销商和零售商配送产品所产生的渠道费用占销售收入的百分比由传统的间接销售模式下的 13.5%~15.5% 降低到仅为 2%。④产品和服务定位于特定的客户群体。在直销模式下,客户通过网页、热线电话或者邮件直接向戴尔公司订货。这就决定了戴尔公司的产品和服务定位于一个特殊的群体,即已经具备足够计算机知识、更加重视产品性能价格比的用户。

第一节 供应链的基本概念

一、供应链的概念与特征

(一)供应链认识的发展历程

早期的观点认为供应链是指将采购的原材料和收到的零部件,通过生产转换和销售等活动传递到用户的一个过程。因此,供应链仅仅被视为企业内部的一个物流过程,它所涉及的主要是物料采购、库存、生产和分销诸部门的职能协调问题,最终目的是为了优化企业内部的业务流程、降低物流成本,从而提高经营效率。

进入20世纪90年代,人们对供应链的理解又发生了新的变化:首先,由于需求环境的变化,原来被排斥在供应链之外的最终用户——消费者——的地位得到了前所未有的重视,从而被纳入了供应链的范围。这样,供应链就不再只是一条生产链了,而是一个涵盖了整个产品运动过程的增值链。

随着信息技术的发展和产业不确定性的增加,今天的企业间关系正在呈现日益明显的网络化趋势。与此同时,人们对供应链的认识也正在从线性的单链转向非线性的网链,供应链的概念更加注重围绕核心企业的网链关系,即核心企业与供应商、供应商的供应商的一切向前的关系,与用户、用户的用户及一切向后的关系。供应链的概念已经不同于传统的销售链,它跨越了企业界限,从扩展企业的新思维出发,并从全局和整体的角度考虑产品经营的竞争力,使供应链从一种运作工具上升为一种管理方法体系,一种运营管理思维和模式。

世界权威的《财富》(FORTUNE)杂志早在2001年已将供应链管理列为本世纪最重要的四大战略资源之一;供应链管理是世界500强企业保持强势竞争不可或缺的手段;无论是制造行业、商品分销或流通行业,无论你是从业还是创业,掌握供应链管理都将助你或你的企业掌控所在领域的制高点。

(二)供应链的含义

供应链(supply chain)的思想源于流通(logistics),原指军方的后勤补给活动。随着商业的发展,便逐渐推广应用到商业活动上。流通系统最终目的在于满足消费者,将流通所讨论的范围扩大,把企业上下游成员纳入整合范围,就发展出供应链。希望能对相关的企业个体以及流程加以整合,以减少浪费与重复,并通过各相关企业紧密的合作,来提高经营绩效与服务水平。

美国物流协会1998年对物流的定义指出:"物流是供应链流程的一部分,是为了满足客户要求而对商品、服务及相关信息从原产地到消费地的高效率、高效益的正向和反向流动及储存进行的计划、实施与控制过程。"

英国著名经济学家克里斯多夫曾经讲过这样的话:市场上只有供应链而没有企业,真正的竞争不是企业与企业之间的竞争,而是供应链与供应链之间的竞争。

我国2006年发布实施的国家标准《物流术语》(GB/T 18354—2006)中对供应链的定义是:供应链是生产及流通过程中,为了将产品或服务交付给最终用户,由上游与下游企业共同建立的网链状组织。

我们可以把供应链描绘成一棵枝叶茂盛的大树：生产企业构成树根；独家代理商则是主杆；分销商是树枝和树梢；满树的绿叶红花是最终用户；根与主杆、枝与杆的一个个结点，蕴藏着一次次的流通，遍体相通的脉络便是信息管理系统。

尽管各种定义不尽相同，表述也不尽一致，但我们还是能够从中理解供应链的基本内容和实质。所谓供应链，是指产品生产和流通过程中所涉及的原材料供应商、制造商、批发商、零售商以及最终消费者组成的供需网络，即由原材料获取、物料加工和制造直至将成品送到用户手中，这一完整过程所涉及的企业和企业部门组成的网络。供应链的范围比物流要宽，不仅将物流系统包含其中，还涵盖了生产、流通和消费，从广义上涉及了企业的生产、流通，再进入到下一个企业的生产和流通，并连接到批发、零售和最终用户，既是一个社会再生产的过程，又是一个社会再流通的过程。狭义地讲，供应链是企业从原材料采购开始，经过生产、制造，到销售至终端用户的全过程。这些过程的设计、管理、协调、调整、组合、优化是供应链的主体；通过信息和网络手段使其整体化、协调化和最优化是供应链的内涵；运用供应链管理实现生产、流通、消费的最低成本、最高效率和最大效益是供应链的目标。

(三)供应链的特征

1.复杂性

因为供应链节点企业组成的跨度不同，供应链往往由多个、多类型甚至多国家的企业组成，所以供应链结构模式比一般单个企业的结构模式复杂。

2.动态性

供应链管理因企业战略和适应市场需求变化的需要，其中节点企业需要动态地更新，这就使得供应链具有明显的动态性。

3.面向客户需求

供应链的形成、存在和重构都是基于一定的市场需求而发生，并且在供应链的运作过程中，用户的需求拉动是供应链中信息流、物流、资金流运作的驱动源。

4.交叉性

节点企业可以是这个供应链的成员，同时又是另一个供应链的成员，众多的供应链形成交叉结构，增加了协调管理的难度。

二、供应链的类型

供应链可以分为内部供应链和外部供应链两类。内部供应链是指企业内部产品生产和流通过程中所涉及的采购部门、生产部门、仓储部门、销售部门等部门组成的供需网络。外部供应链则是指企业外部的，与企业相关的产品和流通过程中所涉及的原材料供应商、生产厂商、储运商、零售商以及最终消费者组成的供需网络。内部供应链和外部供应链共同组成了企业产品从原材料到成品到消费者的供应链。可以说，内部供应链是外部供应链的缩小化。如对于制造厂商，其采购部门就可看做外部供应链中的供应商。他们的区别只在于外部供应链范围大，涉及企业众多，企业间的协调更困难。

(一)按照供应链管理对象划分

这里所说的供应链管理对象是指供应链所涉及的企业及其产品、企业的活动、参与的人员和部门。

根据供应链管理的研究对象及其范围,供应链可分为三种类型。

1. 企业供应链管理

它以某个企业为核心,以该企业的产品为主导,形成包括该企业的供应商、供应商的供应商以及一切前向的关系,以及用户、用户的用户及一切后向的关系。这个核心企业在整个供应链中有明显的主导地位和作用,对整个供应链的建立与组织起关键作用。

2. 产品供应链

它以某一特定产品或项目为中心,由特定产品或项目需求所拉动,包括与此相关的所有经济活动的供应链。产品供应链上的企业管理紧密,它们相互依存。供应链的效率取决于相关企业的密切合作,因此,基于信息技术的系统化管理是提高供应链运作效率的关键。

3. 基于供应链合作伙伴关系的供应链

供应链合作伙伴关系主要是指针对这些职能成员间的合作进行管理。基于供应链合作伙伴关系的供应链一般通过契约协调双方或多方间的利益,实现物流、信息流、资金流的流动与交换。

上述三种供应链管理对象的区别是彼此相关的,在一些方面是相互重叠的,这对于考察供应链和研究不同的供应链管理方法是有帮助的。

(二)按照供应链网络结构划分

1. V 型供应链

V 型供应链是供应链网状结构中最基础的结构。这种供应链以大批量物料存在方式为基础,经过企业加工转换为中间产品,提供给其他企业作为他们的原材料。生产中间产品的企业往往客户要多于供应商,呈发散状。例如,原材料经过中间产品的生产和转换,成为工业原材料,如石油、化工、造纸和纺织等企业,这些企业生产种类繁多的产品,满足众多下游客户的需求,从而形成了 V 型供应链。

2. A 型供应链

当核心企业为供应商网络上的最终用户服务时,它的业务本质上是由订单和客户驱动的。在制造、组装和总装时,会遇到一个与 V 型供应链相反的问题,即为了满足相对少数客户需求和客户订单,需要从大量的供应商手中采购大量的物料。这是一种典型的汇聚型供应链网,即 A 型供应链。这种供应链一般要加强供应商和制造商之间的密切合作,共同控制库存量。

3. T 型供应链

介于上述两种模式之间,许多企业通常结成的是 T 型供应链。他们通常根据订单确定通用件,从与自己相似的供应商公司采购大量的物料,通过制造标准化来降低订单的复杂程度,为大量终端客户和合作伙伴提供构件和套件,如医药保健品、电子产品和食品、饮料等行业,以及为总装配提供零部件的公司也同样存在,如为汽车、电子机械和飞机主机厂商提供零配件的企业等。

T 型供应链是供应链管理中最为复杂的,因为这类企业往往投入大量的金钱用于解决方案,需要尽可能限制前期来稳定生产而无须保有大量库存。因此供应链必须适应市场需求,及时掌握市场信息,尽可能准确估计市场需求的变化趋势,根据市场的变化,及时作出反应,抓住市场机遇,合理安排生产和供应,保证连续的生产过程中能够动态地适应不断变化的市场。

(三)按照供应链驱动力的来源划分

1.推动式供应链

推动式供应链的运作是以产品为中心,以生产制造商为驱动原点。这种传统的推动式供应链管理,力图尽量提高生产率,降低单件产品成本来获得利润。通常,生产企业根据自己的MRPⅡ/ERP计划来安排从供应商处购买原材料,生产出产品,并将产品经过各种渠道,如分销商、批发商、零售商一直推至客户端。在这种供应链上生产商对整个供应链起主导作用,是供应链上的核心或关键成员,而其他环节如流通领域的企业则处于被动的地位,这种供应链方式的运作和实施相对较为容易。然而,由于生产商在供应链上远离客户,对客户的需求远不如流通领域的零售商和分销商了解得清楚,这种供应链上企业之间的集成度较低,反应速度慢,在缺乏对客户需求了解的情况下生产出的产品和驱动供应链运作方向往往是无法匹配和满足客户需求的。

在一个推动式供应链中,生产和分销的决策都是根据长期预测的结果作出的。准确地说,制造商是利用从零售商处获得的订单进行需求预测。事实上企业从零售商和仓库那里获取订单的变动性要比顾客实际需求的变动大得多,这就是通常所说的牛鞭效应,这种现象会使得企业的计划和管理工作变得很困难。例如,制造商不清楚应当如何确定它的生产成本,如果根据最大需求确定生产能力,就意味着大多数时间里制造商必须承担高昂的资源闲置成本;如果根据平均需求确定生产能力,在需求高峰时期就需要寻找昂贵的补充资源。同样,对运输能力的确定也面临这样的问题:是以最高需求还是以平均需求为准呢?因此在一个推动式供应链中,经常会发现由于紧急的生产转换引起的运输成本增加、库存水平变高或生产成本上升等情况。

推动式供应链对市场变化作出反应需要较长的时间,可能会导致一系列不良反应。比如在需求高峰时期,难以满足顾客需求,导致服务水平下降;当某些产品需求消失时,会使供应链产生大量的过时库存,甚至出现产品过时等现象。

2.拉动式供应链

拉动式供应链是以客户为中心,通过对市场和客户的实际需求以及对其需求的预测来拉动产品的生产和服务。因此,这种供应链的运作方式和管理被称为拉动式供应链管理。这种供应链管理需要整个供应链能够快速地跟踪,甚至超前于客户和市场的需求,来提高整个供应链上的产品和资金流通的效率,减少流通过程中不必要的浪费,降低成本,提高市场的适应力,特别是对下游的流通和零售行业,更是要求供应链上的成员间有更强的信息共享、协同、响应和适应能力。例如,目前发达国家采用合作计划、预测和补给(CPFR)策略和系统,来实现对供应链下游成员需求拉动的快速响应,使信息获取更及时,信息集成和共享度更高,数据交换更迅速,缓冲库存量更低,获利能力更强等。拉动式供应链虽然整体绩效表现出色,但对供应链上企业的管理和信息化程度要求较高,对整个供应链的集成和协同运作的技术和基础建设要求也较高。它比较关注客户需求的变化,并根据客户需求组织生产。在这种运作方式下,供应链各节点集成度较高,有时为了满足客户差异化需求,不惜追加供应链成本,属买方市场下供应链的一种表现。这种运作方式对供应链整体素质要求较高,从发展趋势来看,拉动方式是供应链运作方式发展的主流。

对一个特定的产品而言,应当采用什么样的供应链战略呢?企业应该采用推动式还是拉动式供应链战略,前面主要从市场需求变化的角度出发,考虑的是供应链如何处理需求不确定的运作问题。在实际的供应链管理过程中,不仅要考虑来自需求端的不确定性问题,而且还要考虑来自企业自身生产和分销规模经济的重要性。

在其他条件相同的情况下，需求不确定性越高，就越应当采用根据实际需求管理供应链的模式——拉动战略；相反，需求不确定性越低，就越应该采用根据长期预测管理供应链的模式——推动战略。

同样，在其他条件相同的情况下，规模效益对降低成本起着重要的作用，如果组合需求的价值越高，就越应当采用推动战略，根据长期需求预测管理供应链；如果规模经济不那么重要，组合需求也不能降低成本，就应当采用拉动战略。

（四）其他划分

供应链还可以根据不同标准划分为以下几种类型：

1.稳定的供应链和动态的供应链

根据供应链存在的稳定性划分，可以将供应链分为稳定的供应链和动态的供应链。基于相对稳定、单一的市场需求而组成的供应链稳定性较强，而基于相对频繁变化、复杂的市场需求而组成的供应链动态性较高。在实际管理运作中，需要根据不断变化的需求，相应地改变供应链的组成。

2.平衡的供应链和倾斜的供应链

根据供应链容量与用户需求的关系，可将供应链划分为平衡的供应链和倾斜的供应链。一个供应链具有一定的、相对稳定的设备容量和生产能力（所有节点企业能力的综合，包括供应商、制造商、运输商、分销商、零售商等），但用户需求处于不断变化的过程中，当供应链的容量能满足用户需求时，供应链处于平衡状态，而当市场变化加剧，造成供应链成本增加、库存增加、浪费增加等现象时，企业不是在最优状态下运作，供应链则处于倾斜状态。平衡的供应链可以实现各主要职能（采购/低采购成本、生产/规模经济、分销/低运输成本、市场/产品多样化和财务/资金运转快）之间的均衡。

3.有效性供应链和反应性供应链

根据供应链的功能模式（物理功能和市场中介功能）可以把供应链分为两种：有效性供应链和反应性供应链。有效性供应链和反应性供应链主要体现供应链的物理功能，即以最低的成本将原材料转化为零部件、半成品、产品，以及在供应链中的运输；反应性供应链主要体现供应链市场中介的功能，即把产品分配到满足用户需求的市场，对未知的需求作出快速反应等。

第二节　供应链管理基本理论

一、供应链管理的含义和特征

（一）供应链管理的含义

供应链管理（supply chain management，SCM），指在满足一定的客户服务水平的条件下，为了使整个供应链系统成本达到最小而把供应商、制造商、仓库、配送中心和渠道商等有效地组织在一起进行的产品制造、转运、分销及销售的管理方法。供应链管理包括计划、采购、制造、配送、退货五大基本内容。

供应链管理就是要整合供应商、制造部门、库存部门和配送商等供应链上的诸多环节，减少供应链的成本,促进物流和信息流的交换,以求在正确的时间和地点,生产和配送适当数量的正确产品,提高企业的整体效益。

供应链管理通过多级环节,提高整体效益。每个环节都不是独立存在的,这些环节存在着错综复杂的关系,形成网络系统。同时这个系统也不是静止不变的,不但网络间传输的数据不断变化,而且网络的构成模式也在实时进行调整。

现代商业环境给企业带来了巨大的压力,不仅仅是销售产品,还要为客户和消费者提供满意的服务,从而提高客户的满意度,让其产生幸福感。科特勒表示:"顾客就是上帝,没有他们,企业就不能生存。一切计划都必须围绕挽留顾客、满足顾客进行。"要在国内和国际市场上赢得客户,必然要求供应链企业能快速、敏捷、灵活和协作地响应客户的需求。面对多变的供应链环境,构建幸福供应链成为现代企业的发展趋势。

(二)供应链管理的特征

(1)以顾客满意为最高目标,以市场需求的拉动为原动力;

(2)企业之间关系更为紧密,共担风险,共享利益;

(3)把供应链中所有节点企业作为一个整体进行管理;

(4)对工作流程、实物流程和资金流程进行设计、执行、修正和不断改进;

(5)利用信息系统优化供应链的运作;

(6)缩短产品完成时间,使生产尽量贴近实时需求;

(7)减少采购、库存、运输等环节的成本。

以上特征中,(1)、(2)、(3)是供应链管理的实质,(4)、(5)是实施供应链管理的两种主要方法,而(6)、(7)是供应链管理的主要目标,即从时间和成本两个方面为产品增值,从而增强企业的竞争力。

二、供应链管理的内容

作为供应链中各节点企业相关运营活动的协调平台,供应链管理应把重点放在以下几方面:

(一)供应链战略管理

供应链管理本身属于企业战略层面的问题,因此,在选择和参与供应链时,必须从企业发展战略的高度考虑问题。它涉及企业经营思想,在企业经营思想指导下的企业文化发展战略、组织战略、技术开发与应用战略、绩效管理战略等,以及这些战略的具体实施。供应链运作方式、为参与供应链联盟而必需的信息支持系统、技术开发与应用以及绩效管理等都必须符合企业经营管理战略。

(二)信息管理

信息以及对信息的处理质量和速度是企业在供应链中获益大小的关键,也是实现供应链整体效益的关键。因此,信息管理是供应链管理的重要方面之一。信息管理的基础是构建信息平台,实现供应链的信息共享,通过 ERP 和 VMI 等系统的应用,将供求信息及时、准确地传递到相关节点企业,从技术上实现与供应链其他成员的集成化和一体化。

(三)客户管理

客户管理是供应链的起点。如前所述,供应链源于客户需求,同时也终于客户需求,因此供应链管理是以满足客户需求为核心来运作的。通过客户管理,详细地掌握客户信息,从而预先控制,在最大限度地节约资源的同时,为客户提供优质的服务。

(四)库存管理

供应链管理就是利用先进的信息技术,收集供应链各方以及市场需求方面的信息,减少需求预测的误差,用实时、准确的信息控制物流,减少甚至取消库存(实现库存的"虚拟化"),从而降低库存的持有风险。

(五)关系管理

通过协调供应链各节点企业,改变传统的企业间进行交易时的"单向有利"意识,使节点企业在协调合作关系基础上进行交易,从而有效地降低供应链整体的交易成本,实现供应链的全局最优化,使供应链上的节点企业增加收益,进而达到双赢的效果。

(六)风险管理

信息不对称、信息扭曲、市场不确定性以及其他政治、经济、法律等因素,导致供应链上的节点企业运作风险,必须采取一定的措施尽可能地规避这些风险。例如,通过提高信息透明度和共享性、优化合同模式、建立监督控制机制,在供应链节点企业间合作的各个方面、各个阶段,建立有效的激励机制,促使节点企业间的诚意合作。

从供应链管理的具体运作看,供应链管理主要涉及四个领域,即供应管理、生产计划、物流管理、需求管理。具体而言,包含以下内容:

(1)物料在供应链上的实体流动管理;

(2)战略性供应商和客户合作伙伴关系管理;

(3)供应链产品需求预测和计划;

(4)供应链的设计(全球网络的节点规划与选址);

(5)企业内部与企业之间物料供应与需求管理;

(6)基于供应链管理的产品设计与制造管理、生产集成化计划、跟踪和设计;

(7)基于供应链的客户服务和物流(运输、库存、包装等)管理;

(8)企业间资金流管理(汇率、成本等问题);

(9)基于 Internet/Intranet 的供应链交互信息管理。

三、供应链管理的基本原则

(一)连接原则

供应链管理涉及公司、供应商、第三方服务提供商之间的战略、策略和操作连接。该原则实际上是其他原则的基础。连接性原则在实施中具有战略性,因为它处理供应链关系的规划连接、可见性、架构。

(二)协同原则

与连接性原则一样,协同性可以关注战略、策略或者运作决策制定。该原则使供应链伙伴通过整合组织间的规划和决策制定,建立了他们之间更近的连接。真正的协同是扩展供应链进行中的投资。需要所有的参与者更好地理解每个供应链合作伙伴的角色、业务过程和期望。协同不仅在好的时期出现,而且更可能在差的时期出现。作为学习过程中的进行中投资项目,协同持续地对供应链关系提供支持。该投资并不遍及所有的客户和供应商,而是主要为关键合作伙伴服务。

(三)同步原则

同步原则可以类比为交响乐队,具有不同的部分——弦乐、打击乐等——协调地演奏以后的预期效果。在供应链中,需要公司的外部和内部进行类似的协调努力。供应商、制造商、销售和营销、财务、客户都在供应链的"交响乐团"中扮演重要的角色。在内部和外部的供应链合作伙伴间,界面必须是无缝的、无摩擦的和透明的。通过连接性原则和协同,同步性在战略、策略和运作层次发生。

同步性原则提供了将供应链作为水平流动模型而不是传统的"命令—控制"结构进行思考的方法。这一模型的完全实现将允许公司和供应链伙伴减轻系统中的瓶颈、消除缓冲库存、在供应链中更有效地应用非存货资产。这一原则需要尽早抓住原始需求数据,尽可能获得需求时间,同时在供应链网络中分配这些信息。为了确保同步模型,第一层、第二层和第三层都可能需要需求数据。此数据也可能对第三方物流提供商有用,因为他们可以有效配置运输能力,准确地估算仓储需求。

(四)杠杆原则

需要关注核心客户、核心供应商和核心第三方物流提供商。这并不意味着所有有资格的供应商或者客户不需要仔细关注。该原则实际上建议,增加的资源应该投入到批量更大的和更关键物件的供应商。在过去 10 年内,很多公司已经通过合理化其供应商基础,获得了明显的成本缩减。通过将特定物件的供应商的数目从 7 个减少到 2 个,可以更容易地同步供应商界面,从而进一步带来了成功的 JIT 递送战略、协同规划和更有效的总体运作。类似地,对核心客户和第三方物流的关注可以提供同步的战略、策略和运作机会。此原则表明,公司应该聚集并且将其资产集中于高杠杆性和高回报的机会,即投资于核心供应商、客户和第三方物流提供商。

(五)可测原则

可测性在此处指公司开发供应链业务过程集合的能力,这种业务过程可以被添加的供应商、客户和第三方物流提供商复制。该原则需要在定制性和可测性之间平衡。成功实施该原则的公司可以建立核心供应链过程,这些过程在添加供应链合作伙伴时可以以最小的变动被复制。这些过程也可以移植到更大的客户或者供应商基础上,而只需要很少的改动。没有供应链管理者希望为 20 个不同的账户运行 20 个不同的分销系统。但是有些核心客户可能需要特定的软件包、代码、JIT 过程或者安全标签。曾经有一家公司在高技术仓库方面投资了 4000万美元,可以处理客户的修改,同时不会降低操作流的基本速度。注意除非供应链解决方案是可测的,定制需求将会摧毁杠杆能力和同步能力,因而降低整个供应链的效率。

四、供应链管理的程序

(一)分析市场竞争环境,识别市场机会

分析市场竞争环境就是识别企业所面对的市场特征,寻找市场机会。企业可以根据波特模型提供的原理和方法,通过市场调研等手段,对供应商、用户、竞争者进行深入研究;企业也

可以通过建立市场信息采集监控系统,并开发对复杂信息的分析和决策技术。

(二)分析顾客价值

所谓顾客价值是指顾客从给定产品或服务中所期望得到的所有利益,包括产品价值、服务价值、人员价值和形象价值等。供应链管理的目标在于不断提高顾客价值,因此,营销人员必须从顾客价值的角度来定义产品或服务的具体特征,而顾客的需求是驱动整个供应链运作的源头。

(三)确定竞争战略

从顾客价值出发找到企业产品或服务定位之后,企业管理人员要确定相应的竞争战略。根据波特的竞争理论,企业获得竞争优势有三种基本战略形式:成本领先战略、差别化战略以及目标市场集中战略。

(四)分析本企业的核心竞争力

供应链管理注重的是企业核心竞争力,强调企业应专注于核心业务,建立核心竞争力,在供应链上明确定位,将非核心业务外包,从而使整个供应链具有竞争优势。

(五)评估、选择合作伙伴

供应链的建立过程实际上是一个合作伙伴的评估、筛选和甄别的过程。选择合适的对象(企业)作为供应链中的合作伙伴,是加强供应链管理的重要基础。如果企业选择合作伙伴不当,不仅会减少企业的利润,而且会使企业失去与其他企业合作的机会,抑制了企业竞争力的提高。评估、选择合作伙伴的方法很多,企业在实际具体运作过程中,可以灵活地选择一种或多种方法相结合。

(六)供应链企业运作

供应链企业运作的实质是以物流、服务流、信息流、资金流为媒介,实现供应链的不断增值。具体而言,就是要注重生产计划与控制、库存管理、物流管理与采购、信息技术支撑体系这四个方面的优化与建设。

(七)绩效评估

供应链节点企业必须建立一系列评估指标体系和度量方法。反映整个供应链运营绩效的评估指标主要有产销率指标、平均产销绝对偏差指标、产需率指标、供应链总运营成本指标、产品质量指标等。

(八)反馈和学习

信息反馈和学习对供应链节点企业非常重要。相互信任和学习,从失败中汲取经验教训,通过反馈的信息修正供应链并寻找新的市场机会成为每个节点企业的职责。因此,企业必须建立一定的信息反馈渠道,从根本上演变为自觉的学习型组织。

五、实施供应链管理的意义

供应链管理模式是顺应市场形势的必然结果,供应链管理能充分利用企业外部资源快速响应市场需求,同时又能避免自己投资带来的建设周期长、风险高等问题,赢得产品在成本、质量、市场响应、经营效率等各方面的优势,可以增强企业的竞争力。

现代社会,大部分产品需要各种企业的分工协作才能完成。譬如,波音 747 飞机的制造需要 400 万余个零部件,可这些零部件的绝大部分并不是由波音公司内部生产的,而是由 65 个国家和地区的 1500 个大企业和 15000 个中小企业提供的。在这些合作生产的过程中,众多的供应商、生产商、分销商、零售商构成了供应链冗长、复杂的流通渠道,企业之间的合作效率极低。供应链管理的实质是跨越分隔顾客、厂家、供应商的有形或无形的屏障,把它们整合为一个紧密的整体,并对合作伙伴进行协调、优化管理,使企业之间形成良好的合作关系。

供应链管理可提高客户满意度。供应链从客户开始,到客户结束。供应链是真正面向客户的管理。从前的生产是大批量生产,但随着客户越来越多个性化需求的出现,现在的生产要求满足客户的不同需求。供应链管理把客户作为个体来进行管理,并及时把客户的需求反应到生产上,能够做到对客户需求的快速响应。因而不仅满足了客户的需求,而且还挖掘客户潜在的需求。比如,供应链管理中的客户关系管理(customer relationship management,CRM),就可以根据客户的历史记录,分析客户的潜在需求,在客户想到之前把客户需求的产品生产出来。

供应链管理是企业新的利润源泉。供应链管理思想与方法目前已在许多企业中得到了应用,并且取得了很大的成就。调查表明,通过实施供应链管理,企业可以降低供应链管理的总成本,提高准时交货率,缩短订单满足提前期,提高生产率,提高绩优企业资产运营业绩,降低库存等提高企业经济效益。

第三节 现代供应链管理全球发展趋势

一、供应链管理产生的背景与环境

20 世纪后半期特别是 80 年代以后,企业面临的外部宏观与微观环境以及企业内部环境都发生了巨大的变化,具体表现在以下几个方面:

(一)科学技术快速发展

随着科学技术飞速发展,功能更强的信息技术开始走向商业化,给企业带来了深刻的影响。信息技术促进了企业管理规范化与管理效率,打破了企业间竞争与合作的地域限制,增加了企业海外市场的可拓展性和外部资源的可利用性,企业间的合作不断加强,生产技术指标也趋于国际化。

(二)全球经济一体化的发展

由于全球化市场竞争越来越激烈,企业面临的风险也越来越大,仅靠自身力量难以取得竞争优势,上下游企业只有联合起来,形成各种虚拟组织,才能在市场竞争中处于领先地位。

(三)市场发生剧烈变化

全球市场逐渐由卖方市场转向买方市场,消费者的消费观念和消费行为发生了根本的变化,产品市场需求变化节奏加快,产品寿命周期越来越短,客户对交货期的要求越来越高,企业面临严重的挑战。

(四)供应链管理的产生是传统利润源的枯竭,经济组织寻找新的利润源的结果

20 世纪 80 年代以前,由于新的制造技术和战略(如适时制造、看板管理、精益制造、全面质量管理等)的产生,企业的生产成本得到了大幅度的降低,竞争优势有了明显的提升,这些新的制造技术和战略在当时成为企业的重要利润源泉。于是,企业纷纷将大量的资源投资于实施这些战略。然而,在过去的几年中,许多企业已经尽可能地降低了制造成本。这一传统的利润源泉给企业带来的利润越来越少,逐渐枯竭。这一现象引起了企业界和学术界的共同关注,人们认识到企业要想进一步增加利润和市场占有率就必须寻找新的利润源。

(五)现代企业核心竞争力理论的发展

任何一个企业都不能在各个方面都比别人强,因此,企业应该将自己的主要力量集中在最核心的业务上,充分发挥自己的核心竞争优势,而其他业务都可以外包出去,这样才可以最大限度地提高企业的获利能力。在这种观念的指导下,供应链上下游企业间的相互协作变得越来越重要。

二、供应链管理模式的形成与发展

(一)20世纪80—90年代

长期以来,企业一般采取"纵向一体化"的管理模式,以具有竞争优势的核心企业为中心,通过投资自建、投资控股或兼并等方式扩大企业经营规模,实现多元化经营。然而,"纵向一体化"的管理模式导致企业规模过大,管理效率下降,资源配置效率低,企业对市场反应迟钝。

供应链管理模式最早是在20世纪80年代末被提出来的,是在美国迈克尔·波特提出的"价值链"基础上形成和发展起来的。随着市场竞争的加剧,企业的竞争动力从"产品制造推动"转向"客户需求拉动",从原材料生产制造到销售,整个供应链条上的企业活动都由最终客户需求拉动,包括人力资源、财务、采购订单、生产计划、库存运输和销售服务等,企业逐渐放弃了"纵向一体化"的经营模式,转而实施"横向一体化"的新管理模式。由此产生的供应链管理是这种思想的一个典型代表,诸如敏捷制造(AM)、精益生产(LP)、柔性制造系统(FMS)以及计算机集成制造(CIMS)等方面的努力。到20世纪90年代现代化生产过程准时性、精益性和集成性等要求和实现水准也越来越高。在这种管理模式下,企业集中资源进行优势经营,利用社会分工,将其他的业务或经营环节,交给协作企业来完成。通过利用企业外部资源快速响应市场需求,同时减少了因市场波动带来的不确定性。

基于物料需求计划(MRP)发展起来的制造资源计划(MRPⅡ),在20世纪90年代形成的企业资源计划(ERP)软件系统,在制造企业得到广泛应用,使得企业生产过程各环节的链接从物料供应、生产制造逐步扩充到整个企业各部门,乃至企业外部资源的链接。

(二)20世纪90年代以来

20世纪90年代以来,现代企业面临的市场竞争是国际化的市场竞争,竞争的内涵已经从产量竞争、质量竞争、成本竞争发展到时间竞争,日益反映了市场竞争内容的深入和广泛。

随着传统利润源的萎缩,为了进一步挖掘降低产品成本和满足客户需要的潜力从而寻找到新的利润源,人们开始将目光从管理企业内部生产过程转向产品生命周期中的供应环节和整个供应链系统。供应链管理这一新的管理理念应运而生,并逐步得到发展和完善。不少学者研究得出,产品在全生命周期中供应环节的费用(如储存和运输费用)在总成本中所占他的比例越来越大,因此企业通过有效的供应链管理已经能够大幅度地增加收益或降低成本。惠普、爱立信、数学仪器公司、宝洁公司等世界著名大公司都已采用了这种管理新方法,并因此增强了国际竞争力。据宝洁公司透露,它能够使其零售客户在一定时期内节约了数千万美元,其方法的实质在于制造商和供应商紧密地合作,共同创造商业计划来消除整个供应链中浪费做法的根源。实践表明,供应链管理这一新的管理模式,可以使企业在最短的时间内找到最好的合作伙伴,用最低的成本、最快的速度、最好的质量赢得市场,受益的不只是一家企业,而是一个企业群体,供应链管理可以被认为是 21 世纪企业利润增长的新源泉。几年的实践表明,供应链环节存储和控制不仅影响到产品的供应效率,而且影响到相当大部分的产品总成本,在供应链过程中提高效率、降低成本确实有很大潜力。

随着管理学前沿理论的发展,生产计划、经营策略、战略管理研究与实践不断地深入,战略设计变得非常流行,大量资源被投入到各种类型战略的研究实施。20 世纪 80 年代初步产生的第三方物流在 90 年代得到了较大发展。与制造企业对应的物料需求计划、配送资源计划和物流资源计划也已提出并投入实践。

进入 21 世纪,经过了十几年发展起来的供应链概念和思想逐步形成了一些理论、方法和相应的计算机管理软件系统,在供应链建模技术、供应链管理技术和供应链管理支持技术等方面已经取得了巨大的进展,供应链管理模式日益丰富,正朝着集中计划与分散执行相结合的模式发展,供应链管理在不断深入发展,例如敏捷供应链管理(ASCM)等已经在研究实施中。

三、供应链管理与传统管理模式的比较

当今世界各种技术和管理问题日益复杂化和多样化,这种变化促使人们认识问题和解决问题的思维方法也发生了变化,逐渐从点的和线性空间的思考向面的和多维空间思考转化,管理思想朝着横向思维方式转化。在经济全球化的背景下,横向思维正成为国际界和企业界的热门话题和新的追求,供应链管理就是其中一个典型代表。供应链管理是新的管理哲理,在许多方面表现出不同于传统管理思想的特点,从另一个角度看,这一新的管理哲理与传统管理模式之间在当前环境下存在着问题。

(一)传统管理模式的问题

传统的管理模式,依赖间断性的库存缓冲环节来促使生产过程的货流通畅,并对变化的消费需求提供可靠的反应。

(1)由供应链的每一个环节向上游转移,需求的不稳定性增加,预测准确度降低。库存商品增加,库存成本增大。同时,制造商和零售商们也已对某些物品的缺货现象习以为常。

(2)制造商和零售商对新的需求趋势反应迟缓。比如某种商品突然流行起来,并在商店里脱销,补货订单达到零售商的配送中心后,配送中心并不采取更多的行动,而是在此商品降到最低库存水平,才向制造商发出订单。然后,生产计划部门开始计划新的生产。整个体系将无法及时抓住此次良机。传统体系由于采取沿着供应链向上游逐级转移的订货程序,没有和潜在的消费需求及时沟通,所以,往往无法做到更快地向市场供应产品。

(3)管理者对所有产品的管理抱着一视同仁的态度,对变化的与稳定的品类保持同样的库存水平,销量大的品类和销量小的品类都采取同样的物料处理方法。这样,减少分销成本的机会就丧失了。

(4)企业生产与经营系统的设计没有考虑供应链的影响。现行的企业系统在设计时只考虑生产过程本身,而没有考虑本企业生产系统以外的因素对企业竞争力的影响。

(5)供应、生产、销售系统没有形成"链"。供应、生产、销售是企业的基本活动,但是在传统的运作模式下基本上是各自为政,相互脱节。

(6)存在着部门主义障碍。激励体制以部门目标为主,孤立地评价部门业绩,造成企业内部各部门片面追求本部门利益,物流、信息流经常被扭曲、变形。

(7)信息系统落后。我国大多数企业仍采用手工处理方式,企业内部信息系统不健全、数据处理技术落后,没有充分利用 EDI、Internet 等先进技术,致使信息处理不准确、不及时,不同地域的数据库没有集成起来。

(8)库存管理系统满足不了供应链管理的要求。传统企业中库存管理是静态的、单级的,库存控制决策没有与供应商联系起来,无法利用供应链上的资源。

(9)没有建立有效的市场响应、用户服务、供应链管理等方面的评价标准与激励机制。

(10)系统协调性差。企业和各个供应商没有协调一致的计划,每个部门各搞一套,只安排自己的活动,影响整体最优。

(11)没有建立对不确定性变化的跟踪与管理系统。

(二)供应链管理与传统管理模式的区别

供应链管理与传统管理的区别可以从存货管理的方式、货物流、信息流、风险、计划及组织之间的关系方面来讨论。从存货管理与货物流的角度来看,在供应链管理中,存货水平是在供应链成员中协调,以使存货投资与成本最小。传统的管理方法是把存货向前推或向后延,根据供应链成员谁最有主动权而定。例如,汽车制造时采用零库存(JIT)存货管理时,供应商的存货水平大大地提高了,以满足汽车制造商强加的 JIT 送货计划。把存货推向供应商并降低管道中的存货投资,仅仅是转移了存货。解决这个问题的方法可通过提供有关生产计划的信息(透明度),共享有关预期需求、订单、生产计划等信息,减少不确定性,并使安全存货降低。让公司共享信息需要克服一些困难,比如共享方担心竞争对手知情太多会降低其竞争优势等。另外,供应链管理是通过注重产品最终成本来优化供应链的。最终成本是指实际发生的到达客户时的总成本,包括采购时的价格及送货成本、存货成本等,个别公司一般只注重本公司发生的成本,不太注重它们与供应商的关系如何影响到最终产品的成本。不能向供应商提供备货时间的信息,或要求顾客大批量购买,会增加它们的存货成本,最终此成本沿着管道传递到最终客户中去。但是,信息共享是一个难处理的问题,尤其是在供应商或顾客也与它的竞争对手有业务往来的情况。但信息共享是成功的关键因素。

风险是供应链管理中另一个值得注意的问题。供应链管理的思想需要风险共担才能实现。例如,与第三方物流公司共担风险的方法有:保证在规定的时间提供一定的业务量,以减少失去业务的风险,以及共同投资固定资产,共担风险。供应链计划在许多行业正越来越普遍,尤其在汽车制造业,随着零库存计划的成熟,供应商正成为设计成员之一,在开发模型阶段提供工程专业知识。供应商已越来越多地参与到汽车制造的零库存计划之中。客户也通过对调查表的反馈等形式参与到汽车制造中,甚至销售商也正在提供设计方面的反馈意见,在与客户服务相关方面起作用。

与共同计划相关的还有组织之间关系的问题,如战略联盟与合作:这种关系包括供应商、承运人、渠道成员和第三方物流提供者,公司通过减少供应商和相互间紧密合作的方式,来达到降低成本和提高质量的目的。

供应链管理是一种系统的管理思想和方法,它执行供应链中从供应商到最终用户的物流的计划和控制等职能。供应链管理作为一种全新的管理思想,强调通过供应链各节点企业间的合作和协调,建立战略伙伴关系,将企业内部的供应链与企业外部的供应链有机地集成起来进行管理,达到全局动态最优目标,最终实现"双赢"或"多赢"的目的。由此我们可以看到供应链管理着重强调了三种思想:"系统"思想、"合作"思想和"双赢"思想。这是贯穿供应链管理始终的三个核心思想,也是其区别于传统管理模式的根本所在。

四、我国供应链中存在的问题

供应链管理在我国的迅猛发展,对国家经济建设起到了极大的推动作用,同时也有力地冲击着人们的思维生活模式。但是,客观来看,供应链管理毕竟是与传统管理思想不同的新型管理模式,在运作推广过程中,不可避免地面临许多阻力与干扰,它们使供应链管理的优势不能得到充分有效的发挥。

(一)观念转变问题

长期以来,由于封建小农经济思想的存在,企业管理者诸如"万事不求人""小而全""大而全"观念相当严重。而且,我国企业界长期在计划经济的模式下运作,业务员联系客户,设计部门搞单一品种的设计,采购人员管采购,生产部门搞生产,票务部门开出单据,财务科入账,每个部门都习惯于关注系统中单一组件的效率,企业往往要到月底结账时才能了解销售情况的全貌。在计划经济环境里熏陶出来的管理人员,往往会把这些问题归咎于信息不流畅,却很少意识到由于业务量扩大,企业必须实行供应链管理。

从第三方物流来看,中国第三方物流仅占全国物流的10%～30%,与美国和日本第三方物流占其物流总量的57%和80%以上有较大的差距,中国大部分企业还在家家建仓库、户户办运输,其根本原因是经营观念离供应链管理思想还有相当大的差距。

从配送中心、连锁经营方面来看,近年来,虽然商业连锁超市、配送中心已逐渐发展起来,但配送中心以及供应链要运作好,仍面临着转变观念的问题。不少连锁企业纷纷要建成自己的物流配送中心,但由于配送点少、物流量小、利用率低,难以达到预期的投资效果,一些连锁超市、配送中心纷纷垮掉,这正是观念陈旧导致的结果。

(二)协同运作问题

根据中国物品编码中心的调查,在被调查的234企业中,能与贸易伙伴相互信任、相互合作的企业仅有72家,约占总数的32%,合作得比较好的,如贸易伙伴在一起开发新产品的,仅有8家企业。这说明大多数企业还是在单独作战,缺乏合作意识,很少有企业能够将自己的各项职能与贸易伙伴集成起来。由于供应链的各参与成员是具有不同经济利益的实体,相互间存在着利益上的差别,面对不同的文化背景,可能对利益差别有不同的理解。长期以来中国企业重个人奋斗而缺乏合作意识,缺少"双赢"或"多赢"的思想。供应链管理中,各参与成员的彼此通力协作是至关重要的,这就需要在供应链各参与企业间建立起互信的协作关系,建立起以提高供应链效率为核心的战略联盟合作关系。然而,在跨文化的背景下,价值取向的差异成为沟通和协调的障碍。

(三)技术应用问题

供应链的最终目标是使整个供应链的资源得到优化,形成最佳配置,实现供应链总体利益的最大化。供应链系统从生产、分配、销售到用户都不是孤立的行为,是一环扣一环的,是相互制约、相辅相成的。因此链上企业必须协调一致，才能实现经济效益和社会效益的最大化。供应链中各个企业间高效的信息沟通是其基础，这种沟通是以信息技术为后盾的，通常包括自动识别与数据采集技术、电子数据交换、互联网技术和电子商务等。在我国，这些技术的应用都有不同程度的不到位的情况存在。

（四）标准化问题

标准化是供应链管理高效运作的关键措施之一，尽管我国在供应链物流标识标准的建立方面取得了一定的成绩，但是仍存在许多问题：货物运输过程中的基本设备标准混乱，影响供应链的高效率；供应链物流标识标准体系基本没有被企业运用；商品信息标准化工作滞后，而在供应链管理和电子商务中统一的商品信息对供应链成员信息的交换和共享十分重要等。目前我国的情况是，许多单位都在建立自己的商品信息数据库，但数据库的字段等规定都不一致，形成一个个信息孤岛，信息难以共享，严重地影响了供应链管理效益的发挥。

（五）体制障碍问题

供应链管理在我国存在的问题在本质上与体制因素相关。我国物流网络体系涉及多个管理部门，每个管理部门都拥有一定的资源调度和控制权力，资源过度分散，不仅影响到物流网络的集成运作，而且影响到供应链的整体效益。

（六）人才瓶颈问题

供应链管理要获得长足的发展，人才是一个关键因素。供应链管理是一个跨组织、跨行业的管理理念，国外企业中的供应链管理经理的地位与首席执行官平齐，可见他们已经把供应链管理摆在具有战略意义的地位，因为供应链管理经理及相关人才不但要涉及诸多领域的高新技术，而且还要精通各种管理理论、方法和手段，又熟悉与供应链有关的诸多技术。目前我国这类人才较少，对此重视的企业也不多；即使有这样的经理，他们也没有足够的权力来作决策。我国目前的这种状况严重地影响了供应链管理思想的发展、传播和实施，影响了对供应链管理人才的教育和培养。因此，中国企业要在未来的世界经济竞争中取胜，就要充分认识到供应链管理战略的重大意义，引进人才，或通过各种业务培训来培养与锻炼这方面的人才，使其为企业的进一步发展开拓道路、创造条件。

五、我国企业实施供应链管理的相应对策

（一）树立供应链管理的观念，加强企业间的合作与信任

针对我国企业的供应链管理观念不强的问题，企业尤其是管理者应该引起关注，树立企业的供应链管理意识，明确供应链管理能够给企业带来的优势与市场竞争性的重要性。同时还要注重同链上的节点企业之间的联系与协作，在制定战略规划的时候，应该能从全局出发，要明确整条供应链上所有企业的共同目标就是要为顾客服务，因为企业的产品最终是要流向市场的。加强同链上企业间的信任与合作，充分发挥自身企业的核心竞争优势，把一些非核心竞争力的业务进行外包，充分利用外部的条件，这样可以充分发挥资源的利用效用，降低企业的运营成本，从而增强本企业的市场竞争力。

（二）加快企业的信息化建设，促进信息的共享

科学技术是第一生产力，信息技术是当代最具潜力的科学技术与生产力，信息资源已经成

为企业参与市场竞争的重要资源,信息化的投入与建设是企业实现技术创新的重要手段。企业应该意识到信息化对于企业的重要性,应该加大对信息化的资本投入。此外企业也应该加强同供应链上的节点企业间的信息共享,从而能够帮助企业从整体上更好地了解市场动态,利于企业作出更好的决策。

(三)确定自身企业的核心竞争力

供应链管理强调企业的核心业务与竞争力,企业应当明确自身在供应链中的角色与定位,明确自身企业的核心竞争力与优势,还要善于整合社会上的有效资源。当前的市场需求越趋不稳定,产品更新周期越来越短,顾客的要求越来越高,因此企业面临的压力越来越大。企业由于自身资源的有限,若想在企业所涉及的所有领域都具备竞争优势十分困难,因此企业应该把有限的资源集中在自身所擅长的业务上来,而把那些本企业所不擅长的业务进行外包,达到充分利用外部资源来参与市场的竞争。企业在判定核心业务与竞争力时应该明确核心竞争力是其他企业所模仿不了、买不到的,它是企业所特有的、能够经得起时间考验的技术或能力。

(四)重视人才的培养

在人才培养这方面,企业应该根据自身企业的实际情况,按照自身企业的需要,结合员工的能力与兴趣,对其进行相应的学习与培训。企业也可以加强同高校与科研院所的合作,通过联合培养的方式来为企业培养合适的人才。

总之,供应链管理作为一种先进的管理模式,国内外企业越来越意识到其重要性,我国企业在实施供应链管理的过程中同国外先进企业相比还存在着一定的差距,企业应该根据自身的实际情况,作出相应的调整,从而在市场竞争中保持竞争优势。

六、实施供应链管理的两种途径

(一)自上而下的供应链集成管理

自上而下地推进供应链集成管理,可以从战略、战术和运营三个层面展开。在每一层面上需要分别考虑相关的系统资源和系统要素,如所需的设施、人员、资金等,以及整个系统的协调和调整。

(1)在供应链战略层面上,为了形成能提供价值的集成供应链,需要开发和确定的内容:①为了获取竞争优势,制定供应链的目标和基本策略;②配置供应链的基本资源,或给出供应链的基本组件;③基于某产品和市场,明确目标消费群体或采购商,明确消费者的具体要求,给出消费者满意度的描述,给出产品和服务质量的描述;④制定跨越各种功能边界的组织架构。

(2)在供应链战术层面上,供应链目标和基本策略,被转化为与整个供应链协同一致的组织部门目标。供应链的目标,提供了在供应链上要素均衡的具体方向,以及需要采取何种措施,例如开展JIT及时管理、QR快速反应等。

(3)在供应链运营层面上,着重于如何提高供应链的运营效率。例如,整个供应链的细节、管理控制方法和业绩测评方法等。企业应建立供应链业绩评估的准则,如供应链的库存、商品、服务的可获得性、商品质量、服务质量、整体效率、供应商的业绩和成本状况等。

采用自上而下的供应链集成管理和结构化运作,具体有以下四个步骤:

第一步,评估竞争环境。详细考察内外部环境和条件、可能存在的外部机会和威胁、所面对的消费者和竞争者,制定供应链发展规划,内含目标消费群体定位、产品和市场(或细分市场)、产品服务要点等内容。将该规划与现有的产品和服务质量比较,分析企业需要开展哪些方面的变革,以及这些变革与形成企业竞争优势之间的关系。

第二步,开展现有供应链的诊断。在这一阶段,通常需要建立成本模型,开展实证分析。传统的管理会计方法,并不能识别经济活动的真实成本。需要开发的成本模型,应该能够将管理费用准确分配至各种产品、各个细分市场和消费者。

第三步,供应链开发和再造。根据自上而下的供应链集成管理思路,依次从各个层面上设计和确定供应链的战略、战术和运营措施,然后制定可付诸实施的供应链策略和计划。

第四步,实施改进方案与反馈。通过供应链再造方案的实施,考核其效果和可能存在的问题,不断总结经验,建立不断改善和提高的动态机制,在市场上获得和确立竞争优势。

(二)自下而上的供应链集成管理

自下而上地开展供应链管理,具体有以下四个步骤:

第一步,分散化决策。供应链上各项工作的展开,处于分散化决策的状态,由各个任务中心各自分别展开和承担责任,其结果是缺乏对供应链各项功能的整体控制。

第二步,形成内部流程。该阶段主要着眼于将分散的经济活动按流程加以整理,在各个功能之间开展综合权衡和逐项改进,形成有效的内部流程,降低成本。

第三步,内部供应链集成。企业开展原材料供应、生产流程和配送等功能的内部流程集成管理。应用系统理论,制定集成管理的规划,如 JIT 管理技术等,应用必要的计算机技术和信息技术,如 DRP(物流需求计划)。在开展内部集成管理之前,首先需要集成消费者的信息,并作为动力源,拉动整个内部供应链的运行。

第四步,将供应链集成管理扩展至企业的外部经营活动。建立企业间的合作和联盟关系,为供应链管理提供相应的组织保证,从而使企业之间形成一条价值链或网络,使企业很好地适应外部市场变化,确保企业在满足消费者需求的同时,实现成本效率化。

项目小结

1.供应链是指产品生产和流通过程中所涉及的原材料供应商、制造商、批发商、零售商以及最终消费者组成的供需网络,即由原材料获取、物料加工和制造直至将成品送到用户手中,这一完整过程所涉及的企业和企业部门组成的网络。

2.供应链具有复杂性、动态性、面向用户需求、交叉性等特征。

3.供应链管理是以提高企业个体和供应链整体的长期绩效为目标,对传统的商务活动进行总体的战略协调,对特定公司内部跨职能部门边界的运作和在供应链成员中跨公司边界的运作进行战术控制的过程。

4.供应链管理的特征为:以顾客满意为最高目标,以市场需求的拉动为原动力;企业之间关系更为紧密,共担风险,共享利益;把供应链中所有节点企业作为一个整体进行管理;对工作流程、实物流程和资金流程进行设计、执行、修正和不断改进;利用信息系统优化供应链的运作;缩短产品完成时间,使生产尽量贴近实时需求;减少采购、库存、运输等环节的成本。

5.供应链管理的基本原则是:连接原则,协同原则,同步原则,杠杆原则,可测原则。

6.供应链管理的程序:分析市场竞争环境,识别市场机会;分析顾客价值;确定竞争战略;分析本企业的核心竞争力;评估、选择合作伙伴;供应链企业运作;绩效评估;反馈和学习。

7.我国企业实施供应链管理的相应对策:树立供应链管理的观念,加强企业间的合作与信任;加快企业的信息化建设,促进信息的共享;确定自身企业的核心竞争力;重视人才的培养。

思考题

1.简述供应链的含义及特征。
2.简述供应链管理的内容和原则。
3.供应链管理与传统管理模式有哪些区别?
4.简述供应链管理在我国企业中应用的意义。

案例分析

沃尔玛与家乐福的供应链

物流管理包含仓储、运输、包装、配送等多方面内容,对任何零售企业来讲,每个环节的精细化管理都至关重要,而其中商品配送环节的管理对于主营绩效的提高具有重要意义。沃尔玛以其物流能力而闻名。

沃尔玛之所以能成功,主要有以下原因:

独特的历史背景。1962年,当沃尔玛第一家店在阿肯色州的一个小镇开业时,由于其位置偏僻,路途遥远,供应商很少愿意为其送货,因此,山姆·沃顿不得不在总部所在地本顿威尔建立了第一家配送中心。显然,一家店不可能单独支撑一个配送中心的运营成本,于是以该配送中心为核心,在周围一天车程即五百公里左右的范围内迅速开店。获得成功后,又迅速复制该运营模式。

有着强大的后台信息系统。随着IT技术的迅猛发展,沃尔玛以最快的速度把世界一流的信息技术运用到实践中,其耗资7亿多美元的通信系统,是全美最大的民用电子信息系统,甚至超过了电信业巨头——美国电报电话公司,其数据处理能力仅次于美国国防部。EDI及条码等现代物流技术的使用,更为全球每个门店的销售分析、商品的分拨及进销存管理等,提供了最强有力的武器。

门店数量众多。目前美国本土有近4000家店,配送中心有30多家,可见约100多家门店才能支撑一个现代配送中心的巨额费用。当沃尔玛进入中国时,也同样复制了美国的运营模式,在广东与天津分设了两个配送中心。

沃尔玛的商品配送模式是绝大部分国内企业都无法模仿的。与沃尔玛不同,家乐福选择的却是相反的商品配送模式。由于家乐福的选址绝大部分都集中于上海、北京、天津及内陆各省会城市,且强调的是"充分授权,以店长为核心"的运营模式,因此商品的配送基本都以供应商直送为主,这样做的好处主要有以下几方面:送货快速、方便。由于供应商资源多集中于同一个城市,上午下订单,下午商品就有可能到达,将商品缺货造成的失销成本大幅降低,便于逆向物流。商品的退换货,是零售企业处理过时、过期等滞销商品的最重要手段。

沃尔玛与家乐福的商品配送模式,基本代表了目前国内零售企业的两种不同经营思想。由于各有利弊,因此较成熟的零售商大都根据自己企业的特征制订了相应的商品配送方案。可见,零售业态的分类、商店的选址、商店的数量、商店是否配有内仓等,都是影响零售企业商品配送模式的重要因素。概括起来,主要可以从以下几方面进行考虑:

中心城市宜直送。我国现阶段物流行业发展不成熟,东部与西部、沿海与内陆经济发展水平相距较大,相关法律法规不健全,部分地区地方保护主义思想较为严重,各地消费者商品偏好差异较大,物流行业又尚未完全对外资开放,加上门店数量不是非常多,这些因素都导致进行全国性的商品分拨与配送会产生低效率。家乐福目前成为中国市场发展最快、效益最好的零售商,核心竞争力就是以店长经营绩效为中心的管理体制,由此而产生能迅速适应市场变化的本土化经营方式。

但采用供应商直送的商店,较容易产生的一个问题是商品结构的同质化。目前基本所有国内中心城市的商业竞争都进入白热化阶段,商品毛利率每年都在下降,如果所有商品均从当地采购,商品的差异化将难以体现。因此中心城市的零售商在坚持本地采购为主的同时,还应适当保持部分中央采购的商品,这部分商品可占商品总量的 20%~30%,主要以进口商品、自有品牌及一些时尚商品、应季商品为主。

二线城市宜配送。二线城市的供应商资源较为有限,主要以生鲜和一些地方特色的食品供应商为主。如果大部分商品不能从中心城市配送,该门店商品对当地消费者的吸引力必然会大幅下降。因此,联华等大零售商选址一般都先在中心城市开店,中心城市的采购队伍及供应商资源较为成熟后,再向二线城市扩张,这样能较为有效地从商品结构上确保连锁经营的特色。当然,在选择仓储与运输方式时,又有自营与外包两种模式可以选择,这主要取决于本企业的资金实力以及是否有丰富的物流管理经验。如果本企业没有足够的资金建设仓库及运输车队,或者自营效率低,业务少,并缺乏相关成熟经验,就可考虑把上述业务外包给第三方物流公司进行,充分利用社会化分工带来的成本节约。

社区店、折扣店须有高效配送中心。社区店、折扣店一般面积较小,主要经营生鲜、食品、洗化等日用消费品,购物的便利性是这类小店生存的基础,如果缺断货,必然会对这类商店的销售带来巨大影响。因此补发的及时性成为这类商店最重要的工作之一。但这类商店由于面积及空间极其有限,不可能进行大量屯货,因此配送中心能否及时补货构成了这类商店成功的关键。为了达到此项目标,通常可以采用以下手段:①正确的配送中心选址。可以缩短送货时间,提高商品配送效率。②确定合理的配送路线,对于布点较多的社区店有较大帮助。具体可以采用方案评价法进行定性分析,也可以采用数学模型进行定量分析。当然同时还要考虑门店对商品品种、规格、数量、时间的需求,配送中心现有的可支配运力等诸多因素。③进行合理的车辆配载。各门店的销售情况不同,订货也就不大一致。实行轻重配装,既能使车辆满载,又能充分利用车辆的有效体积,大大降低运输费用。④建立完善的计算机管理系统。在社区店的物流作业中,分拣、配货要占全部劳动的 60% 以上,而且较易发生错误。如果在配货中运用计算机管理系统,就可以使拣货快速、准确、高效,从而提高生产效率,有效降低物流费用。

综上所述,采用何种配送方式,主要取决于门店的需求以及不同条件下的配送成本及效率。只要明确自己的市场定位,抓准需求,做好与供应商的沟通工作,采用何种配送方式并不重要。

讨论题:

1.试分析沃尔玛与家乐福的供应链的优缺点。

2.沃尔玛有哪些可以值得企业借鉴的战略技术?

3.试畅想我国未来供应链发展趋势。

实训项目

1. 实训目的

站在单个企业的角度,模拟供应链,通过供应链管理进一步进行优化。

2. 实训内容

(1)在当地调查一个大中型企业,该企业看起来各方面已达到最好,但不一定没有改进的余地。选出该企业总成本最低的小组,并由小组成员总结原因。

(2)体会该企业单环节优化和通过供应链协作整体优化的不同之处,总结供应链管理的优缺点。

3. 实训组织

(1)把学生分成两组,站在单个企业角度,他们分别代表供应商、经销商、批发商和零售商,老师扮演客户。

(2)每个小组根据调研的材料,模拟该企业供应链运作,对成本进行计算,总成本最小者获胜。

(3)通过零售商公布真实的需求信息,模拟供应链中需求信息的共享。

(4)为了使结果更具有可比性,两个小组的零售商接受的客户的订购数量都是相同的,变化幅度为 0.68。

项目二
供应链管理的相关理论

学习目的与要求

1. 掌握价值链的概念,理解价值链理论的要点与意义。
2. 掌握核心竞争力的概念、核心竞争力的特征、构成和培育。
3. 掌握业务外包的概念、种类和主要方式,了解业务外包的实施。
4. 理解扩展企业的目标与特征。

导入案例

企业青睐业务外包

劳斯莱斯早已不生产汽车了。劳斯莱斯的汽车部门已于 1972 年就授权给了德国的宝马,目前主要做服务。据说,劳斯莱斯 50％ 以上的收入是来自服务的。当然,这并不意味着它完全放弃了汽车生产。劳斯莱斯仍然将涡轮发动机等动力系统的核心技术掌握在自己的手里,这也是劳斯莱斯的最核心竞争力之一。另外一项核心竞争力就是其结盟能力:在生产与服务领域都广泛地结盟。与大学结盟,与世界各地的研发、供应商结盟,与全球最聪明、最有效率的公司和人合作,向全球取资源,让他们做自己最擅长的事。

美国福特汽车公司在推出新车 Festiva 时,就是采取新车在美国设计,在日本的马自达生产发动机,由韩国的制造厂生产其他零件和装配,最后再运往美国和世界市场上销售。

目前,肯德基在中国有 4000 多家门店,范围遍布中国,有的甚至已经发展到四级城市中。随着越来越多门店的快速扩张,各门店 IT 设备的支持和维护已经成为必不可少的一项工作。然而由于门店分散、地域范围广、从业人员 IT 知识贫乏,肯德基依靠自身力量,必然增加运营成本和费用。因此,为适应集团发展、各地门店数量进一步扩张的需求,使 IT 与业务发展同步,肯德基所属的百胜集团与 IBM 签约,选择 IBM 作为 IT 运营服务外包战略合作伙伴。

日本丰田集团总公司也是如此,有 160 多家小企业与之发生外包交易。由于彼此间相互依赖,共享知识与技能,共同开发与生产,既降低了丰田公司业务的不确定性因素所导致的风险,又降低了生产成本,改进了质量,加速了新产品的开发过程。

业务外包铺天盖地,将企业一些非核心的物流业务外包出去,这是历史的趋势。可以预测在未来,企业将会越来越多地将价值链的非核心环节业务外包给其他企业,特别是中小型企业,它可以有效地降低产品成本,引进和利用外部资源,有效地确立企业的竞争优势。从战略上看,业务外包可以给企业提供较大的灵活性,尤其是在购买高速发展的新技术、新式样的产品或复杂系统的组成零部件方面,更是如此。合理适时进行业务外包,特别进行物流外包,这样物流公司将会为社会创造更多的利润。

第一节　价值链理论

一、价值链的概念

价值链是指企业的每项生产经营活动都是为顾客创造价值的经济活动,这些互不相同但又相互关联的价值创造叠加在一起,便构成了一个创造价值的动态过程。这一概念最早由波特于 1985 年在其所著的《竞争优势》一书中提出,他认为"每一个企业都是材料采购、生产作业和产品销售等一系列活动的集合,这些活动被称为价值活动"。企业的价值创造是通过这一系列活动构成的,这些活动可分为基本活动和辅助活动两类。基本活动包括内部后勤、生产作业、外部后勤、市场和销售、服务等;辅助活动则包括采购、技术开发、人力资源管理和企业基础设施等。

波特的"价值链"分析是从企业内部条件出发,把企业经营活动的价值创造、成本构成同企业自身的竞争能力相结合,与竞争对手经营活动相比较,从而发现企业目前及潜在优势与劣势的分析方法,它是指导企业战略制定与实施活动的有力分析工具,已经获得管理学界的普遍认可。

随着社会经济和科技的快速发展,价值链理论和实践有了很多新的发展。价值链理论认为组织的发展不只是要增加价值,更要重新创造价值。在价值链系统中,不同的业务单元需要协作,组织内部各项活动需要优化组合与协调,从而为组织创造更大的价值。

二、价值链的特征

(一)价值和价值活动构成价值链的分析基础

价值表现为买方愿意为企业提供的价格,它代表着客户需求满足的实现。价值活动是企业制造为买方提供有价值的产品源泉,涉及产品的物质创造及其销售、转移给买方和售后服务的各种活动,以及提供外购投入、技术、人力资源、各种公司范围的职能的辅助活动,是价值链分析法的基础。

(二)价值链列示了总价值

价值链除包括价值活动外,还包括利润,利润是总价值与从事各种价值活动的总成本之差。

(三)价值链的整体性

价值链揭示的是企业创造的总价值,体现在更广泛的价值系统中。供应商拥有创造和交付企业价值链所使用的外购输入的价值链(上游价值),许多产品通过渠道价值链(渠道价值)到达买方手中,企业产品最终成为买方价值链的一部分。因此,进行价值链管理,不仅要理解企业自身的价值链,而且要理解企业价值链所处的价值系统。

(四)价值链的异质性

不同的产业具有不同的价值链。在同一产业,不同企业的价值链也不同,它反映企业各自的历史、战略和实施战略的途径等方面。

三、价值链的优势

价值链理论的基本观点是,在一个企业众多的"价值活动"中,并不是每一个环节都创造价值。企业所创造的价值,实际上来自企业价值链上的某些特定的价值活动,这些真正创造价值的经营活动,就是企业价值链的"战略环节"。企业在竞争中的优势,尤其是能够长期保持的优势,说到底,是企业在价值链某些特定的战略价值环节上的优势。而行业的垄断优势来自于该行业的某些特定环节的垄断优势,抓住了这些关键环节,也就抓住了整个价值链。这些决定企业经营成败和效益的战略环节可以是产品开发、工艺设计,也可以是市场营销、信息技术,或者认识管理等,视不同的行业而异。在高档时装业,这种战略环节一般是设计能力;在卷烟业,这种战略环节主要是广告宣传和公共关系策略(也就是如何应对政府和消费者组织的戒烟努力);在餐饮业,这种战略环节主要是餐馆地点的选择。虽然如前所述,不同行业有不同的价值链,同一环节在各行业的作用也不相同。但是,对于具有较大规模的企业,例如跨国公司则可以通过价值链上的关键环节也就是核心能力在相关行业中进行扩散和移植,从而提高企业尤其是跨国公司的竞争优势。跨国公司在国际营销活动中拥有全球跨行业营销的范围经济效应。这种范围经济效应是跨国公司通过最佳广度(范围)地使用通用型要素和资源而获得的。这种通用型要素可以是通用的生产设备、管理经验、营销技能和研究开发能力。由于在价值链的每一个环节几乎都能发现通用型要素的存在,那么,当两个行业的价值链上的关键环节也就是核心能力需要相同的通用型要素时,跨国公司就将自己在一个行业中的核心能力扩散到另一个相关行业,使得范围经济效应转化为范围经济优势。因此,跨国公司在一个行业的营销沟通活动中获得的先进知识、经验和技能,可以不需要很大的追加投资就能转移到其他相关行业。

四、价值链理论的要点和意义

价值链理论的立足点是价值。价值是客户对企业提供给它们的产品或服务所愿意支付的价格。价值由企业的总收入来实现,总收入反映了企业产品所标定的价格和企业能够卖出该产品的数量。显然,企业所得大于花费的成本,就有利可图。用价值这一概念,而不是成本,是因为有些企业常常故意降低成本以求通过树立别具一格的形象来博取溢价。

价值链的着眼点是企业内外组成的系统:在企业内部,是由纵横交错的基本活动和辅助活动组成的价值创造系统。且每种活动都是相互联系的,如每一种价值活动都是使用外购投入、人力资源和某种形式的价值链都对企业竞争优势的形成起着举足轻重的作用。如对服装行业来讲,原料的质量和价格对企业策略的影响重大,服装生产企业可以根据自身情况,或与上下游企业结成联盟,统一行动,利益均沾,以从共同为客户创造的价值中取得更高的溢价。

五、价值链管理的应用

(一)价值链管理的前提——观念的转变

对于生产制造企业来说,供应商提供材料和劳务的价格决定了企业的采购成本,经销商的采购价决定了企业的售价。传统的观念就是尽量降低采购成本,提高售价,以达到自己利润的最大化。以这种观念来管理生产必然导致"零和交易",新时期、新环境下需要的新观念:与供应商的交往不是要追求进价最低,增加自己的利润,而是要追求更短的生产周期、更强的市场应变能力、更高的产品质量和更高的存货周转率。企业不是要向经销商出售更多的商品,而是应寻找方式,增加通过经销商出售给顾客的商品数量并使两家公司的利润最大化。

(二)相互信任战略的应用

行业价值链管理有不少方法和手段,普遍认为最重要的一点就是:相互信任。信任不仅是指某家公司诚实、可靠,而且要求企业双方互相关心对方利益,任何一方采取某项行动之前首先考虑自己的行动是否会给对方造成损失。有了信任企业之间才可以实现为对方考虑,追求共同利益最大化,也才能形成密切的合作关系。但是,要做到相互信任并不容易,尤其是以前针锋相对的合作者。以下有几条措施可供参考:

(1)建立信任必须由双方企业高层领导干预,带头实施,光靠一方采购员与另一方销售人员是不够的。

(2)建立信任必须得增强全体员工的意识,尤其是高层领导、销售部门和采购部门员工的意识。

(3)建立信任需要企业公平地对待每一位供应商和每一位经销商,这不仅是说利润、财务上的公平,还包括对待另一方的态度,而且后者比前者要重要得多。只有双方处在平等的位置上,才有信任、公平可言。

(4)建立信任意味着企业在作决定时应该考虑合作者的利益,对合作者不利的事不能做。

美国生产建筑和采矿设备的卡特彼勒公司在 20 世纪 80 年代行业不景气时受到了能源、竞争对手、汇率的众多冲击,但它决定承担大部分的压力。这样做的代价是惨重的,在 1982—1984 年连续三年的时间里,卡特彼勒几乎每天亏损 100 万美元,总共亏损 9.53 亿美元。但是,当行业复苏时,卡特彼勒公司获得了墨西哥的绝大部分业务,因为其竞争对手的经销商许多都破产了。它的理念便是:在经营状况好时,不会为短期利益而绕过经销商;在经营状况差时,也不会为避免损失而做有损于经销商的事情。

(5)建立信任还意味着企业要加大与合作者共同资产的投资,积极为合作者考虑,帮助合作者降低成本,提高企业经营效率,在合作者处于困境的时候,出手相助。

(三)交互式战略的应用

建立信任之后,接下来还需考虑价值群下的新战略——交互式战略。在今天激烈的竞争环境下,战略不能再像传统工业模式那样,只是价值链中一系列固定活动的安排了,成功属于那些能调动整个价值群(包括供应商、经销商、合作伙伴以及顾客)、重新安排他们的角色及相互间关系并动员这个新的联合体去创造价值的公司。

自动取款机的出现及广泛应用完全可以证实交互式战略的重要性。在自动取款机出现之前,人们都得到银行排队取款,而且受时间、地点的限制。在它刚推出时,有不少人提出疑问,顾客会愿意学习并采纳这种新的取款方式吗?事实证明这种担心是多余的,现在人们可以随时随地地取款。这便是重新安排取款业务给顾客提供价值的表现,它让顾客知道自己也可以创造并实现价值。那么企业何不重新设计价值链并让所有角色都加入进来呢?交互式战略注重了各个价值群体中的互动,它可以从以下三个方面进行管理:顾客、供应商和经销商。

(1)现代社会产品及服务要求个性,大量生产不一定能满足顾客的需要。宜家公司是一家家庭装饰用品零售企业,非常注重发展自己与顾客、供应商之间共同创造价值的关系,它不把向顾客提供产品和服务视为一种简单的交易,而是视为一种崭新的劳动分工,即将一些原来由加工者和零售商所做的工作交给顾客去做,公司则专心致志地向顾客提供价格低廉而质量优良的产品。

共同创造价值的理念对所有企业都适用。例如:对于某些富人,娱乐设施完全可以由他们提出关于颜色、造型、材质等方面的要求,然后由制造商们根据要求生产出来。这种定制产品虽然价格高一些,但是他们会愿意承担额外的费用。现在不少公司采用的柔性制造系统已经为这种定制生产提供了技术、财务上的支持。具体措施如下:

①成立一个专门小组,研究企业哪些产品和服务可以由顾客自己来完成或由企业与顾客共同完成。

②通过各种渠道,如市场调查、询问经销商等了解顾客的需求,还可充分利用网络资源,建立一个网络社区,吸引顾客通过网络与企业直接联系。要了解的方面不仅包括顾客想要什么样的产品,还应包括顾客可以接受的自我价值创造方式等。

③对专门小组提出的各提案结合顾客可接受的自我价值创造方式进行分析评价,确定可行方案。

④积极贯彻此方案,及时评估反馈,以便更好地进行管理。

(2)企业在产品设计阶段即可邀请供应商参与进来,因为材料的供应是要供应商生产的,他们知道可以从哪些方面节约成本,提高性能。并且一旦他们参与了设计过程,在生产材料或零部件时,就免去了与制造商的协商过程,同时也避免了生产出材料或零部件不符合制造商要求而互相推卸责任的问题。进一步说,这样可以加快产品生产周期,使两方存货成本最小化。具体措施如下:

①多角度、多方面对供应商进行评价,精简供应商队伍,与供应商建立长期、超越合同伙伴的关系。

②产品设计前选定供应商,让供应商参与企业产品、零部件的设计,采用目标成本法制定各零部件可接受成本,尽量让供应商接受此价格,注意此价格需考虑供应商的利益,做到公平交易。

③与供应商互通信息,尽量使双方的生产经营同步,提高存货周转率。

④与供应商协商如何更快地生产出高质量的产品,鼓励供应商及时作出反馈,制定具体措施对那些能给企业带来效益的供应商给予奖励。

⑤合作是双方面的,制造商也要在各方面考虑供应商的利益,包括帮助供应商改善经营业绩等。其实,企业在帮助供应商的同时也是在帮助自己,因为供应商管理水平的高低、业绩的好坏直接决定了企业的采购价格。

(3)经销商的参与同样十分重要,因为经销商直接与顾客接触,比较了解顾客的需求,因此企业在设计产品、决定产品生产数量时应考虑经销商的意见。这样做的好处是:一方面,可以生产出市场需要的产品,而且能够增强经销商对制造商产品的信心,他们会不自觉地向顾客推荐此种产品。另一方面,可以及时地了解产品准确的销售信息以及经销商的库存。而了解经销商的库存情况非常重要,经销商可以因此减少投入的存货成本,企业也可以及时调整生产数量及发货数量,将适合的产品送到需要它们的顾客手中。具体措施如下:

①适当减少经销商数量,与经销商建立长期、密切的关系。

②利用现代信息网络技术,采用电子数据交换连接系统,随时跟踪各地经销商处的产品销售及存货情况,及时补充和调整各地产品的种类和数量。

③采用沃尔玛的"每日低价"策略,这意味着经销商可以每日以较低价格购进企业产品,这虽然会丧失一些利润,但是比起一些对经销商的促销策略来说,这样做可以更加准确地预测市

场需求,不至于无法把握生产量,造成更多的损失。

④投资于双方共有设备,如前面提到的电子数据交换系统,向经销商提供各种可能的建议和帮助。

⑤及时从经销商处了解客户反馈,进行市场预测、准备生产新产品前或制订生产计划时邀请经销商一起讨论,充分发挥其与顾客打交道的优势。

前已提到,经销商与顾客直接接触,因此他们之间存在着价值联系,而供应商与顾客之间通过制造商和经销商连接,两者之间也存在着潜在的价值联系。总的来说,企业应该综合考虑各方面的因素,为实现整个价值群的共赢,不断优化、改善价值链。

第二节 核心竞争力

一、核心竞争力的定义

1990 年,普拉哈拉德(C. K. Prahalad)和加里·哈默尔(Gary Hamel)在其合著的《公司核心竞争力》一文中首先提出核心竞争力。他们对核心竞争力的定义是:"在一个组织内部经过整合了的知识和技能,尤其是关于怎样协调多种生产技能和整合不同技术的知识和技能"。在他们看来,核心竞争力首先应该有助于公司进入不同的市场,它应成为公司扩大经营的能力基础。其次,核心竞争力对创造公司最终产品和服务的顾客价值贡献巨大,它的贡献在于实现顾客最为关注的、核心的、根本的利益,而不仅仅是一些普通的、短期的好处。最后,公司的核心竞争力应该是难以被竞争对手所复制和模仿。正如海尔集团总裁张瑞敏所说的那样:"创新(能力)是海尔真正的核心竞争力,因为它不易或无法被竞争对手所模仿。"

核心竞争力是企业竞争力中那些最基本的能使整个企业保持长期稳定的竞争优势、获得稳定超额利润的竞争力,是将技能资产和运作机制有机融合的企业自身组织能力,是企业推行内部管理性战略和外部交易性战略的结果。

二、核心竞争力的构成

企业核心竞争力的构成主要包含以下几方面:

(一)企业的人力资本

在这个知识与资本日益对等甚至是知识雇佣资本的时代,人力资本对企业竞争力的作用是毋庸置疑的。因为人力资本是企业竞争力获得的基础,人是企业核心竞争力的制定者、执行者、创新者和评估者。如何留住人,发挥人才对企业核心竞争力的贡献和把人力资本与企业有机结合在一起,是企业核心竞争力的首要问题。同时,很多员工和业务经理具有能够改变独立的组织因素,这样相互影响会使核心竞争力下降。高层管理者必须协调各方面的力量,保证这些单独的变化与总的核心竞争力方向一致。所以问题是企业要进行怎样的机制设计将人力资本与企业有机地结合起来,使特殊人才竭力为企业奉献才能。

(二)管理能力

管理能力是企业的核心内容,包括企业获得信息能力、推断能力、决策能力和迅速执行决策能力,也可以扩大经营范围从狭义理解为"核心竞争力"。在一定意义上,企业的管理能力取决于企业是否拥有一支特殊组织才能和企业家才能的经理队伍。由于管理能力层次上并不局限于某种产品,因此管理能力的提升有利于企业更有效率地利用其资产,扩大经营范围,提高在市场中的竞争力。

(三)品牌形象

以诚信为根、以信誉为本,树立值得信赖的企业大众品牌形象。不同企业的品牌形象因企业的性质、组织形式、规模等不同具有其不同的内涵,以诚信为根、以信誉为本是企业立足于商的最基本信条,所谓"商以诚为本,人无信不立"正是这个道理。以现代服务业中的保险业为例,保险产品是服务产品,与物质产品不同,它是一种无形商品,也就是一方提供给另一方的无形活动和利益。人们在购买保险产品之前是看不见成效的,挑选保险产品也只是挑选一种建议,通过投保书对商品进行申请,经过一个双向选择的过程,客户挑选到满意的产品,同时客户基本情况必须符合公司对保险客户提出的投保条件。其中需要强调的客户向保险公司所提供的个人基本情况必须属实,不得虚报、瞒报、漏报。保险合同生效后保险客户拿到的保险单是在出现某种情况后的公司履行义务或拒绝履行义务的依据。保单是一种合同,必须在双方诚信的前提下履行各自相应的权利和义务。基于保险产品的这种特点,诚信对保险客户和保险公司均显得尤为重要。

要做到诚信光靠宣传是远远不够的,一个做得到诚信的人或公司源于它的实力,源于它的能力,源于它的社会关系,源于那些实实在在的东西。一个努力做到诚信的企业,它的文化必然经过长时间的沉淀而变得厚重,同时只有厚重内敛的企业文化才有助于树立企业诚信的社会公众形象。

除此之外,保险公司对风险的整体管理、保险产品差别定价以及保险产品的创新和售前、售中、售后服务品质的提升同样是树立企业品牌形象,提升保险公司核心竞争力的重要因素。

(四)营销

营销要选对市场,针对不同的产品服务于不同人群的不同需求。根据需求找对购买人群也就是选对市场,营销行为才能达到预期效果并有效进行。营销往往离不开新理念和新观念。宣传新理念,倡导新观念,创造购买需求,打造新型营销团队。

(五)优秀的企业文化

优秀的企业文化实际上是企业经营理念及其具体体现的集合,是企业核心竞争力的重要内容。在现代化的企业制度中,它的地位是被普遍认可和尊重的。一个有着优秀文化内涵的企业,它会在社会责任承担、质量安全等方面获得消费者的信任,这是企业建设重要的软实力。并且一个良好的企业文化是企业整合更大范围资源、迅速提高市场份额的重要手段。企业文化使企业中的每一个员工按照企业一致性的发展目标而努力,提高企业的生产效率;使员工自觉地协调配合,减少内部冲突及管理费用;同时也给企业的员工带来一种凝聚力,使其围绕核心竞争力展开服务。

(六)核心技术

拥有自身的核心技术是企业获得竞争力的关键条件,核心技术表现为专利、产业标准及不同形式的知识,核心技术重复使用会使价值连续增长,具有报酬递增特征。许多成功的企业在创业初期都存在着规模、资金等方面的困难,但一旦拥有在市场上领先的核心技术后就会迅速发展壮大。微软公司一开始也只能给 IBM 做零部件供应,后来因为掌握了在视窗操作系统上的核心技术,迅速成为世界上利润率最高的企业之一。因此,核心技术是一个企业获得核心竞争力的必要条件,但不是充分条件。关键是拥有持久保持和获得核心技术的能力。

(七)研究开发能力

原创性研究开发能力是企业竞争力的重要组成部分。研究开发能力可用企业研究人员的数量和素质、研发投入经费总额及研发经费占企业销售收入的比例等指标来表示。研究开发能力是企业获得持久制造技术或专利技术从而获得长期利润的源泉。

(八)学习与创新

学习与创新是竞争力的核心要素,包括研发能力、技术改造能力、技术转化能力、技术保护能力、应变能力等。企业的技术创新能力越强,其产品的技术含量、质量、性能、工艺水平和服务水平就会越高,产品进入市场的障碍就越少,企业参与市场竞争的能力就越强,企业的竞争力也就越强。相应地企业的生存和发展便有了保障。因此,企业核心竞争力的提升是一个长期、动态的过程,不可能一蹴而就,也不可能一劳永逸,需要企业持续地学习和创新。

三、核心竞争力的特征

(一)核心竞争力的有用性(价值性)

核心竞争力对于实现顾客所看重的价值能够作出显著的贡献,如降低成本、提高服务效率、提高产品质量、增加顾客的效用等。以海尔和长虹为例,两者同属电器企业,海尔的核心竞争力是其五星级的销售和服务体系,而长虹的核心竞争力则是它的低成本和规模优势。当用户注重购买方便和售后服务时,就会倾向于购买海尔电器。而当价廉物美成为首要选择时,就会倾向于长虹。用户价值除了体现在用户所看重的核心价值上外,还包括企业对用户价值的维护和增值,它包括价值保障、价值提升、价值创新三个方面。价值保障是一个价值传递的过程,它要求在不断降低成本的同时,保证价值的有效传递,保证产品价值和顾客可接受的价值不受影响;价值增值是一个增值的过程,是对现有产品和服务进行不断改进以提高产品和服务的价值含量;价值创新则是一个创造过程,是企业运用核心竞争力开发研制全新的产品和服务,以满足客户新的需求。

(二)核心竞争力的独特性

独特性又称异质性,指企业的核心竞争力必须是独一无二、为企业所特有的,没有被当前和潜在的竞争对手所拥有。独特性还要求核心竞争力具有不可模仿和难以被替代的特性。如果核心竞争力容易被替代或模仿,则意味着这种竞争力很弱,无法给企业创造较大的和持续的竞争优势。

核心竞争力是企业在其长期经营活动中以特定的方式,沿着特定的技术轨迹逐步积累起来的,它不仅与企业独特的技能与诀窍等技术特性高度相关,还深深印上了企业组织管理、市场营销以及企业文化等诸多方面的特殊烙印。作为特定企业个性化发展过程的产物,企业核心竞争力既具有技术特性又有组织特性,企业的运作模式、营销方式、规章制度,企业员工的素质、能力、观念以及行为方式等因素共同支撑着企业的核心竞争力,因此核心竞争力很难被竞争对手完全掌握而轻易复制,更难进行市场交易。企业核心能力的异质性,不仅决定了企业的异质性,也决定了不同企业的效率差异、收益差别与发展潜力。

(三)核心竞争力的叠加性

叠加性即两项或多项核心能力一经叠加,可能会派生出一种新的核心能力,而且这种新的核心能力往往不止是原来几项核心能力的简单相加,这类似于经济学中的范围经济和物理学中的共振所体现出来的性质。

(四)核心竞争力的延展性

延展性是指企业能够从核心竞争力衍生出一系列的新产品和新服务以满足客户的需求。核心竞争力有从核心竞争能力→核心技术→核心产品→最终产品的延展能力,即企业的核心竞争力包含着一项或几项核心技术,而这些核心技术相互配合形成一个或多个核心产品,再由核心产品衍生出最终产品。这个延展过程中,企业的核心竞争力是主导力量。

核心竞争力的延展性使企业能够较大程度地满足客户的需求,不仅是当前的需求,而且包括了潜在的需求。这种需求的满足是通过核心竞争力充分发挥其延展性,在新的领域内积极运用而得以实现的。延展性使核心竞争力更能保证企业多元化发展的成功。

(五)核心竞争力的动态性

企业核心竞争力是在长期的经营实践中逐步积累形成的,它作为支撑企业长期发展的主动力,具有较强的稳定性,其生命周期也远远超过了一般产品的生命周期。但是企业的核心竞争力总是与一定时期的产业动态、管理模式以及企业资源等变量高度相关的。随着时间的推移,企业核心竞争力必然发生动态发展演变,经历产生、成长、成熟、衰亡等阶段。企业核心竞争力的生命周期可划分为以下几个阶段:无竞争力阶段、一般竞争力阶段、初级核心竞争力阶段、成熟核心竞争力阶段、核心竞争力弱化阶段、核心竞争力新生阶段。

企业核心竞争力在形成以后,就面临再培育和提升的问题,否则随着市场竞争的加剧和科学技术的发展,核心竞争力也会逐渐失去其竞争优势,沦为一般竞争力,甚至完全丧失竞争优势。因此,企业若想长久保持核心竞争力的领先优势,就必须对核心竞争力进行持续不断的创新、发展和培育,要根据产业的发展方向、管理的更新趋势以及企业自身资源的发展状况,对企业的核心资源重新配置与定位,实现企业核心竞争力的及时跃升,以维持和扩大核心竞争能力的竞争优势。

四、核心竞争力的培育

培育企业核心竞争力应着重从以下几方面入手:

(一)企业战略应建立在核心竞争力发挥与发展的基础

核心竞争力理论认为,企业的绩效和优势来源于企业具有的核心竞争力,而企业战略的成功是很好地发挥和发展企业本身具有的核心竞争力的结果。研究证实:"成功"的多角化战略是建立在能够促进企业在其相关的市场中获得一席之地的一系列"核心技能"基础上的。基于核心竞争力的企业战略,并非一定就是专一业务的战略。企业决策的关键在于所经营的业务是否建立在自己的核心竞争力基础之上。

制定培育核心竞争力的战略本身是服务于企业核心竞争力培育的,这种战略具有前瞻性、全局性、竞争性和可操作性。战略选择一般应满足五条原则:①战略定位明确,即客户是谁,什么产品,怎样完成。②作出战略的明确选择,即应做什么和不做什么。③组合的选择必须能够不断实现自身强化。④企业组织协调性好,能随时调整以适应环境变化。⑤要有适当的制度体系,包括企业文化、激励机制、公司机构和人事制度四个因素。

(二)大力提高人员的整体素质

人是企业核心竞争力的决策者和执行者,企业每一层级的人员素质与能力的高低直接决

定着企业对自身竞争力的分析、判断、培育和执行。对于企业来说,提高人员整体素质可从三个方面入手:

一是提升企业家素质。企业家是企业精神、企业价值观、企业风貌等方面有机组成的企业形象的集中代表,企业的兴衰与它的素质直接相关。

二是提升中层管理人员的素质。中层管理人员是组织领导实施企业战略、计划的关键性人物,他们必须具备较高的职业道德素质、业务技术素质、科学文化素质和心理素质,具备较强的组织管理能力和协调能力等。

三是提高员工整体素质,主要是培养他们的敬业精神,提高业务技术素质。

(三)培育企业的核心技术,塑造知名品牌

高层次的产品结构、产品的低成本与高质量以及新颖的设计,都离不开技术进步与技术创新。企业要提高自己的核心竞争力,就必须把技术创新纳入企业的核心业务范围,增加研发投入,加速技术创新。具体来说,要做到以下三点:

一是要进行多种形式的产学研联合,与有关的高等院校、科研机构挂钩建立稳定的合作关系。

二是要尽力增加技术开发方面的投入,研究开发具有自主知识产权的核心技术和主导产品,增加技术储备。

三是要加强对自主知识产权的保护。在技术进步的基础上,企业应通过科学设计、精心制作、广告宣传等方式塑造自己的名牌产品,并加强对名牌产品的保护。

(四)努力提高企业的营销能力

市场营销能力的强弱是影响企业发展的重要因素之一。要提高企业的营销能力,企业一方面要以市场和客户需求为导向,重视市场调研,运用产品差异化策略,为企业带来高于同行业竞争对手的利润率;另一方面,要学会运用现代化营销手段,积极投身于电子商务活动,建立并强化自己的销售网络,在开发国内市场的同时,努力开拓国际市场。

(五)建立学习型组织

学习型组织的形成对于企业核心竞争力的构建是十分重要的。随着知识经济的到来,市场因素更加复杂多变,经验越发靠不住,智力资本将成为第一资本,决定着企业面向未来的竞争优势。在这种市场状况下,一个企业所具备的学习能力就成为最重要的一种能力。企业能否对市场变化作出快速的反应,能否及时调整自己适应新的环境和市场,能否及时熟悉和解决新问题,都要靠企业组织的学习能力,不会学习就不会工作,也就无法创新和发展,从而培养、造就学习型组织也就成为当今企业管理者最关心的一个问题。

(六)塑造良好的企业文化

企业文化是一个企业的灵魂,对企业核心竞争力的形成和发展起着决定性的作用。在一个企业中,优秀的企业文化能够营造良好的企业环境,提高员工的文化素养和道德水准,对内能形成凝聚力、向心力和约束力,形成企业发展不可或缺的精神力量和道德规范,能使企业产生积极的作用,使企业资源得到合理的配置,从而提高企业的竞争力。

(七)企业必须对核心竞争力持续不断地创新、发展和培育

企业必须对核心竞争力持续不断地创新、发展和培育。企业核心竞争力是一个不断更新的过程,现在的核心竞争力是未来企业竞争力的优势所在,但这一优势只有不断提升才能转化

为未来的竞争能力。所以企业要从发展的意义上认识核心竞争力,不能满足于现状。既有的核心竞争力是重要的,但更重要的是发展意义的核心竞争力。从企业外部看,企业一方面可通过知识联盟获得核心竞争力。知识联盟以学习和创造知识作为联盟的中心目标,有助于两个公司的专业能力优势互补,创造新的交叉知识。另一方面,企业可通过兼并获得核心竞争力。兼并可重新整合企业资源,构造新的企业营销格局,调整产业结构与产品结构,建立企业新的机制,优化资源配置,提高市场竞争力。从企业内部看,一是要善于寻找、挖掘现有技术和非技术优势,通过层层分析、总结、归纳出企业现有核心竞争力并培养之;二是将这种初步形成的核心竞争力加以运用、整合,并部署到企业的各个环节中去,从而产生整体效应;三是当企业核心竞争力已经形成的时候,要充分利用并保持其在企业中的地位和作用,创造出更多的最终产品和服务,而当企业竞争范围发生变化时,应该及时调整,进入新一轮挖掘、培养、创新企业核心竞争力。

第三节 业务外包

一、业务外包的概念

1990年,美国学者普拉哈拉德和哈默尔在其《企业核心能力》一文中正式提出业务外包概念。根据他们的观点,所谓业务外包,指企业基于契约将一些非核心、辅助性的功能或业务外包给外部的专业化厂商,利用他们的专长和优势来提高企业的整体效率和竞争力。通过实施业务外包,企业不仅可以降低经营成本,集中资源发挥自己的核心优势,更好地满足客户需求,增强市场竞争力,而且可以充分利用外部资源,弥补自身能力的不足。同时,业务外包还能使企业保持管理与业务的灵活性和多样性。

二、业务外包的主要方式

(一)临时服务和临时工

一些企业在完全控制其主产品的生产过程的同时,会外包一些诸如自助餐厅、邮件管理、门卫等辅助性、临时的服务。同时企业更偏向于使用临时工(指合同期短的临时职工),而不是雇佣工(指合同期长的稳定职工)。企业用最少的雇佣工,最有效地完成规定的日常工作量,而在有辅助性服务需求的时候雇用临时工去处理。因为与雇佣工相比,临时工对失业具有较强的危机感,以及他们的报酬等的特殊性,所以他们对委托工作更加认真负责,工作效率也较高。临时工服务的优势在于企业需要有特殊技能的职工而又不需永久拥有,这在企业有超额工作时尤为显著。这样企业可以缩减过量的经常性开支,降低固定成本,同时提高劳动力的柔性,提高劳动生产率。

(二)与竞争者合作

与竞争者合作使得两个竞争者把自己的资源投入到共同的任务(诸如共同的开发研究)中,这样不仅可以使企业分散开发新产品的风险,同时,也使企业可以获得比单个企业更高的创造性和柔性。尤其在高科技领域,企业要获得竞争优势,必须尽可能小且有柔性,并尽可能与其他企业建立合作关系。

(三)子公司

为了取得竞争优势,大量的企业将"控制导向""纵向一体化"的企业组织分解为独立的业务部门或公司,形成母公司的子公司。就理论上而言,这些独立的部门性公司几乎完全脱离母公司,从而使它们变得更加有柔性、效率和创新性,同时,因为减少了"纵向一体化"环境下官僚作风的影响,它们能更快地反应于快速变化的市场环境。1980年,IBM公司为了在与苹果公司的竞争中取胜,将公司的七个部门分解出去创立七个独立的公司,它的这些子公司更小、更有柔性,能更有效地适应日新月异的高科技市场,这使得IBM公司迸发出前所未有的创造力,最终导致IBM PC的巨大成功。

(四)人力资源管理外包

目前我国一些人才中介机构推出的"网上人事管理"和"人事专员"就是人力资源外包的雏形。他们可以从物色人才、转接关系到个人档案管理等一手承揽,代企业完成招聘的所有过程。

(五)公关外包

公关外包在国际上已是相当流行的做法,几乎所有的《财富》杂志评选的500强企业都将部分甚至全部公关业务外包,有些公关外包的形式还很独特,像杜邦、CM公司,其部分公关职能外包给专业公关公司,在公司上班的一部分职员实际上是该公司的职员,领的是本公司的工资,其活动开支都打入总公司的预算,但他们是专职公关人员。公关公司和这些职员共同策划公关活动,由这些职员具体实施。

(六)脑力外包

据悉,目前"脑力外包"最多是信息技术管理,它占所有业务外包服务的28%,几乎每一家实行业务外包的公司都把其信息部门的某些职能外包出去。

(七)转包合同

业务外包的另一种方式是转包合同。在通信行业,新产品寿命周期基本上不超过一年,MCI公司就是靠转包合同而不是靠自己开发新产品在竞争中立于不败之地。MCI公司的转包合同每年都在变换,他们有专门的小组负责寻找能为其服务增值的企业,从而使MCI公司能保持提供最先进的服务,它的通信软件包都是由其他企业所完成的,而它所要做的(即它的核心业务)是将所有通信软件包集成在一起为客户提供最优质的服务。

(八)全球化业务外包

在世界经济范围内竞争,企业就必须在全球范围内寻求业务外包。在全球范围内对资源的配置正成为企业国际化进程中获得竞争优势的一种重要技术手段。全球资源配置已经使许多行业的产品制造国的概念变得模糊。原来由一个国家制造的产品,可能通过远程通信技术和迅捷的交通运输成为国际组装而成的产品,产品开发、设计、制造、市场营销、广告等可能是由分布在世界各地的能为产品增值最多的企业完成的。全球化业务外包也有它的复杂性、风险和挑战。国际运输方面可能遇到地区方面的限制,订单和再订货可能遇到配额的限制,汇率变动及货币的不同也会影响付款的正常运作。因此,全球业务外包需要有关人员具备专业的国际贸易知识,包括国际物流、外汇、国际贸易实务、国外供应商评估等方面的知识。

没有信息技术的快速发展,就没有业务外包的迅速普及。业务外包源于信息技术的推动,从根本上说,还因为信息技术为企业业务外包的快速运行提供了必不可少的载体。即便不进行信息技术的业务外包,其他诸如制造业务、财务、行政管理等外包,都离不开信息载体的运作。特别是营销业务中的网上商务外包,更需要先进的信息技术运载。所以,企业推行业务外包,前提是必须建立好自己的信息系统,并加快推进信息工作现代化,特别需要积极加入互联网,使自己的商业经营融入全球信息网络。这样,才能为业务外包创造必要条件。

三、业务外包的种类

(一)根据业务活动的完整性划分

1.整体外包

整体外包时企业将业务的所有流程,从计划、安排、执行以及业务分析全部外包,由外部供应商管理整个业务流程,并根据企业的需要进行调整。在这种外包模式下,企业必须与承包商签订合同,合约内容应包括产品质量、交货期、技术变动,以及相关设备性能指标的要求。整体外包强调企业之间的长期合作,长期合作关系将在很大程度上抑制机会主义行为的产生,因为一次性的背叛和欺诈在长期合作中将导致针锋相对的报复和惩罚。外包伙伴可能会失去相关业务,因此,这种合作关系会使因机会主义而产生的交易费用降到最低限度。

2.部分外包

部分外包,指企业根据需要将业务各组成部分分别外包给该领域的优秀的服务供应商。如企业的人力资源部分外包,企业根据需要将劳资关系、员工聘用、培训和解聘等分别外包给不同的外部供应商。一般来说,部分外包的主要业务是与核心业务无关的辅助性活动,如临时性服务等。当企业的业务量突然增大,现有流程和资源不能完全满足业务的快速扩张时,可以通过部分外包利用外部资源,不仅能获得规模经济优势,提高工作效率,而且还可以尽快解决企业业务活动的弹性需求。

(二)根据业务职能划分

1.研发外包

研发外包是利用外部资源弥补自己开发能力的不足。企业可以根据需要,有选择地和相关研究院所、大专院校建立合作关系,将重大技术项目"外包"给它们攻关,企业可以到科研机构购买先进的但尚未产业化的技术。多年前,当世界上大多数国家达成协议停止生产氟利昂后,化工巨头杜邦公司,为了能够尽快找到生产氟利昂替代品的最佳方式,将这项开发任务外包给 20 多个组织。由于这些专门研究机构在相关领域具有超群的能力,在很短的时间内就完成了项目开发任务,为杜邦公司赢得了宝贵的市场机遇。1993 年,杜邦公司比国际规定的最后日期提前 3 年停止氟利昂的生产,同时在五个产品领域开始销售氟利昂替代产品,由于赢得了市场先机,这些产品一面市就受到消费者的欢迎。

2.生产外包

生产外包是企业将自己的资源专注在新产品的开发、设计和销售上,企业不再拥有自己的生产厂房和设备,而将生产及生产过程的相关研究"外包"给其他的合同生产企业。在日渐成熟的市场和日益激烈的竞争中,企业增加收入的难度加大,如何降低成本已经成为获取利润的关键。在多种多样的降低成本的新方法中,生产外包是最重要的一种。这种外包一般是企业将生产环节安排到劳动力成本降低的国家,以提高生产环节的效率。目前,越来越多拥有名牌产品或商标的企业不再拥有自己的生产厂房和设备,不再在生产过程中扮演过多的角色。

3.物流外包

物流外包不仅降低了企业整体运作成本,更重要的是使买卖过程摆脱了物流过程的束缚,使企业摆脱了现有的操作模式和操作能力的束缚,使价值链能够在一夜之间提供前所未有的服务。现在许多公司开始将自己的货物或产品的储存和配送外包给专业性的货物配送公司来完成。用一句话来说就是:"物流外包是企业将物流活动外包给专业的物流公司来完成。"

4.营销外包

营销外包是企业将营销活动尤其是渠道的开发与管理全权委托给一个拥有专门技能和网络的外部机构,企业只是在战略上进行全程监控和规定收益回报的下限,其他的营销风险全部由外包机构承担;加之将生产、人力资源管理、财务管理等价值链环节也外包给了专业的外部机构,企业可以将核心能力集中于"产品研发+品牌经营"的关键性领域,以获取巨额"净值"回报。

5.脑力资源外包

外包的一个新领域是雇佣外界的人力主要是脑力资源,解决本部门解决不了或解决不好的问题。一般为用户提出一个咨询、诊断、顾问、分析、决策方案,实施管理业务、组织的重组,技术改造,实现改进工作,提高经济效益的目的。脑力资源外包的内容主要包括有:互联网咨询、信息管理、ERP系统实施应用、管理咨询等。

6.服务外包

服务外包应该是基于信息网络技术的,其服务性工作(包括业务和业务流程)通过计算机操作完成,并采用现代通信手段进行交付,使企业通过重组价值链、优化资源配置,降低了成本并增强了企业核心竞争力。

(三)根据合作伙伴间的组成形式划分

1.利用中介服务的外包

在有中介的外包模式中,厂商和外包供应商并不直接接触,双方与中介服务组织签订契约,由中介服务机构去匹配交易信息,中介组织通过收取佣金获利。这种利用中介组织的外包模式可以大大降低厂商和外包供应商的搜索成本,提高交易的效率。如麦当劳在我国许多城市的员工雇佣就是采用这种模式。

2.无中介的外包

在无中介的外包模式中,厂商和外包供应商可以借助于互联网络进行,如美国思科(CISCO)公司将80%的产品生产和配送业务通过其"生产在线"网站实行外包,获得思科授权的供应商可以进入思科数据库,得到承包供货的信息。

四、业务外包的动因

外包机构已对公司外购的各种各样的活动和能够获得的潜在利益有了一个清晰的理解。这些潜在利益主要表现在如下几方面:

(一)提高企业的核心竞争力

随着企业占用管理时间的比例不断增加或在中层管理"决策卡壳",导致管理混乱和增加机会成本并对组织的将来可能产生消极影响。通过外包非核心功能,组织能够把精力集中在带来竞争优势的核心能力上,以期取得高速增长。

（二）资金有效利用

外包是降低非核心贸易投资资金需求的一种方法。一个公司不是通过资本支出获得资源，而是在与物流供应商的合作中以合同的形式获得所需的资源，使得核心领域拥有更加充足的资金。外包也能够通过减少对非核心领域的资本投资利润的要求来改善公司的财政问题。

（三）加速供应链利益重组

外包经常是另一个有力管理工具的副产品：贸易程序重新设计。重新设计是贸易程序的重组，目标是重要性的指标，例如成本、服务、质量和速度等的提高。将一个内部功能提升到世界级的标准需要很长的时间。越来越多的公司决定外包那些重新设计提供的没有风险的能够立即改善的功能。外包使重组的效益成为现实。其方法是让一个外部组织和一个已经重新设计到世界标准的组织来承接这一程序。这些重新设计的系统需要新的硬件、软件和主要人员的重新培训，世界级外包合作伙伴的选择推动了整个过程。

（四）获得内部不可能获得资源的通路

公司可能外购物流系统，因为他们无法获得公司所需的资源。成功的物流系统需要复杂的信息系统来加强客户、供应商、制造商和承运人中的实时交流。通过外包，公司可以很快地并且或许花费很少地实施物流信息系统，否则它们将不得不从零开始。

（五）开发其他资源

每一个组织的有效资源是有限的。挑战在于如何将有效的资源运用到有价值的领域上。外包允许一个组织改变它的资源方向，从非核心活动转向客户服务或有更大利润的活动。外包合作伙伴不是雇用公司物流人员就是寻找更新技能的人才。

五、企业业务外包的实施

业务外包被认为是一种向企业灌输技术与人才，帮助企业管理生产经营流程和最终用户环境的有效手段。一个企业要成功地实施业务外包，通常需要四个阶段。

（一）明确实现业务外包应具备的基本条件阶段

1. 内部条件

首先，企业要进行流程重组。传统企业的作业流程大多是在一贯作业的模式下制定的，已不适应产品不断更新换代、市场信息瞬息万变的竞争环境。企业进行流程重组的目的是提高效率，适应外包的需要。其次，企业要进行组织结构的重建。"外包"要求充分发挥各个业务单位的积极性和能动性，使每个业务单位在自己的专精领域不断突破。这就要求建立一种相对分散的、充分授权的组织结构。同时，提升核心界面在整个组织中的地位，强化组织适应外部环境和外部进行交易的能力。最后，企业要更新经营理念。企业的经营理念必须与当今开放、民主、协同发展的潮流相适应。这也要求主包企业的领导层具有战略眼光和追求变革的决心。

2. 外部条件

首先，产业要有相当程度的标准化。只有在这种条件下，外包企业提供的产品才能为主包企业所用。其次是信息技术的广泛应用。只有信息技术的广泛应用，企业与外包企业之间才能做到信息的充分沟通、共享，才能节省交易费用，才能提高效率。

(二)企业的内部分析和评估阶段

在这一阶段,企业的高层管理者要确定外包的需求并制定实施的策略。要想从外包中获得效益,企业的最高决策层必须采取主动的态度。只有最高决策层认识到位,才具有外包成功所必需的视角和推动变革的力量。在制定外包的策略时,主要应考虑如下问题:

1.明确企业的经营目标和外包之间的联系

企业的业务外包策略必须与其经营目标相匹配,经营目标是企业制定业务外包的基础,而且业务外包是在经营目标安排下的具体战略措施。

2.明确需要外包的业务领域

企业要成功实施业务外包,必须选择正确的外包对象,既要确定哪些业务适合外包,哪些业务必须自制。由于不同业务活动所需投入的资源不同,对企业竞争优势的重要程度也不同,因此可以将企业从事的业务划分为核心业务和非核心业务。核心业务是企业投入资源最多,对企业存亡具有关键性作用的业务;往往也是擅长的、能创造高收益、有发展潜力和市场前景的业务。例如,软件企业的研发、制造企业的生产制造等。而非核心业务,对企业的战略重要性相对较低。例如,制造企业的财务活动、人力资源业务以及后勤等业务就属于非核心业务。

3.与员工进行开诚布公的沟通

外包势必会涉及一些员工的利益,良好的沟通可以了解到如何满足员工的一些正当的要求,而员工的支持和士气对外包能否顺利实施将起到重要的作用。

(三)评估自己的需求,并选择服务提供商阶段

企业的领导层应听取来自内部或外部专家的意见,这支专家队伍至少要覆盖法律、人力资源、财务和外包的业务等领域。然后,才可以按照企业的需求去寻找最适合的外包商。需要注意的是外包商是否真正理解该企业的需求,以及它是否有足够的能力解决企业的问题。除此之外,外包商的财务状况也是需要考虑的重要问题。在与外包服务商签订合约时,合同中要规定外包的价格和评测性能的尺度,还要规定服务的级别以及违规的处罚条款等。

(四)外包的实施和管理阶段

由于业务外包是一种介于市场交易和纵向一体化的中间形式,厂商和外包供应商之间实际上形成了一种委托代理关系,外包供应商比厂商拥有更多关于产品和服务的质量、成本等信息,从而导致信息不对称。另外,合作双方理念和文化差异、无效的沟通机制等因素都可能导致外包的失败。因此,用户在这一阶段要保持对外包业务性能的随时监测和评估,并及时与厂商交换意见,可以通过建立相应的管理协调机构,构建畅通的沟通渠道,解决业务外包过程中的问题和矛盾,防止意外的发生,还可以通过细化外包合同、建立质量保证体系等管理控制手段,强化对外包过程的监督,减少外包过程中因信息不对称造成的风险。在外包实施的初期,还要注意帮助自己公司内部的员工适应这一新的运作方式。

六、企业业务外包的优势及劣势

(一)企业业务外包的优势

1.能够使企业专注核心业务

企业实施业务外包,可以将非核心业务转移出去,借助外部资源的优势来弥补和改善自己

的弱势,从而把主要精力放在企业的核心业务上。根据自身特点,专门从事某一领域、某一专门业务,从而形成自己的核心竞争力。

2.使企业提高资源利用率

实施业务外包,企业将集中资源到核心业务上,而外包专业公司拥有比本企业更有效、更经济地完成某项业务的技术和知识。业务外包最大限度地发挥了企业有限资源的作用,加速了企业对外部环境的反应能力,强化了组织的柔性和敏捷性,有效增强了企业的竞争优势,提高了企业的竞争水平。

业务外包因能促进企业集中有限的资源和能力,专注于自身核心业务,创建和保持长期竞争优势,并能达到降低成本,保证质量的目的,所以在市场经济竞争中日益受到企业瞩目。

这是虚拟企业经营采取的主要形式。首先要确定企业的核心竞争优势,并把企业内部的智能和资源集中到那些具有核心优势的活动上,然后将剩余的其他企业活动外包给最好的专业公司。虚拟企业中的每一团队,都位于自己价值链的"战略环节",追求自己核心功能的实现,而把自己的非核心功能虚拟出去。

如世界最大的飞机制造公司波音公司却只生产座舱和翼尖;耐克——全球最大的运动鞋制造公司,却从未生产过一双鞋;等等。业务外包的虚拟化合作方式,不仅使得企业产品生产的成本趋于较低、效率提高,而且还可以推动企业不断顺应市场需求善变的态势,降低风险,从而营造企业高度弹性化运行的竞争优势。

3.可降低企业风险

有效的外包可以节省资金和风险,将风险转接到生产企业,是做品牌公司的必经之路。

(二)企业业务外包的劣势

业务外包出现的问题主要来自以下几个方面:

1.可能会增加企业责任外移

由于在外包经营中缺乏对业务的监控,增大了企业责任外移的可能性,导致质量监控和管理难度加大。

2.可能挫伤员工工作热情

可能挫伤员工工作热情,导致员工失去敬业精神。在业务外包中,必然会牵涉到部分员工的利益,如果他们知道他们的工作被外包只是时间问题的话,员工的工作热情和职业道德会降低,他们会失去对公司的信心和工作的原动力,从而导致工作业绩明显下降。

3.知识产权问题

特别是研究与开发之类业务外包。外包者所开发技术的专利、版权的归属问题通常是由企业与外包厂商双方协议达成而非法律规定,这就给错误和陷阱留下了很大空间。

4.外包企业的忠诚度

外包企业在利益的驱动下可能从一个企业转移到另一个企业,导致企业失控。但同时过分地依赖外包企业会导致交易成本提高。

5.外包商选择问题

企业对于业务外包有许多种选择,挑选了错误的外包者能导致关键技术的失败,因而失去竞争的领先地位。

第四节 扩展企业

一、扩展企业的产生与定义

扩展企业的概念是随着全球化市场、顾客化生产、环保化生产而产生的。全球市场竞争的日益激烈,以及顾客化生产都增加了企业产品在全球范围竞争的压力。同时,产品与工艺的环境保护需求迫使企业在生产过程中考虑产品的整个寿命周期中可能出现的问题,以确保产品出厂后是安全的。这些压力使得企业必须考虑更广泛的问题,不仅仅是局限在考虑企业内部问题,而应是把企业作为供应链的一个部分看待。这样在供应链管理环境下就产生了扩展企业的概念。扩展企业的概念同时也是在现代信息技术和通信技术的广泛应用的基础上提出的。IT 在供应链企业中的广泛应用以及企业电子商务的发展是扩展企业的特征之一。

在一定程度上,扩展企业是基于制造企业在设计、生产计划、市场营销、库存和运输等职能之间、企业与企业之间集成的要求而产生的,这使得企业与企业之间的职能能够跨越企业的界限得以集成,从而发挥更大的资源配置优势。

扩展企业可以定义为一个概念性的组织单元或系统,它包括采购公司和供应商,它们通过紧密合作来实现最大化的利润分配。这些企业未必构成整个供应链,但它们是供应链中的主要成员之一。扩展企业的出现使企业之间的竞争转化为供应链与供应链之间的竞争。

二、扩展企业的理论模型

(一)传统制造模式下的扩展企业模型

企业必须强调在企业与企业之间的合作设计产品模式、用户驱动的设计、供应链管理和用户订单执行与控制等四个方面的职能。而 EDI、现代先进计算机网络等技术使得整个价值链的集成成为可能,扩展企业的概念从而得以提出和发展。

一定程度上而言,扩展企业是基于制造企业在设计、生产计划、市场营销、库存和运输等方面的职能,在企业与企业之间集成的要求下而产生的,这不仅使得企业与企业之间的职能能够跨越企业界限得以集成,从而发挥更大的资源配置优势,同时也使得企业之间的文化、工作经验得到交流,信息和数据得以畅通。一个完整的传统制造下的扩展企业涉及合作设计产品模式、用户驱动的设计、供应链管理和用户订单执行与控制等主要职能领域,下面加以详细阐述。

1. 用户驱动的设计

在目前买方市场竞争环境下,开发有市场竞争力的产品,就必须考虑用户的需求。主要形式有:直接根据用户要求(用户直接向制造商提出特殊的产品需求)设计新产品,或者是在用户市场调查的基础上进行新的设计。

2. 用户订单执行与控制

主要控制制造计划的实施情况和保证交货期协议,以确保实现对用户作出的承诺。其中必然要考虑制造过程中的物流问题。

3. 供应链管理

扩展企业基于 JIT 和精细生产原则而运作,供应链管理具有良好的生产计划功能,可以确保物料在不拖延计划的基础上,在准确的时间到达准确的地点(包括企业内部和企业之间)。

4.合作设计产品模式

扩展企业的运作要求能在产品设计中与原材料供应商等保持紧密的合作,以确保产品尽可能地使用最好的、最近的原材料或零部件。

(二)基于供应链管理的扩展企业模型

正如前面所说,集成化供应链管理模式下的企业是扩展了的企业。由于该模型将供应、生产、分销、结合企业的内外部环境看成一个整体,奠定了集成化供应链管理研究的基础,充分体现了集成化供应链管理的哲理。

1.生产系统设计思想

传统的企业生产者在生产系统设计中主要从生产角度、企业内部因素考虑,没有从集成的角度去考虑物流、信息流。供应、生产、分销没有形成真正有机的整体,而供应链管理下的扩展企业体现了系统工程观点,把三者有机地结合起来。

2.产品设计与制造过程设计

在提高供应的质量(成本、服务、提前期、响应时间)方面,过去人们只是从企业的内部考虑如何挖掘潜能,没有从市场的角度考虑供应商与制造商之间的合作关系,没有考虑业务外包问题。该模型体现了并行工程的思想,在产品与制造设计工作和供应商、分销商乃至顾客都考虑进去的情况下,建立协同的工作环境。

3.集成的生产计划与控制模式

传统的企业生产计划是以物料需求为中心展开的,缺乏和供应商的协调,企业的计划制定没有考虑供应商以及分销商的实际情况,不确定性对库存和服务水平影响较大,库存控制策略也难以发挥作用。在供应链管理下的扩展企业模型中,供应链上任何一个企业的生产和库存决策都会影响供应链上其他企业的决策,也就是说,企业的生产计划与库存的优化控制不但要优化内部的业务流程,更要从供应链的整体出发,进行全面的优化控制,跳出以物料需求为中心的生产制造管理界限,充分了解用户需求并与供应商在经营上协调一致实现信息的共享与集成,以顾客化的需求驱动顾客化的生产计划与优化控制,获得柔性敏捷的市场响应能力。

4.体现企业间的战略伙伴关系

供应链管理下的扩展企业模型除了信息的集成,经济利益的联系外,还体现了企业间的一种新型的合作关系——战略伙伴关系,有利于企业改进生产系统,提高产品质量,降低成本,实现 JIT 生产,采购与交货、生产计划与执行在一种透明的方式下完成,并且基于相互独立又相互促进的各合作伙伴的实际能力或需求,获得供应链的"同步化"运作。

今天的制造企业面临着比以往更激烈的竞争,市场全球化,产品需求顾客化,及时交货,对制造商形成了巨大的压力。新兴的全球化市场取代了区域性市场,市场体系更加开放、贸易壁垒减少、运输和通信技术不断进步将企业推向全球市场。这种开放式的结构要求企业与供应商和顾客建立更加紧密的联系,建立基于整个价值链的扩展企业,以响应市场的挑战。

三、扩展企业的目标与特征

扩展企业的概念部分来自于在地理上分布的制造业,它们为了获得竞争优势需要建立正式的合作伙伴关系。这种思想的核心就是要利用外部的资源和服务,而不是去拥有它。这种形式的合作表现为在独立的制造企业间设计、开发、成本控制形成有共同利益的"链"。扩展企业的另一个特征就是要求信息和物料在合作企业间同步和协调流动。

（一）扩展企业合作的目标

（1）缩短物料加工、信息处理、产品开发、信息基础设施建设的周期。

（2）采用更广泛的产品周期的概念。

（3）提高对产品上市时间的要求，开展基于时间的竞争。

（4）形成更为有效的组织和系统。

扩展企业超越了传统组织的界限。它不仅包括了企业的各个职能部门本身，而且相应涵盖了企业与它的顾客、供应商、商业伙伴的关系。扩展企业要对产品整个生命周期负责，包括从原材料购买和供应管理，产品分销和客户服务，最后直到产品的回收和处理。

（二）扩展企业主要的特征

（1）核心企业集中体现核心竞争力的商业活动，对非核心企业能够提高核心企业和供应商的竞争能力，增强相互之间的依赖，实现共同的利益。

（2）扩展企业的核心是企业与供应商和客户建立一种长期、互相信赖的关系，把他们当做合作伙伴而不是竞争对手。

（3）为了实现供应商与客户在商业和技术信息上的集成，扩展企业采用先进的通信技术和运输手段支持跨组织的商业活动。

杰格夫（H. S. Jagev）和布郎（（J. Browne）强调，企业内部各职能部门间的集成，如设计、计划、营销、存储和运输，是组建扩展企业的先决条件。必须提到的是，如果一个企业对别的企业承担某种扩展企业形式的义务，那么该项合作的义务仅限于事先约定的合同条件本身。这并不能限制企业参与其他的合作，如与某供应链以外的其他企业展开类似的合作。

四、扩展企业的采购关系

随着在供应链管理环境下企业之间合作关系的加强，采购供应问题逐渐成为决策者要考虑的重要问题。

在传统的企业中，自制或外购决策是在衡量制造成本与采购成本的基础上作出的。而在扩展企业中，企业会将不是核心竞争力的业务尽可能外包。扩展企业要考虑的除了自制外包决策问题外，还要考虑以下三个方面的问题。

（一）供应商管理与协调

供应商将被分为短期合作伙伴、长期合作的战略性合作伙伴来分别进行管理与协调。

（二）新产品和服务开发

供应链上的合作伙伴可以看做是提供新技术、各类专家（在新物料、工艺技术、技术预测等方面）的主要来源。

（三）价值分析与价值工程

供应链上的合作伙伴可以协助企业通过价值工程改进产品和工艺。因此，在扩展企业之间必须建立一种相互信任的关系，以维持企业之间的长期合作。这主要有以下几种信任关系：

（1）合同信任关系：主要是信守诺言，如准时交货、准时付账、保持信誉度。

(2)竞争信任关系：这取决于企业执行一项职能时的技术和管理方面的竞争力。

(3)良好愿望型信任关系。

五、扩展企业的生产计划与控制

扩展企业的生产率必须与市场的需求率保持一致。如果产量过高，必然引起高库存，致使扩展企业不得不承担高成本的损失，结果可能是失去了扩展企业的优势。因此，扩展企业必须在保持低投资成本的基础上，按市场需求（尽管市场需求不断变化）安排生产，以达到供给与需求的均衡。但是，订单在供应链上传送的时候总是会被放大，即存在着需求变异放大效应。例如，零售商为了防止缺货而带来的损失，就会向供应商采购高于实际需求的产品，而供应商看到订货需求增加了，他们会作出同样的决定，并且会保留更多的库存。如此需求就被一级级放大了。这种放大效应的原因之一就是供应链中各个企业对不同需求的反应时间不同。因为反应时间的延迟，企业在需求产生的前期，如不能迅速组织生产或过多地生产就会导致丧失市场机会或积压库存。

如果动态变化的市场需求可以在不增加放大效应的前提下得到满足，在供应链上增加的需求就不可能是因为安全库存和超额订货而变化。也就是说，需求必然是在供应链上实时发生的。如果企业能够与客户以及供应商建立紧密的合作关系，在设计开发上互相合作，可以达到缩短提前期的效果，并且相互之间的需求信息也将更为确定，从而减少因超额订货和增加安全库存造成的放大效应。因此，合作企业之间必须做到在生产计划级别上的信息共享，而不仅仅是相互在价格的基础上交换产品。在供应链中，尤其是从扩展企业的概念来看，未来企业之间更像是在买卖时间和资源能力，而不仅仅是产品本身。

项目小结

1.价值链是指企业的每项生产经营活动都是为顾客创造价值的经济活动，这些互不相同但又相互关联的价值创造叠加在一起，便构成了一个创造价值的动态过程。

2.价值链具有以下特征：价值和价值活动构成价值链的分析基础；价值链列示了总价值；价值链的整体性；价值链的异质性。

3.企业核心竞争力的构成主要包含以下几方面：企业的人力资本；管理能力；品牌形象；营销；优秀的企业文化；核心技术；研究开发能力；学习与创新。

4.业务外包的主要方式有：临时服务和临时工；与竞争者合作；子公司；人力资源管理外包；公关外包；脑力外包；转包合同；全球业务外包。

5.业务外包的主要动因有：提高企业的核心竞争力；资金有效利用；加速供应链利益重组；获得内部不可能获得资源的通路；开发其他资源。

思考题

1.价值链的特征有哪些？

2.什么是核心竞争力？主要由哪些方面构成？

3.企业外包的主要方式有哪些？

4.什么是企业外包的动因？

5.什么是扩展企业？扩展企业的特征是什么？

案例分析

上海通用汽车物流外包策略

上海通用汽车是上海汽车集团公司与美国通用汽车公司合资的企业,它的生产线基本上做到了零库存。它是如何外包的?外包要做到生产零部件 JIT 直送工位,准点供应。因为汽车制造行业比较特殊,它的零部件比较多,品种规格都比较复杂。如果自己去做采购物流,要费很多的时间。这种外包就是把原材料直接送到生产线上去的一种外包制度。中远按照通用汽车要求的时间准点供应。

门到门运输配送使零部件库存放于途中。运输的门到门有很大的优势:第一,包装的成本可以大幅度地下降,因为从供应商的仓库门到用户的仓库门,装一次卸一次就可以了,这比铁路运输要先进得多。第二,除了包装成本以外,库存可以放在运输途中,就是算好时间,货物就准时送到,货物在流通的过程中进行一些调控。生产线的旁边设立"再配送中心"。货物到位后两个小时以内就用掉了,那么它在这两个小时里就起了一个缓冲的作用,就是传统所说的安全库存。如果没有再配送中心,货物在生产线上流动的时候就没有根据地,就会比较混乱,所以配送中心能起到集中管理的作用。

每隔两小时"自动"补货到位/蓄水池活水。"自动"补货到位在时间上控制得非常严格,因为这是跟库存量有关系的,库存在流动的过程中加以掌控,动态的管理能够达到降低成本、提高效益的目的。所以再配送中心其实起一个蓄水池的作用,而且这个蓄水池里面的水一定是活水,就是这一头流进来那一头就流出去,一直在流。中远是很专业的第三方物流公司,通过这样一种强强联合,建立一个战略合作伙伴的关系。这种模式在国内的制造型企业,尤其是做零库存的生产企业,是比较实用的。

讨论题:

1.上海通用汽车物流是如何外包的?

2.上海通用汽车的做法对广大企业有什么启示?

实训项目

1.实训目的

通过实训有利于学生更好地理解供应链管理相关理论,并在调查的基础上,结合自己的思考分析,给调查对象提出改进的建议,提高学生发现问题、分析问题和解决问题的能力。

2.实训任务

选取学生所熟悉的企业为调查对象,对企业的核心竞争力与业务外包的情况进行调查,总结成功的经验,发现其可以改善的地方,并总结企业供应链管理方面的不足。

3.实训组织

(1)学生分组,确定组长,明确分工。

(2)选取调查对象,运用合适调查方法和方式进行调查。

(3)编写调查问卷,完成调查准备工作。

(4)实地调查,作好调查记录。

(5)写调查总结。

项目三
供应链战略合作伙伴关系的选择

学习目的与要求

1. 了解并掌握供应链合作伙伴关系的含义和特点。
2. 了解供应链战略合作伙伴关系的形成和制约因素。
3. 掌握供应链合作伙伴关系和传统供应商的区别。
4. 理解并掌握客户关系管理的核心理念和主要功能。

导入案例

海尔与国美合作关系发展历程

1. 交易型合作关系阶段

在国美海尔供应链合作关系发展初期,即 1999—2001 年,国美一直奉行低价经营策略,而海尔早期则主张"只打价值战,不打价格战"的经营理念,双方关系一度僵化。由于担心价格战会打乱海尔稳定的价格体系,破坏现有营销网络,失去渠道话语权,海尔的某些区域市场作出了不与国美直接合作的决定,主要借助专卖店、专营商、大商场、批发商以及国外连锁(沃尔玛)等销售渠道。尽管期间也出现了间接合作的情况,即通过专卖店给国美供货,但是缺陷亦非常明显。随着国美的扩张,海尔迫于市场份额下降的压力,2002 年开始与国美展开合作。从 2004 年开始,海尔调整经营策略,空调等产品改走优质平价路线,与国美的合作不断升级。经过双方的广泛接触,2005 年 6 月,国美海尔签订了包括空调、冰箱类应季商品在内的全部 13 大品类,总值高达 6 亿元的采购订单。此举创造了国美电器有史以来与单一上游电器生产厂商一次性签订采购金额的最高纪录。同时,海尔决定依靠其丰富全面的产品线,全方位与国美电器展开深度合作,双方互相承诺开辟供货和结款等诸多方面的"绿色通道"。例如,海尔方面承诺,在销售旺季出现某一产品品类短缺或物流配送紧张时将首先保证全国国美系统的供货,同时在残次品、滞销品的退换上也将予以优先保证。而国美则承诺将尽量增大在各门店中对海尔产品的推广力度,同时对于厂家最关心的售后结款问题也将优先予以保证。总体来看,尽管该阶段双方已经有了较为广泛的接触,但是合作的广度和深度还比较有限,主要还是依据价格决定合作规模及内容。

2. 协调型合作关系阶段

2006 年,国美和海尔遇到了各自发展的瓶颈期,有进一步深化合作的强大动力。为应对苏宁、百思买及厂商自建渠道的挑战,国美大力整合供应链、改善零供关系。2007 年 5 月 11 日,国美宣布募资约 65.5 亿港元,其中 40% 用于改善与供应商的关系,尤其是缩短应付账周期。经过国美与海尔双方就供应链合作关系的磋商,国美与海尔签署的 2007 年战略合作协议,订单总金额高达100亿元,创造了我国家电发展史上最大规模的厂商一次性合作项目。与国美一贯对待供应商不同的是,此次与海尔的战略合作,国美承诺将不再向海尔收取合同外的费用及进场费,逐步实现双方交易透明化;海尔承诺将给国美提供更具市场竞争力和高性价比的商品,并大幅拓展合作领域,双方由单纯的产销关系延伸至市场调研、产品研发与制造、供应链价值提升、信息化建设和物流管理等多个系统领域。同时,海尔将在年内于国美渠道中设立100个"海尔旗舰商品展销中心"和200个展示海尔整套家电的"海尔电器园"形象店。为了共同研发适合市场需求的产品,双方决定共同成立"国美海尔事业部",该事业部将由双方采购、销售、研发、服务以及财务人员共同组成。

　　3.战略型合作伙伴关系阶段

　　近几年,海尔与国美持续推进战略合作伙伴关系建设,挖掘合作潜力,拓展合作领域。"国美海尔事业部"在组织和运作上日趋成熟,双方通过开放式的信息化无缝对接,专门针对目标消费群体开发个性化和人性化的产品,并通过双方物流体系的整合,实现B2B、B2C业务,提升供应链效率。双方合作内容不仅停留在采与销的业务层面,而是深入到共同分析和研究市场,共用研发商品,共同制定市场营销策略,共同制定服务标准,统一服务行为。这种全新的合作关系不仅有利于消费者,也有利于规范行业竞争,更有利于产业的发展和进步。

　　此次合作不仅创造了我国家电业规模最大的合作项目,而且也创造了我国新的商业合作模式。双方的合作不再局限于传统的、一年一度短期的供销双方的利益博弈,双方更注重合作关系的协同性和长期规划,在产品定制、渠道建设、组建经营团队及双方优质资源互补、供应链效率整合等方面展开全面的供需链深度合作,并通过双方的整合最好地服务消费者。这种合作模式标志着双方传统的供应链合作关系已转变为协同型合作关系,双方致力于打造"利益共同体、命运共同体"的战略伙伴关系。

第一节　供应链合作伙伴关系

一、供应链合作伙伴关系的含义及特点

　　合作伙伴关系(partnership)又称为供应链合作伙伴关系(supply chain partnership, SCP)。关于其定义,美国学者罗伯特等人指出,伙伴关系是供应商和买方在一段比较长时期内达成的承诺或协议,其内容包括信息公开、分享和分担由于伙伴关系带来的利益和风险等,也就是说,伙伴关系必须建立在合作和信任的基础之上。英国学者汤姆等人认为,伙伴关系是指在没有共同所有权情况下达到横向系统集成效果的有效方法,是供应商和买方的一种进行式关系。其中,供需双方就供应商产品的订货和配送的基本策略、目标以及步骤等达成一致。现在普遍认为,合作伙伴关系是合作各方为了近期或远期的共同目标,以信任为基础,以供需为纽带,以双赢(多赢)为目标而结成的战略联盟。

　　供应链管理是把位于供应链上的原材料零部件供应商、制造商、分销商、零售商、物流服务提供商和用户看做一个集成组织(扩展企业),通过链上各企业间的合作和分工,共同促进整个链上物流、信息流和资金流的合理流动和优化,提高整体竞争力。可以看出,供应链管理是一种跨企业集成化管理的新思想,且其中重要的一个方面就是建立链上各企业间的合作伙伴

关系。

供应链管理的精髓就在于企业间的合作,没有合作就谈不上供应链管理。像通用汽车、雀巢咖啡等强大的制造商,沃尔玛、家乐福等占统治地位的零售商,以及大型批发商,都在寻求整个物流和服务流管理的新的合作方式,其战略视野已从单一的组织转向由许多组织建立起伙伴关系。供应链合作伙伴关系形成于供应链中有特定的目标和利益企业之间,形成的目的通常是为了降低整个供应链总成本、降低库存水平、增强信息共享、改善相互之间的交流、产生更大的竞争优势,以实现供应链节点企业的财务状况、质量、产量、交货期、用户满意和业绩的改善和提高。因此,对供应链合作伙伴关系的理解要把握住以下几点:

首先,供应链合作伙伴关系之间是长期稳定的合作,强调高度信任和战略合作,而不单是操作层面的合作。因此,相互信任的重要性是不言而喻的。它是构建和维护供应链合作伙伴关系的基础,是合作伙伴之间稳定合作的必要保障。

其次,合作伙伴之间彼此交换的不仅是有形的物质,还包括研发、信息、物流以及技术、生产、管理等方面的相互支持和帮助。供应链合作伙伴之间,不只注重物品的供求及价格问题,更注重合作后服务水平的提高。因此它意味着合作方要在新产品、新技术的共同研发和数据与信息的共享等方面作出共同努力。

最后,供应链合作伙伴关系的建立的目的是双赢。企业以追求利润为经营目的,参与到供应链中的根本目的也是提高企业自身的利润。因此建立合作伙伴关系要保证合作双方的利益,甚至是合作各方的共同利益,这样才能激发企业合作的积极性。

供应链合作伙伴关系的建立和管理是供应链管理的基础和核心,直接影响着供应链的稳定和整体竞争能力的提高,没有坚实和稳定的合作关系就无法实现供应链的正常运作,也就谈不上供应链的管理。但是,供应链合作伙伴关系的潜在效益往往不会在建立之初马上显现出来,而是要在建立后3年左右甚至更长的时间才能转化成实际效益或利润。因此企业只有着眼于供应链管理的整体竞争优势的提高和长期市场战略,才能从供应链合作伙伴关系中获得更大的利益。

在全球化的时代,独当一面不再是实力的象征。一方面,每个企业都不能忽视战略联盟,否则就有在竞争中被淘汰的危险。另一方面,那些积极主动寻找合作伙伴的企业可以更好地拓展自己的业务范围,扩大客户群,发现新的合作渠道,从其他公司的优势中受益,并充分利用合作伙伴的品牌。合作伙伴关系本身并不是一个全新的概念,战略合作开始变得至关重要起来。在这个融合了各种技术的世界中,一个企业要想做到面面俱到是非常困难的,而且要付出很大的代价。

供应链合作伙伴关系有以下几个特点:①共享信息;②信任并且开诚布公;③相互协调和计划;④利益共享、风险共担;⑤承认相互的依赖性;⑥拥有共同的目标。

在这几大特点中,最关键的是信息的共享,这包括了供需双方的信息。有研究表明,从20世纪80年代中期开始,愿意将自己的生产信息提供给买方的供应商比例由50%提高到70%,买卖双方通过更广泛的信息交换有效减少了生产计划突发调整的次数,加快了产品的交货速度。

二、供应链合作伙伴关系的产生

研究企业关系的文献表明,企业关系大致经历了三个发展阶段。

传统的企业关系(1960—1970 年)是基于"买—卖"关系的博弈关系,这种企业关系的管理理念是生产导向型,以生产为核心,供销处于次要的、附属的地位,企业之间缺乏沟通和合作,更难以进行战略联盟。

基于产品质量和服务的物流关系(1970—1980 年),从传统的以生产为中心的企业关系模式向物流关系模式转化,精益生产和全面质量管理等管理思想起着催化剂的作用。为了达到准时化生产,企业内各部门之间、企业之间的沟通与合作应更为方便、透明,这就要求企业实现信息共享、互相合作并加强沟通。这种伙伴关系都是建立在技术层面上的,以物流关系为纽带。

随着竞争的日益激烈,竞争日益表现为供应链与供应链之间的竞争,这就产生了基于战略联盟的伙伴关系的企业模型。战略伙伴关系体现了供应链各节点企业之间资源集成及优化。基于这种伙伴关系,市场竞争的策略就是基于时间的竞争和基于价值的价值让渡系统管理,或基于价值的供应链管理。未来可能以实现集成化战略合作伙伴关系和以信息共享的网络资源关系。

三、供应链中的参与者

最简单的供应链是由一个公司和其供应商以及顾客组成。扩展的供应链还包括以下三种额外的参与者:首先是供应商的供应商或者说是处于一个扩展的供应链的起点的最终供应商;其次是顾客的顾客,或者说是处于一个扩展的供应链的最终的消费者;最后是为了供应链中的其他公司提供服务的所有公司的集合,他们在物流、融资、市场营销和信息技术方面提供服务。

(一)生产商

生产商或者说制造商是生产产品的组织。这既包括原材料生产商也包括最终产品生产商。原材料的生产商可以是开采矿物的组织、开采石油和天然气的组织以及砍伐树木的组织,同样也可以是耕田、饲养牲畜或捕鱼的组织。最终产品的生产商利用原材料和其他生产配件生产产品。

生产商也能生产无形的产品,如音乐、娱乐、软件或设计。产品也可能是服务,如修建草地、打扫办公室、做外科手术或传授一门技术。在许多情况下,有形工业产品的生产商正在将生产向劳动力比较便宜的地区转移。而北美、欧洲和部分亚洲发达国家和地区的生产商正逐渐开始生产无形产品和服务。

(二)分销商

分销商(distributor)是指那些专门从事将商品从生产者转移到消费者的活动的机构和人员,当这些分销商的活动产业化以后,分销业也就形成了。所谓的分销是分着来销。可见在销售的过程中,已经考虑到了下家的情况,不是盲目销售,而是有计划地销售,商家有服务终端的概念。

分销商与制造商(manufacturer)之间的关系是买者和卖者的关系,分销商是完全独立的商人。与代理商不同,分销商的经营并不受给它分销权的企业和个人约束,它可以为许多制造商分销产品。它的业务是它自己的业务,因此在它是否接受分销合同的限制时,它所考虑的是自己的商业利益。分销商用自己的钱买进产品,并承担能否从销售中得到足够盈利的全部风险。分销商介于代理商和经销商之间。

(三)零售商

零售商(retailer)是指将商品直接销售给最终消费者的中间商,是相对于生产者和批发商而言的,处于商品流通的最终阶段。

零售商的基本任务是直接为最终消费者服务,它的职能包括购、销、调、存、加工、拆零、分包、传递信息、提供销售服务等。在地点、时间与服务方面,方便消费者购买。它又是联系生产企业、批发商与消费者的桥梁,在分销途径中具有重要作用。

(四)顾客

顾客或消费者是购买和使用产品的任何组织。一个顾客组合购买产品可能是为了将该产品与另一个产品组合在一起再卖给其他顾客,或者它就是产品的最终使用者,其购买产品的目的就是为了使用。

(五)服务提供商

它们是向生产商、分销商、零售商和顾客提供服务的组织。服务提供商开发出供应链的特定活动所需要的专门知识和技术,正因为如此,它们提供的服务能比生产商、分销商、零售商和顾客自己从事更有效率、成本更低。

在任何供应链中,运输公司和公用仓库公司提供运输服务和仓储服务,并且被称之为物流服务提供商。银行、信用评估公司以及收账代理商提供贷款、作信用分析以及收账等服务。一些服务提供商提供市场调研、广告服务,一些服务提供商提供产品设计、工程服务、法律服务以及管理咨询等服务,还有一些公司提供信息技术和数据采集服务。所有的这些服务提供商在一定程度上融入了供应链中生产商、分销商、零售商和顾客正在进行的活动中。

供应链由属于这些范畴的多个参与者以不同的形式组合而成,经过一段时间整个供应链的需求保持基本稳定,改变的是供应链中参与者的组合以及它们各自承担的角色。在一些供应链中,只有少数几个服务提供商,因为供应链中的主要成员自己承担了某些服务功能;而在其他一些供应链中,由于高效并能提供特殊服务的提供商参与进来,供应链中的成员就把某些工作外包给这些服务提供商而不是自己去做。

未来的竞争将绝不仅仅局限于单个企业间,而会波及整条供应链甚至整个产业,供应链管理的产生一方面满足了以客户为导向的市场需要;另一方面,也符合分工细化的发展需求,因此,伙伴关系就是供应链上各个参与者之间的协作关系。

四、供应链合作伙伴关系面面观

与公司建立一种伙伴关系,无论这种关系的程度如何,都意味着从开放市场的规则向二者选一的转变。开放的市场关系的典型特点有短期合同、公事公办关系、较少的共同开发活动以及同一环节有多个供应商等。

日本人倾向于将非经济性的承诺和信任的质量灌输到每一笔交易当中,这样的特点对于成功的伙伴关系尤为重要。尽管这样做会增加交易的成本和风险,但是如果能够确保市场体系无法获取的经济和战略上的优势,那么这样做还是值得的。

在供应链合作伙伴关系下,节约的形式有谈判减少、单独拟定独立合同的几率降低、对供应商可靠度的监管放松(包括对供应质量和生产力提高的监管)。随之而来的战略上的优势缩短了订货至交货的时间以及产品周期,经营情况经得起长期投资的检验。

当然,供应链合作伙伴关系还存在如下一些弊端:无法对一些性质上的问题,如设计工作,进行定价;公司需要搜集足够的关于潜在伙伴的信息,便在此基础上作决定;存在将竞争高度敏感信息泄露给竞争对手的危险;供应商存在投机取巧的可能性。

从长远来看,额外因素还会发生在公司缔结伙伴关系的过程中。如果将子系统和零部件外包出去,采购一方能够从降低的投资中获得好处。如果与自主研发的供应商合作,供应商能尽早参与到新产品的开发中,而采购一方能够从供应商成本控制和开发表现更好的产品中获得好处。但这种情景也会导致采购一方的风险增加,因为它们过多依赖少数供应商进行设计,而且在面对有竞争实力的对手公司时,也不能避免这些具体负责的供应商有投机取巧的可能。

供应链上企业关系顺畅与否,直接影响着企业产品的质量、成本与市场竞争力。目前,许多国内、国外学者对这一问题作了研究,普遍认为,一体化供应链合作伙伴关系可以持久维持供应链的稳定性,它有以下几个基本要素:首先,供应商和生产商的利益趋同;其次,供应商参与价值创造的全过程,以及生产商协同供应商一体参与市场竞争;最后是生产商和供应商分享双方长期发展战略。

还有专家认为,在供应链企业间,批发商应该采取一些合理的机制激励供应商的行为,以此来稳定供应链。批发商可以采取以下的激励机制:

第一,供应合同的设计。进入 20 世纪 90 年代以来,美国学者巴索克(Bassok)等人对合同设计中的柔性进行了深入的研究,提出了几种具有实践指导意义的模型,如备货合同、最低购买价值数量合同、带期权的分期承诺合同、滚动水平柔性合同等,这些合同将数量柔性作为一种商品在供应商和采购商之间进行买卖,共享合作利润和共担风险,实现合作总体利益的最大化。

第二,优惠激励。供应链企业也可以采取传统企业激励方式,如增加订货数量、给予更优惠的价格和更灵活的支付方式、增加对供应商的投资、在技术更新和人员培训方面对供应商进行援助等。

随着全球化经济的形成,社会消费水平、消费结构和消费市场发生了深刻的变革,顾客需求的多样化、个性化、系统化和国际化要求每个企业都能对这些变化作出及时快速的反应,这已成为现代企业在市场立足和发展的必要条件。同时,由于经济全球化、信息技术的进步以及管理思想的创新,竞争方式也发生了根本性的变化,从企业与企业之间的竞争转向供应链与供应链之间的竞争。因此供应链上企业之间的合作关系、供应链稳定性研究已成为当今的一个重要课题。

第二节　供应链合作伙伴关系的形成及制约因素

一、供应链中企业间的合作伙伴关系的形成

(一)建立战略伙伴关系

正式建立合作伙伴关系,体现为相互之间信任的建立,包括契约式信任、能力信任和信誉信任的建立。契约式信任是相信对方将遵守承诺,并按照协议执行,如果不能够这么做的话,可能会引起诉讼,这样可规范对方按契约行事,杜绝诉讼等扯皮现象;能力信任是相信对方所

承诺的事情是会兑现的,可减少不必要的中间环节,降低浪费;信誉信任是双方都相信另一方会完全对对方关系负责,他们会愿意做超过契约所期望的事,并且并不期望因此而得到优惠或直接回报,它支持契约式信任和能力信任,同时自己得到加强。例如,当遇到契约中没考虑的问题而需要某一方或双方承担责任时,如果双方不合作,不为对方考虑,就意味着重新谈判或讨价还价,而谈判失败则意味着仲裁或诉讼,这些都将造成企业额外的费用或者分散他们的精力。相反,信誉信任的建立将可以弥补契约的不足,即在出现问题之前,双方出于对长远利益的考虑,以彼此之间的紧密合作和相互协商来解决问题,最终降低了供应链管理的费用。

(二)企业间信任的形成

一是明确可信任对象,这正是前面三个步骤所做的事,当对合作关系的需求进行分析、建立合作标准,然后评估、选择合作伙伴之后,可选择信任对象——合作伙伴也就渐露眉目了。二是如何塑造自身可信任形象,一个可信任企业在争取双方合作,进入供应链的过程中,有必要建立自我可信任形象,通过信号传递获取对方的了解与信任。一个企业建立自我可信任形象的策略行为大致有以下方面:

(1)加强与想合作一方的个人接触(包括社会的和商业的),加入被社会认同的商业协会、专业联合会等组织。

(2)创造能力强、可靠性高、公平交易的声誉。

(3)愿意合作与快速响应,争取长期合作关系。

(4)对合作项目进行必要的前期投资。

(5)建立良好的企业文化,培训一支既有较高专业技术,又有良好的交流能力的营销队伍。

二、影响供应链合作伙伴关系的制约因素

良好的供应链战略合作关系首先必须得到最高管理层的支持和协商,并且企业之间要保持良好的沟通,建立相互信任的关系。在战略分析阶段需要了解相互的企业结构和文化,解决社会、文化和态度之间的障碍,并适当地改变企业的结构和文化,同时在企业之间建立统一的、一致的运作模式或体制,解决业务流程和结构上存在的障碍。在供应商评价和选择阶段,总成本和利润的分配、文化兼容性、财务稳定性、合作伙伴的能力和定位(自然地理位置分布)、管理的兼容性等将影响合作关系的建立。必须增加与主要供应商和用户的联系,增进相互之间的了解(产品、工艺、组织、企业文化等),相互之间保持一定的一致性。到了供应链战略合作伙伴关系建立的实质阶段,需要进行期望和需求分析,相互之间需要紧密合作,加强信息共享,进行技术交流和提供设计支持。在实施阶段,相互之间的信任最为重要,良好愿望、柔性、解决矛盾冲突的技能、业绩评价(评估)、有效的技术方法和资源支持等都很重要。

(一)组织结构

来自组织结构内部的合作障碍既与企业文化有关,又与各部门的职能划分有关。传统的直线型组织机构对每一个职能部门都倾向于独立完成上级交办的任务独立评估。每个人、每个部门都习惯于关注系统中单一的、局部的效率,而不会去考虑与其他企业的合作和整体的效益。传统企业在其竞争和发展的过程中也对内部流程进行重组,但较少对企业外部流程和跨企业流程进行重组,因而业务流程重组是很不充分的,其效果并不显著。而供应链管理的变革却是跨职能界限的,它要求企业交易伙伴开展广泛的合作,对供应链的整个流程进行重组,这

就需要一个开放、精益、高效的组织与之相适应，而传统的组织结构并不能做到这一点。

（二）企业文化

每家企业都会具有自己独特的企业文化。一个联盟，如果单纯从能否实现既定目标的角度上来看可能没有问题，甚至前景光明，但如果合作伙伴之间存在文化上不一致，就会被失败的阴影所笼罩。在建立供应链战略联盟时，企业文化的兼容性对于联盟的成败具有深刻的影响，因为企业文化是企业行为与作风的指导思想。联盟企业前组织文化的差异，会转化为经营管理上的差异，加大管理难度。所以，创造以"合作"为指导思想的战略联盟文化显得尤为重要。文化及战略的一致性越高，战略联盟的成功性就越大。

这就要求供应链战略联盟中的企业努力创造新的战略联盟文化，消除原有企业文化对战略联盟的不利影响。要求参加联盟的企业更新价值观念，努力寻找其他企业的优点，相互依存，共同开发，共同生产经营，树立长期发展的新观念。新的战略联盟文化应当可以激励每一个企业在创造性的新思维指导下，出色地完成战略联盟任务。

作为企业文化的最核心层次——价值观也必须互相交流、融合，以形成对未来发展较一致的价值观。供应链一体化中的供应商、分销商和核心企业之间应该是一种"双赢"模式，"双赢"观念就是伙伴关系不可或缺的价值观。核心企业必须真诚地相信供应商有权要求公平的报偿。同样，供应商也必须承认核心企业有权从伙伴关系中获取利益或价值。伙伴关系中的双方必须树立"双赢"的观念，如果无法做到这一点，不论理由何在，对伙伴关系的建立将是徒劳无益的。

（三）个体理性

供应链成员是相互独立的经济实体，它们存在着个体理性，总是要追求自身效益的最大化。这种个体理性往往伴随着主观的价值取向、自我保护意识、理解的偏差等因素，使得每个个体常常以自我为中心，个人主义、利己主义趋向严重。个体理性突出者较少顾及其他成员以及供应链整体的利益和感受，在供应链博弈中常常采取不合作的态度。个体理性与团体理性有时存在着十分尖锐的矛盾，这种矛盾具体表现在供应链成员保留过多的私有信息，企图对资源及信息拥有单方控制权，企图建立有利于自己的利益分配机制和偏倚性契约等，个体理性还会造成企业合作的短期行为等。个体理性的种种表现成为供应链战略合作伙伴关系的严重阻碍，阻碍供应链管理的协调运作。

（四）信息机制

企业间缺乏必要的信任、诚实和开发度，以及企业个体理性和自我保护意识促使它们不愿意与其他企业分享信息。一方面，它们把太多的信息作为私有信息或独家资料不愿公开，同时它们也对来自其他企业的信息或资料持过分谨慎的态度而有意曲解。当然有的企业只愿意接受来自其他成员的信息而不愿意公开自己的信息。私有信息的增加是信息渠道不畅和发生信息曲解的重要原因。

信息共享的障碍还来自以下一些原因：信息共享需要成本，信息共享需要组织结构的调整，共享信息带来的额外利润在供应链中分配不均，各企业担心合作伙伴滥用信息而占有额外利润，因此有意隐藏信息以保持信息优势，下游企业担心向上游企业提供自己的私有信息，而在谈判中处于不利地位，导致失去获利优势等。所以，一些企业在投资兴建信息共享设施、改善信息服务水平方面缺乏必要的热情和积极性，在信息技术高速发展的今天显得保守落后。

信息渠道不畅和信息不对称的存在成为供应链战略合作伙伴关系的不稳因素之一。

第三节　供应链合作伙伴关系的选择

合作伙伴的评价选择是供应链合作关系运行的基础。合作伙伴的业绩在今天对制造企业的影响越来越大,在交货、产品质量、提前期、库存水平、产品设计等方面都影响着制造商的成功与否。传统的供应关系已不再适应激烈的全球竞争和产品需求日新月异的环境,为了实现低成本、高质量、柔性生产、快速反应的目标,企业的业务重构必须包括对供应商的评价选择。

一、选择合作伙伴考虑的因素

一个世界级的制造商要参与全球市场竞争,就要通过供应链系统在客户需求、制造成本、主导技术、客户服务等方面形成强大的竞争力。许多企业已经提高了对战略合作伙伴挑选的注意力,以努力减少合作伙伴带来的风险,因此,供应链管理中的重要任务之一就是细查合作伙伴商务活动的所有方面,满足适应全球制造和全球竞争的需要。

供应链管理环境下的合作伙伴选择是个宽泛的课题,其中人们研究和关注最多的是供应商的选择问题。抓住作为"中间产业"的供应商,就有可能在全球化的竞争中占据主动。对供应商的选择问题也就成为今天所有企业不能忽视的战略性决策。显然,对供应商的选择不是合作伙伴选择的全部,但是它具有很重要的代表性。供应商是整个供应链的"源头",对供应商的评价和选择是供应链合作关系运行的基础。

合作伙伴的选择对于企业来说是多目标的,包含许多可见和不可见的多层次因素。

(一)价格因素

价格因素主要是指合作伙伴所供给的原材料、初级产品或消费品组成部分的价格,合作伙伴的产品价格决定消费品的价格和这条供应链的投入产出比,对生产商和销售商的利润率会产生一定程度的影响。

(二)质量因素

质量因素主要是指供应商所供给的原材料、初级产品或消费品组成部分的产品的质量。质量是供应链生存之本,产品的使用价值是以产品质量为基础的。如果产品的质量低劣,该产品将会缺乏市场竞争力,并很快被淘汰。而供应商所提供产品的质量是消费品质量的关键之所在,因此,质量是一个重要因素。

(三)交货提前量因素

对于供应链来说,市场是外在系统,它的变化或波动都会引起供应链的变化或波动,市场的不稳定性会导致供应链各级库存的波动,由于交货提前量的存在,必然造成供应链各级库存变化的滞后性和库存的逐级放大效应。交货提前量越小,库存量的波动越小,供应链对市场的反应速度越快,对市场反应的灵敏度越高。由此可见,交货提前量也是重要因素之一。

(四)交货准时性因素

交货准时性是指按照订货方所要求的时间和地点,供应商将指定产品准时送到指定地点。如果供应商的交货准时性较低,必定会影响生产商的生产计划和销售商的销售计划与时机。

这样一来,就会引起大量的浪费和供应链的解体。因此,交货准时性也是较为重要的因素。

(五)品种柔性因素

在全球竞争加剧、产品需求日新月异的环境下,企业生产的产品必须多样化,以适应消费者的需求,达到占有市场和获取利润的目的。因此,多数企业采用 JIT 生产方式。为了提高企业产品的市场竞争力,就必须发展柔性生产能力。而企业的柔性生产能力是以供应商的品种柔性为基础的,供应商的品种柔性决定了消费品的种类。

(六)设计能力因素

集成化供应链是供应链的未来发展方向。产品的更新是企业的市场动力。产品的研发和设计不仅仅是生产商分内之事,集成化供应链要求供应商也应承担部分的研发设计工作,因此,供应商的设计能力属于供应商选择机制的考虑范畴。

(七)特殊工艺能力因素

每种产品都有其独特性,没有独特性的产品的市场生存力较差。产品的独特性要求特殊的生产工艺。所以,供应商的特殊工艺能力也是影响因素之一。

(八)其他影响因素

还有一些其他的因素影响战略合作伙伴的选择,如项目管理能力、供应商的地理位置、供应商的库存水平等。以上所述影响因素在实际的供应链的选择过程中表现出来的重要性是不同的,主要认为产品的质量、成本和交货行为的历史记录是选择机制的三大重要标准。

目前,我国企业评价选择供应链战略合作伙伴时存在较多问题:一是选择方法不科学,企业在选择合作伙伴时主观的成分过多,有时往往根据企业的印象来确定合作伙伴的选择,选择时往往还存在一些个人情感的成分。二是选择的标准不全面,目前企业的选择标准多集中在企业的产品质量、价格、柔性、交货准时性、提前期和批量等方面,没有形成一个全面的综合评价指标体系,不能对企业作出全面、客观的评价。三是选择机制不配套,各个部门各行其是,有时使选择流程流于形式,最终根据个人好恶确定合作伙伴。四是对供应链合作伙伴关系的重要性认识不足,对待合作者态度恶劣。这些问题影响着企业建立合作伙伴关系的基础,从整个供应链来看是不利的。

二、合作伙伴选择方法

(一)直观判断法

直观判断法是根据征询和调查所得的资料并结合人的分析判断,对合作伙伴进行分析、评价的一种方法。这种方法主要是倾听和采纳有经验的采购人员意见,或者直接由采购人员凭经验作出判断。此方法主要用于选择非主要原料合作伙伴的选择。

(二)招标法

当订购数量大、合作伙伴竞争激烈时,可采用招标法来选择适当的合作伙伴。它是由企业提出招标条件,各招标合作伙伴进行竞标,然后由企业决标,与提出最有利条件的合作伙伴签订合同或协议。招标法可以是公开招标,也可以是指定竞级招标。公开招标对投标者的资格不予限制;指定竞标则由企业预先选择若干个可能的合作伙伴,再进行竞标和决标。招标方法竞争性强,企业能在更广泛的范围内选择适当的合作伙伴,以获得供应条件有利的、便宜而适用的物资。但招标法手续较繁杂,时间长不能适应紧急订购的需要;订购机动性差,有时订购者对投标者了解不够,双方未能充分协商,造成货不对路或不能按时到货。

(三)协商选择法

在供货方较多、企业难以抉择时,也可以采用协商选择的方法,即由企业先选出供应条件较为有利的几个合作伙伴,同他们分别进行协商,再确定适当的合作伙伴。与招标法相比,协商方法由于进行协商,在物资质量、交货日期和售后服务等方面较有保证。但由于选择范围有限,不一定能得到价格最合理、供应条件最有利的供应来源。当采购时间紧迫,投标单位少,竞争程度小,订购物资规格和技术条件复杂时,协商选择法比招标法更为合适。

(四)采购成本比较法

对质量和交货期都能满足要求的合作伙伴,则需要通过计算采购成本来进行比较分析。采购成本一般包括售价、采购费用、运输费用等各项支出的总和。采购成本比较法是通过对各个不同合作伙伴的采购成本进行计算分析,选择采购成本较低的合作伙伴的一种方法。选择采购成本较低的合作伙伴,同时还应能满足质量和交货期。

(五)层次分析法

层次分析法的基本原理是根据具有递阶结构的目标、子目标(准则)、约束条件、部门等来评价方案,采用两两比较的方法确定判断矩阵,然后把判断矩阵的最大特征相对应的特征向量的分量作为相应的系数,最后综合给出各方案的权重(优先程度)。由于该方法让评价者对照相对重要性函数表,给出因素间两两比较的重要性等级,故可靠性高。层次分析法比较适合于具有分层交错评价指标的目标系统,而且目标值又难于定量描述的决策问题。它作为一种定性和定量相结合的工具,在很多领域都有广泛的应用。

(六)神经网络算法

人工神经网络是 20 世纪 80 年代后期迅速发展的一门新兴学科。它可以模拟人脑的某些智能行为,如知觉、灵感和形象思维等,具有自学习、自适应和非线形态处理等特征。这里将其应用于供应链管理环境下合作伙伴的综合评价选择,意在建立更加接近于人类思维模式的定性与定量相结合的综合评价选择模型。通过对给定样本模式的学习,获取评价专家的知识、经验、主观判断及对目标重要性的倾向,当对合作伙伴作出综合评价时,该方法可再现评价专家的经验、知识和直觉思维,从而实现了较好地保证合作伙伴综合评价结果的客观性。

三、合作伙伴选择的步骤

(一)分析市场竞争环境(需求、必要性)

市场需求是企业一切活动的驱动源。建立基于信任、合作、开放性交流的供应链长期合作关系,必须首先分析市场竞争环境。其目的在于找到针对哪些产品市场开发供应链合作关系有效,必须知道现在的产品需求是什么,产品的类型和特征是什么,以确认用户的需求,确认是否有建立供应链合作关系的必要。如果已建立供应链战略伙伴合作关系,则根据需求的变化确认供应链合作关系变化的必要性,从而确认合作伙伴评价选择的必要性;同时分析合作伙伴的现状,分析、总结企业存在的问题。

(二)建立合作伙伴选择目标

企业必须确定合作伙伴评价程序如何实施、信息流程如何运作、由谁负责,而且必须建立实际的目标:其中降低成本是主要目标之一,合作伙伴评价、选择不仅仅只是一个简单的评价、选择过程,它本身也是企业自身和企业与企业之间的一次业务流程重构过程,实施得好,就可带来一系列的利益。

(三)建立合作伙伴评价标准

合作伙伴评价指标体系是企业对合作伙伴进行综合评价的依据和标准,是反映企业本身和环境所构成的复杂系统不同属性的指标,按隶属关系、层次结构有序组成的集合。根据系统全面性、简明科学性、稳定可比性、灵活可操作性的原则,应建立集成化供应链管理环境下合作伙伴的综合评价指标体系。不同行业、企业、产品需求、不同环境下的合作伙伴评价应是不一样的,但不外乎都涉及合作伙伴的业绩、设备管理、人力资源开发、质量控制、成本控制、技术开发、用户满意度、交货协议等可能影响供应链合作关系的方面。

在评价和选择合作伙伴时,应建立有效、全面的综合评价指标体系。综合评价指标体系的建立应遵循以下原则:①系统全面性原则。评价指标体系必须全面反映供应商企业目前的综合水平,并包括企业发展前景的各方面的指标。②稳定可比性原则。评价指标体系的大小也必须适宜,亦即指标体系的设置应有一定的科学性。如果指标体系过大,指标层次过多,指标过细,势必将评价者的注意力吸引到细小的问题上;而指标体系过小,指标层次过少,指标过粗,又不能充分反映供应商的水平。③稳定可比性原则。评价指标体系的设置应具有一定的稳定性,即不会因为评价对象、评价时间等变化而发生较大变动,同时还应考虑到易于国内其他指标体系相比较,且所设计的评价指标体系必须能够在同一家企业不同的组织之间进行比较。④灵活可操作性原则。评价指标体系应具有足够的灵活性,以便企业根据自己的特点以及实际情况,对指标灵活运用。同时还要具有可操作性,即指标可量化,数据的收集和评价指标的计算方法要有明确规定,便于评价的实施。

根据企业调查研究,影响合作伙伴选择的主要因素可以归纳为四类:企业业绩、业务结构和生产能力、质量系统和企业环境。

(四)成立评价小组

企业必须建立一个小组以控制和实施合作伙伴评价。组员以来自采购、质量、生产、工程等与供应链合作关系密切的部门为主,组员必须有团队合作精神,其有一定的专业技能。评价小组必须同时得到制造商和合作伙伴企业最高领导层的支持。

(五)合作伙伴参与

一旦企业决定进行合作伙伴评价,评价小组必须与初步选定的合作伙伴取得联系,以确认他们是否愿意与企业建立供应链战略合作伙伴关系,是否有获得更高业绩水平的愿望。企业应尽可能早地让合作伙伴参与到评价的设计过程中来。然而因为企业的力量和资源有限,企业只能与少数的、关键的合作伙伴保持紧密合作,所以参与的合作伙伴不能太多。

(六)评价合作伙伴

评价合作伙伴的一个主要工作是调查、收集有关合作伙伴的生产运作等全方位的信息。在收集合作伙伴信息的基础上,可以利用一定的工具和技术方法进行合作伙伴的评价。在评价的过程结束后,有一个决策点,即根据一定的技术方法选择合作伙伴,如果选择成功,则可开始实施供应链合作关系,如果没有合适的合作伙伴可选,则返回步骤二重新开始评价选择。

(七)实施战略合作伙伴关系

在实施供应链合作关系的过程中,市场需求将不断变化,可以根据实际情况的需要及时修改合作伙伴评价标准,或重新开始合作伙伴评价选择。在重新选择合作伙伴的时候,应给予旧合作伙伴以足够的时间适应变化。

四、选择合作伙伴需要注意的问题

在选择供应链合作伙伴的过程中,要注意以下问题:

(一)信息不对称问题

供应链合作要求各节点企业将私有信息完全共享出来,只有掌握了系统中各个成员的具体信息,才有可能求得供应链整体的最优解。但供应链成员作为独立的经济主体,虽然有长期合作伙伴关系,但相互之间也存在着竞争,供应链成员处于自身利益的考虑有时会故意隐瞒或谎报数据,造成信息的不对称,导致道德风险问题的产生,从而危害供应链的整体利益。

(二)合作伙伴相互依赖带来的问题

供应链是一个松散的企业联盟,各节点企业一般不存在所有权关系。除了合同和协议外,企业间的合作更多的是依靠对方的信誉和彼此间的信任。随着相互依赖性的增强,企业受合作伙伴决策影响日益增大,风险增加。

(三)合作伙伴同时参与多条供应链所带来的问题

在供应链中,一个企业同时为多条供应链提供类似的产品或服务,这就产生了两个问题。一方面,不同的供应链联盟对同一企业提供的产品或服务可能有不同的要求,由于不同的供应链对于企业的重要程度也有一定差异,企业在很大程度上面临着多目标决策问题。在资源有限的情况下,必须考虑优先满足哪条供应链的要求,这就给其他的供应链带来了一些特定的风险。特别是很多上游厂商同时为多条供应链服务,传导下去,该类企业的决策与取舍就会带来下游供应链较大的波动以至商业目标无法实现。企业同时为多条供应链所带来的另一种问题是竞争信息和核心机密的泄漏问题。

(四)随着大量部件的外包,有可能使企业的核心竞争力优势丧失

制造商与供应商们建立了合作伙伴关系之后,一些自己不擅长的零配件的生产被外包出去。这样既分散了风险,保证了最终产品的质量,又加快了产品上市的速度。因此,制造商将进一步加大外包力度。但是,长期这样做的恶果是企业如果不能明确哪些是自己必须拥有或保持的核心能力,而把它们也外包出去,最终企业将被架空。如果供应商的势力做大,有时会像特洛伊木马那样,从内部夺取制造商的市场。

第四节　客户关系管理

一、客户关系管理的内涵

客户关系管理(customer relationship management,CRM)是在供应链环境下提出的强调企业与企业之间合作关系的一种管理模式。它是指企业通过富有意义的交流沟通,理解并影响客户行为,最终实现提高客户获得、客户保留、客户忠诚和客户创利的目的,是一种以"客户关系一对一理论"为基础、旨在改善企业与客户之间关系的新型管理机制,同时也是包括一个组织机构判断、选择、争取、发展和保持客户所需要实施的全部商业过程。客户关系是客户与企业发生的所有关系的综合,是公司与客户之间建立的一种相互有益的关系。客户关系管理的根本是一种以客户为中心的管理模式,从而优化企业流程、提高效率、构建企业核心竞争力的先进优秀的供应链管理。

从商业哲学的角度,认为客户关系管理是把客户置于决策出发点的一种商业哲学,它使企业与客户的关系更加紧密;

从企业战略的角度,认为客户关系管理是通过企业对客户关系的引导,达到企业最大盈利的企业战略;

从系统开发的角度,认为客户关系管理是帮助企业以一定的组织方式来管理客户的互联网软件系统。

二、客户关系管理产生的原因及意义

(一)客户关系管理产生的原因

1.需求的拉动

放眼看去,一方面,很多企业在信息化方面已经做了大量工作,收到了很好的经济效益。另一方面,一个普遍的现象是,在很多企业,销售、营销和服务部门的信息化程度越来越不能适应业务发展的需要,越来越多的企业要求提高销售、营销和服务日常业务的自动化和科学化。这是客户关系管理应运而生的需求基础。

2.技术的推动

计算机、通信技术、网络应用的飞速发展,办公自动化程度、员工计算机应用能力、企业信息化水平、企业管理水平的提高都有利于客户关系管理的实现。很难想象,在一个管理水平低下、员工意识落后、信息化水平很低的企业从技术上能实现客户关系管理。有一种说法很有道理:客户关系管理的作用是锦上添花。现在,信息化、网络化的理念在我国很多企业已经深入人心,很多企业有了相当的信息化基础。电子商务在全球范围内正开展得如火如荼,正在改变着企业做生意的方式。通过 Internet,可开展营销活动,向客户销售产品,提供售后服务,收集客户信息。重要的是,这一切的成本是那么低。客户信息是客户关系管理的基础。数据仓库、商业智能、知识发现等技术的发展,使得收集、整理、加工和利用客户信息的质量大大提高。

3.管理理念的更新

经过三十多年的发展,市场经济的观念已经深入人心。当前,一些先进企业的重点正在经历着从以产品为中心向以客户为中心的转移。有人提出了客户联盟的概念,也就是与客户建立共同获胜的关系,达到双赢的结果,而不是千方百计地从客户身上谋取自身的利益。现在是一个变革的时代、创新的时代。比竞争对手领先一步,而且仅仅一步,就可能意味着成功。业务流程的重新设计为企业的管理创新提供了一个工具。在引入客户关系管理的理念和技术时,不可避免地要对企业原来的管理方式进行改变,变革、创新的思想将有利于企业员工接受变革,而业务流程重组则提供了具体的思路和方法。在互联网时代,仅凭传统的管理思想已经不够了。互联网带来的不仅是一种手段,它触发了企业组织架构、工作流程的重组以及整个社会管理思想的变革。

(二)客户关系管理的重要意义

1.提高客户忠诚度

很多企业通过促销、赠券、返利等项目,期望通过"贿赂"客户得到自己需要的顾客忠诚度,但往往事与愿违。现在的顾客需要的是一种特别的对待和服务,企业如果通过提供超乎客户期望的可靠服务,将争取到的客户转变为长期客户,就可以实现客户的长期价值。从市场营销学的角度来说,企业培育忠诚顾客可以借助于关系营销。企业要树立"客户至上"的意识,通过与客户建立起一种长久的、稳固的合作信任、互惠互利的关系,使各方利益得到满足,顾客才能成为企业的忠诚顾客。

2.建立商业进入壁垒

换句话说,CRM更看重的是客户忠诚。促销、折扣等传统的手段不能有效地建立起进入壁垒,且极易被对手模仿。客户满意是一种心理的满足,是客户在消费后所表露出的态度;客户忠诚是一种持续交易的行为,可以促进客户重复购买的发生。对于企业来说,客户的忠诚才是最重要的,满意并不是客户关系管理的根本目的。CRM系统的建立,使对手不易模仿,顾客的资料都掌握在自己手中,其他企业想挖走客户,则需要更长的时间、更多的优惠条件和更高的成本。只要CRM能充分有效地为客户提供个性化的服务,顾客的忠诚度将大大提高。

3.创造双赢的效果

CRM系统之所以受到企业界的广泛青睐,是因为良好的客户关系管理对客户和企业均有利,是一种双赢的策略。对客户来说,CRM的建立能够为其提供更好的信息,更优质的产品和服务;对于企业来说,通过CRM可以随时了解顾客的构成及需求变化情况,并由此制定企业的营销方向。

4.降低营销成本

过去每个企业的业务活动都是为了满足企业的内部需要,而不是客户的需要,不是以客户为核心的业务活动会降低效率,从而增加营销成本。现在企业实施CRM管理系统,通过现有的客户、客户维系及追求高终身价值的客户等措施促进销售的增长,节约了销售费用、营销费用、客户沟通成本及内部沟通成本。另外,CRM系统的应用还可以大大减少人为差错,降低营销费用。

客户关系管理是一种新颖的企业战略和管理手段,CRM与ERP系统形成前后台的无缝结合会产生很好的效果。客户关系管理在开拓市场、吸引客户、减少销售环节、降低销售成本、提高企业运行效率等方面比单纯的ERP软件的运用将会带来更大的效益。

(三)影响客户关系管理的因素

1.企业文化

我国企业能否成功应用CRM的首要因素是企业文化。CRM实施的前提是企业文化的改造。CRM实施于企业的市场、销售、技术支持等与客户有关的工作部门,虽然在形式上表现为一些软件包的组合、调试、安装、测试和运行,但却蕴含着一种新型的营销管理理念。因此,CRM实施能否成功,不仅取决于CRM方案供应商的实施经验和技术水平,而且与企业自身的推进力度有很大的关系,尤其是理念的贯彻和思想的融合,即企业文化体系的改造。

2.企业制度

CRM 成功实施的宏观环境是保证科学的战略规划和强大的技术支撑。然而,CRM 在具体实施过程中,往往必须通过几方面获取必备的制度保证,具体如下:

一是高级管理层必须直接领导,而不仅仅是参与或管理。CRM 需要全公司范围的协调、信息传达和责任承担,企业高级管理层只有认可这一跨部门的理念,具有实施 CRM 坚定不移的决心并对其提供强有力的、持续的支持,才能使其获得必要的人、财、物等资源保障,克服各种障碍,确保 CRM 的成功实施。

二是企业的组织管理必须进行变革。实施 CRM 不可避免地会要求企业对组织管理进行变革,其中主要是针对组织机构和企业文化。组织机构变革的重点是组织功能单元执行任务的方法,包括政策和程序、规章和规则、管理和人员配备、设备和装备、人力资源的实践等。企业文化的变革则侧重于员工之间以及上下级之间的交互手段,由于它涉及人际关系的处理,因此操作起来更为棘手。

三是员工要积极支持与参与。企业的商业理念必须要反映在 CRM 应用上,并在上至高层下至可能与客户发生关系的每位员工之间进行及时沟通和落实。虽然 CRM 采用严格规范的方法进行系统的分析与设计,但这种方法却会因为人为的因素而降低效果。因此,为了成功实施 CRM 战略,就必须要使员工充分理解并能积极参与和支持。只有员工通过培训及时更新和掌握所需的营销和技术知识,这样才不会"知识用时方恨少"。

四是组织、实施人员要紧密合作。CRM 的实施过程是一项团队工作。一方面,要求企业将从外部请来的系统整合人员看做公司团队的一部分,通过任命两个合作项目经理[一个来自系统整合部门(企业外部),另一个来自企业(企业内部)]的方法,保证内外部人员的紧密合作,实现系统整合部门丰富的理论实践经验与企业具体情况的有机结合。另一方面,要求企业内部各部门之间共享企业范围内的信息,使原本"各自为战"的销售人员、市场推广人员、电话服务人员、售后维修人员等真正协调工作,成为围绕着"满足客户需求"这一中心要旨的强大团队,从而提高企业内部运转效率,降低企业经营成本。

五是建立翔实的系统评效机制。据美国产品和质量中心的定义,评效(benchmarking)是指通过鉴定、理解和改变全球任何组织的优秀实践和流程,以帮助企业改善性能的过程。从定义可以看到两方面的内容:一是对自身和优秀实践的评估,二是效仿最好的实践以期获得最优的效果。然而,现实中的评效却是管理者最容易忽视的管理工具之一。而作为一项战略工作的 CRM,必须定期进行评估,通过重审业务流程、客户反馈、竞争环境等,不断地改进 CRM 战略内容,并使它能够在激烈的竞争中生存。

3.知识管理能力

影响企业应用 CRM 的因素还有知识管理能力,知识管理能力是一个企业的组织管理能力、提供实时身份验证的客户信息以及对产品和服务信息的捕捉能力,依据可靠的信息来提高客户回馈效率和决策制定能力。因此,CRM 和 KM 是基于同一个目标的,即不断完善与客户之间的信息传递。知识管理涉及一个企业组织远景的变化,故将引发大量的组织学习与内部创新。因此,知识管理能力将在实施 CRM 的过程中起到决定性的作用,是 CRM 成功实施的重要影响因素。

除了以上三种影响因素外,影响企业应用 CRM 的因素还包括组织变革和业务流程重组以及隐私保护三大因素。

三、组织实施客户关系管理必须具备的条件

(一)战略与组织的因素

P. Gray 和 J. Byun 认为 CRM 是一种战略性的商业过程问题,而不是一种技术问题。学者 Payne 和 Frow 认为 CRM 不再是简单的一种技术或营销策略,而是一种战略。因此企业应用 CRM,首先应当有清晰的 CRM 战略规划来引导,运用 CRM 的企业要能够清晰表达出借助 CRM 实现什么样的战略远景。Puschmann 认为 CRM 战略和客户战略的制定、控制与执行,对于成功应用 CRM 具有重要作用。Reinartz 认为,基于 CRM 战略的组织结构设计和组织协同性对 CRM 成功应用非常关键。Puschmann 还认为,战略决策层是否支持 CRM 的实施与应用,对企业真正将 CRM 落到实处具有支撑作用。战略与组织的因素可以是:战略远景、战略规划、客户战略、组织结构和战略层支持。

(二)流程因素

在 CRM 战略与组织结构基础上,企业应梳理和优化市场、销售和服务管理流程。Payne 和 Frow 强调 CRM 重要组成部分之一是围绕市场、销售与服务管理的流程体系。Gupta 研究了业务流程在企业不同发展时期进行持续改进,对于客户满意度和忠诚度提升具有重要意义。Rust 认为组织机构与业务流程运作的匹配程度将对 CRM 的投资收益产生影响。Mary 认为客户分级管理流程和制度对于企业来说非常重要,客户管理流程应包括制定客户战略、设定客户目标、客户关系开始、关系维护和关系中止等环节。Webster 研究认为将营销职能独立归为营销部来完成越来越不切实际,企业必须要优化和建立跨部门流程。

(三)人员因素

CRM 战略规划、流程梳理、CRM 系统实施,都离不开 CRM 专业技术人员以及运用 CRM 的其他人员的共同努力。Ryals 认为员工对 CRM 收益的理解,以及对 CRM 实施的支持,对 CRM 的有效运用具有较大作用。Harding 认为,企业是否对最终用户实施足够的定制培训,对于 CRM 成熟应用具有一定的影响。Day 和 Van 强调了针对用户使用 CRM 系统的情况,建立有效的激励制度,对于 CRM 长期成功应用具有重要的意义。Ryals 认为企业能否针对 CRM 系统出现的问题进行及时有效的内部沟通,对于 CRM 系统的逐步深入应用产生影响。Massey 研究表明,CRM 在企业中的运用到位,与企业内部 IT 人员的专业素质水平具有很大的关系。人员的子因素可以是理解与支持、应用培训、使用与激励、内部沟通和 IT 人员素质。

(四)技术因素

企业 CRM 应用是否充分,与 CRM 系统的选择、CRM 系统的功能以及 CRM 系统的实施过程等都是密不可分的。Day 认为,信息技术是 CRM 成功应用的必要条件,选择适合企业自身的 CRM 软件是 CRM 成功应用的前提。Harding 强调了 CRM 项目实施的管理对于 CRM 成功应用具有重要的影响。Reinartz 认为 CRM 所实现功能的强弱在很大程度上取决于软件是否有优秀的性能。Day 认为 CRM 在企业的应用是否能够获得长期的应用价值,与 CRM 厂商对 CRM 系统的服务支持和升级扩展分不开。因此,技术的子因素可以是软件选型、项目管理、软件性能、服务支持和升级扩展。

四、客户关系管理的核心理念

客户关系管理通过对客户深入分析来完善客户服务,其核心管理思想主要包括以下几个方面:

(一)客户是企业发展的一项重要资产

企业要发展需要对自己的资产进行有效的组织与计划。随着人类社会的发展、企业资产从早期的有形资产(包括土地、设备、厂房、原材料、资金等)和无形资产(包括品牌、商标、专利、知识产权等),再到后来,人们认识到"人"才是企业发展最重要的要素。无论是哪种资产认识论都只注重企业能够得以实现价值的部分条件,而不是完全条件,其缺少的部分就是产品实现其价值的最后阶段,同时也是最重要的阶段,而这个阶段的主导者就是客户——企业发展的重要资产。提倡并树立客户是企业资产的理念,在当今以产品为中心的商业模式向以客户为中心的商业模式转化过程中,是尤为关键的。客户的选择决定着一个企业的命运,而客户又是一个企业最终实现交易并获得资金流入的唯一入口,是实现企业利润的唯一来源。企业如果没有客户这一项重要资产,其产品就不能实现交换,那么企业的一切活动都将是无效活动。显然客户已成为当今企业最重要的资产之一。

客户关系管理在对客户信息的整合与管理中突出客户是企业的重要资产。在很多行业中,完整的客户档案或数据库就是一个企业颇具价值的资产,通过对客户资料的深入分析,并应用于客户或潜在客户身上,寻求扩展业务所需要的新市场和新渠道,改进客户满意度、忠诚度来改善企业市场行为的有效性,提高企业业绩。目前,众多企业已经开始将客户视为重要资产之一,采取多种方式开发客户资产。例如,"想客户所想""客户就是上帝""客户的利益至高无上""客户永远是对的"等。

(二)客户关系管理的中心是加强客户关怀,提高客户满意度

客户关系管理是以客户为中心开展的管理理念,其实施的每一个步骤都以客户为根本出发点。客户关怀活动贯穿整个购买行为,包含在客户从购买前到购买后的全过程中。购买前的客户关怀为公司与客户之间关系的建立打开了一扇大门,购买期间的客户关怀则与公司提供的产品或服务紧紧地联系在一起,购买后的客户关怀则主要集中于人性化的跟进和成功完成产品售后的相关步骤。客户关怀主要包括如下方面:客户服务(向客户提供产品信息及建议)、客户感受(关注客户对企业营销方式的生理和心理反应)、产品质量(符合标准、适合顾客使用、安全可靠)、服务质量(客户在与企业接触中的整体感受)和售后服务(服务查询、投诉、维权)。当前,客户关怀的发展都同质量的提高和改进紧密联系在一起,贯穿始终。

客户满意是指客户通过对产品或服务的可感知的效果与期望值相比较后,所形成的一种愉悦或失望的感觉状态。如果可感知效果低于期望值,客户就不会满意;如果可感知效果与期望值相匹配,客户就满意;如果可感知效果超过期望值,客户就会高度满意。企业的目标就是不断追求客户的高度满意,原因就在于一般满意的客户对于产品的忠诚度还不够强,一旦他们发现更好的或者更便宜的产品后,会很快更换。只有那些高度满意的客户才一般不会更换供应商,客户的高度满意和愉悦的购买使用情感创造了一种对产品品牌情绪上的共鸣,这部分客户重复、经常性地购买企业产品,同时还会愿意接受企业提供的其他产品和服务,而且还会为企业口碑作宣传,是企业非常重要的客户。当然这部分客户是比较少的,他们也应该得到企业

更多的关怀。综上所述,企业必须加强对客户的关怀,提高客户满意度。

(三)对企业与客户发生的各种关系进行全面管理

客户关系管理要通过对企业与客户发生的各种关系进行全面管理,来赢得新客户,巩固和保留原有客户,并提高客户满意度。而企业与客户之间发生的关系,不仅包括单纯的销售过程所发生的业务关系,如合同签订、订单处理、发货、收款等。还包括在企业营销及售后服务过程中发生的各种关系,如企业在市场活动、市场推广过程中,与潜在客户发生的关系;在与目标客户接触的过程中内部的销售人员的行为、各项活动及其与客户接触全过程所发生的多对多的关系;在售后服务过程中,企业服务人员对客户的各种关怀活动,各种服务活动、服务内容和服务效果的记录等,都是企业与客户的关系,都需要进行全面管理,任何一部门出现失误,都有可能影响到整个供应链。对企业与客户的各种关系进行全面管理,将会显著提升企业营销能力、市场适应能力,降低营销成本,控制营销过程中可能导致客户抱怨的各种行为,是客户关系管理系统中的另一个重要管理思想。

(四)进一步延伸企业供应链管理

20世纪90年代提出的ERP系统,原来是为了满足企业供应链管理需要,但ERP系统的实际应用并没有达到企业供应链管理的目标,这既有ERP系统本身功能方面的局限性也有IT技术发展的局限性,CRM系统作为ERP系统销售管理的延伸是以客户关系的建立、发展和维持为主要目的的,借助网络技术,它突破了供应链上企业之间地域边界和不同企业之间信息交流的组织边界,建立起企业自己的客户网络营销模式,使客户和合作伙伴可以直接沟通,并且分享更多的信息。CRM和ERP系统的集成运行才真正解决了供应链中的下游链管理问题,全面提升企业的管理水平和方法,将客户、经销商、企业销售部整合到一起,改变企业的内部管理积弊现状,实现企业对客户个性化需求的快速反应。通过新的扁平化营销体系缩短响应时间,降低销售成本,让企业的利益实现最大化、长久化,使投资回报率最高。

五、客户关系管理技巧

客户关系管理注重的是与客户的交流,企业的经营是以客户为中心,而不是传统的以产品或以市场为中心。为方便与客户的沟通,客户关系管理可以为客户提供多种交流的渠道。顾客包括老顾客和新顾客,所以做好客户关系管理首要任务就是既要留住老客户,也要大力吸引新客户。

留住老客户的主要方法包括以下方面:

1.为客户供高质量服务

质量的高低关系到企业利润、成本、销售额。每个企业都在积极寻求用什么样高质量的服务才能留住企业优质客户。因此,为客户提供服务最基本的就是要考虑到客户的感受和期望,从他们对服务和产品的评价转换到服务的质量上。

2.严把产品质量关

产品质量是企业为客户提供有力保障的关键武器。没有好的质量依托,企业长足发展就是个很遥远的问题。肯德基的服务是一流的,但依然出现了苏丹红事件,而让对手有机可乘,致使客户群体部分流失。

3. 加强与客户的信息即时互通

在管理上最重要的是与客户沟通,提供知识信息,让企业的服务或营销人员控制协调好客户关系,传达好客户的要求、意见。多给客户提出一些在管理上的缺陷和对客户所在市场的见解,让客户接受你的思维。这就需要企业员工要有较高的职业素养和对市场的敏感,以及丰富的管理技巧。当然,要注意不能忽视人际角色、信息角色和决策角色,不能干预客户更多的事情,除和客户正常的业务以外,不要掺杂其他内容,否则会影响客户关系。

4. 保证高效快捷的执行力

要想留住客户群体,良好的策略与执行力缺一不可。许多企业虽能为客户提供好的策略,却因缺少执行力而失败。在多数情况下,企业与竞争对手的差别就在于双方的执行能力。如果对手比你做得更好,那么他就会在各方面领先。成功的企业,20%靠策略,60%靠企业各级管理者的执行力。作为管理者,重塑执行力的观念有助于制定更健全的策略。事实上,要制定有价值的策略,管理者必须同时确认企业是否有足够的条件来执行。在执行中,一切都会变得明确起来。面对激烈的市场竞争,管理者角色定位需要变革,从只注重策略制定,转变为策略与执行力兼顾。以行为导向的企业,策略的实施能力会优于同业,客户也更愿意死心塌地地跟随企业一起成长。

吸引新客户可以利用以下方法:第一,以市场调查为由,收集客户名单。第二,以公司搞活动,可以参加抽奖,进而收集相关名单。第三,开发已签单的客户,做好服务,寻求转介绍。换句话讲,开发客户需要找一个理由,这点很重要。

留住了老客户,吸引了新客户,就如拥有了双剑合璧的力量,可以使其发挥出最大的万丈光芒,从而达到预期的目标。

项目小结

1. 供应链合作伙伴关系是指在供应链内部两个或两个以上独立的成员之间形成的一种协调关系,以保证实现某个特定的目标或效益。

2. 供应链合作伙伴关系的特点:共享信息;信任并且开诚布公;相互协调和计划;利益共享、风险共担;承认相互的依赖性;拥有共同的目标。

3. 供应链合作伙伴关系的制约因素有组织结构、企业文化、个体理性和信息机制。

4. 选择合作伙伴考虑的因素主要有:价格因素、质量因素、交货提前量因素、交货准时性因素、品种柔性因素、设计能力因素、特殊工艺能力因素、其他影响因素。

5. 客户关系管理产生的原因有:需求的拉动、技术的推动、管理理念的更新。

6. 实施客户关系管理必须具备的条件有:战略与组织的因素、流程因素、人员因素、技术因素。

7. 客户关系管理的重要意义:提高客户忠诚度;建立商业进入壁垒;创造双赢的效果;降低营销成本。

思考题

1. 简述供应链合作伙伴关系的含义和特点。

2. 试述公司与客户结成战略合作伙伴关系的好处,并说明理由。

3. 简述战略合作伙伴关系和传统企业关系的不同之处。

4. 客户关系管理的理念及主要功能是什么?

案例分析

揭秘通信行业供应链合作伙伴的选择

一、英国电信集团公司如何挑选设备商

英国电信集团公司是一家上市公司,是世界顶尖的电信运营商。该公司的主要业务包括英国本土长途业务以及国际电信服务、互联网服务,已经提供了大约 2800 万条交换线路,同时也向其他的注册运营商提供网络服务。

作为世界级老牌电信运营商,英国电信对战略合作伙伴设定了极高的门槛,并要经过严格的认定。在挑选设备供应商时,英国电信将供应商分成四类:普通投标者、供应商、战略供应商,以及战略合作伙伴。每一层次的供应商都有数据或衡量指标来评估关系的好坏。除了产品质量的好坏和性价比,英国电信非常注重对方的后续服务能力。该公司认为,选择长期的合作伙伴,是一个长远的考虑,越是长远的合作,越需要资格认证。没有通过认证的厂家,都被英国电信看做没有可信度、没有建立品牌的厂家。

在涉及重大项目时,英国电信的审查更为严格,只对进入战略供应商、战略合作伙伴的"短名单"上的厂商发标。而要想进入英国电信的重要潜在战略供应商级别,需 40 小时认证;战略合作伙伴则必须接受 200 小时的全面彻底认证。到目前为止,英国电信在全球只有三个战略合作伙伴。

2002 年,深圳华为公司在申请成为英国电信的战略合作伙伴时,就经历了一次全方位的认证和考察。在为期 4 天的认证中,英国电信采购认证团对华为进行了一次全面细致的"体检"。此次认证涉及业务管理的 12 个方面,覆盖了从商业计划、客户关系管理到企业内部沟通的纵向管理过程,以及从需求获得、研制生产到安装的全过程。英国电信甚至还与华为采购经理一起走访华为的外协厂,对华为的供应商进行评估。

与其他传统固网运营商相同,英国电信目前也正在向综合信息服务提供商的方向转型。为达到这一目标,英国电信决心建设"21 世纪网络",即一个效率更高的,以互联网技术为基础的骨干网务。在建网过程中,朗讯和 Juniper 成为该项目的首选厂商,其中最重要的原因也在于双方能携手为英国电信提供创新的、赢利的最佳解决方案,并由朗讯全球服务部(LWS)提供安装和维护服务。

二、沃达丰如何挑选外资伙伴

作为全球最大的移动运营商,沃达丰近年在拓展海外市场方面不遗余力。其在挑选战略合作伙伴时也有自身的标准,那就是选择与目标市场中实力最强的领军级运营商建立同盟关系,这一点非常值得借鉴。

譬如,在进入印度市场时,沃达丰于 2005 年 10 月斥资 8.2 亿英镑收购了印度移动运营商 BTVL10% 的股权,并与 BTVL 结成战略合作伙伴关系。而 BTVL 是印度领先的移动通信运营商,截至 2005 年 9 月 30 日,用户数高达 1410 万。通过这种"参股+结盟"的方式,沃达丰可以实现快速切入市场的目的。对此,沃达丰首席执行官阿伦·萨林(Arun Sarin)说得非常明确:"我们将借此合作机会成为印度市场上更高水平的领先者。此次交易与我们在成熟市场上扩大全球影响力的战略相一致,在这些市场中我们可以为股东创造价值。"此外,战略合作伙伴也能从这种方式中受益,提升自身的品牌价值。BTVL 董事长在评价与沃达丰结盟时就表

示："我们十分高兴沃达丰能够成为我们进一步拓展印度电信市场的新合作伙伴。与沃达丰的合作关系将有助于我们实现将 Airtel(BTVL 旗下的一个移动品牌)发展成印度备受推崇的品牌的理想。"

在中国市场，沃达丰的做法如出一辙，其与国内实力最强的运营商中国移动建立了战略合作伙伴关系，并购入了中国移动 3.3％的股权。近期，沃达丰还表示，将会继续加强与中国移动的战略合作，与中国移动在新技术及设备、终端采购方面进行更有效的合作。分析人士指出，尽管受制于政策管制，沃达丰在中国还不能有更大的作为，但将来一旦市场变得更为开放，沃达丰将率先从中受益。

三、NTT DoCoMo 如何挑选供应链合作者

NTT DoCoMo 是日本最大的移动运营商，也是目前全球所有 3G 运营商中比较有实力的。NTT DoCoMo 在拓展 3G 业务时，也与众多厂商，特别是本国厂商结成了战略合作伙伴关系，而这些厂商都能与 NTT DoCoMo 实现优势互补，进而推动整个供应链的良性发展。

从时间上看，NTT DoCoMo 于 2001 年 10 月 1 日推出商用 3G 业务，成为全球第一个 3G 运营商，并以此为基础提供各种丰富的 3G 数据业务，成为 3G 商用的领头羊。NTT DoCoMo 在此过程中充分发挥了供应链主导者的作用，这使得相关的网络设备商、终端制造商，以及 ICP(网络内容服务商)和 ISP(互联网服务提供商)，都通过推广 3G 服务和产品获得了机遇。在网络建设上，NTT DoCoMo 更多选择本国制造商作为战略合作伙伴。以 FOMA 基站为例，其主要供货商有四家，其中：松下 MCI 占 30％，NGN 公司占 30％，富士通占 30％，而爱立信只占 10％。在手机方面，NTT DoCoMo 选择的制造商同样大部分是日本企业，如 NEC、松下、三洋等。这种选择一方面可扶持本国制造业，实现本地化；另一方面，可得到更多、更实际、更方便的技术及服务支持，还可节约成本提升竞争力。

通过这种合作，NTT DoCoMo 与设备商实现了优势互补。一方面，NTT DoCoMo 根据市场需要向制造商提出业务规范要求，由制造商考虑技术实现和产品生产。另一方面，制造商根据技术创新提出业务方案，供 NTT DoCoMo 选择。双方通过密切合作，为市场提供了终端用户需要的手机及便携装置，对抢占市场起到了极大的推动作用。

在众多的 SP(移动互联网应用服务的直接提供者)中，NTT DoCoMo 只选出一部分作为核心战略合作伙伴，提供各种最有优势的内容并且收费，而其他 SP 只能提供免费服务。这在相当程度上保护了核心战略合作伙伴的利益，真正实现了双赢。而在整个 3G 产业链中，NTT DoCoMo 不仅是作为运营商出现，更重要的是充当了一个调控者的角色。通过选择合适的战略伙伴，NTT DoCoMo 增强了在 3G 价值链中的影响和地位，其选择的战略合作伙伴也在密切合作的过程中，充分发挥了各自优势，使整个产业链得以健康发展。

讨论题：

1. 结合案例分析英国电信集团公司选择合作伙伴时所考虑的因素有哪些？与我国企业选择合作伙伴的标准有什么不同的地方？

2. 三家通信业务运营商在选择合作伙伴时有何异同？

3. 三家运营商在选择合作伙伴时的依据与我国企业在选择合作伙伴标准方面有何相同之处？

实训项目

1. 实训目的

通过让学生调查企业供应链合作伙伴关系现状,加深对合作伙伴关系的认识和理解。

2. 实训内容

选取知名企业或学生熟悉的企业作为调查对象,对企业的合作伙伴(供应商、分销商、服务商)关系管理的情况进行调研,总结其在合作伙伴关系选择、评价、关系构建等方面的做法,发现问题,并能根据本章所学的知识提出改进意见。

3. 实训组织

(1)学生分为若干小组,每个小组有3~5人,确定组长,明确分工。

(2)选择调查对象,针对不同的被调查企业研讨适用的调查方法和方式。

(3)编写调查提纲或调查问卷,完成调查准备工作。

(4)实地进行调查,做好调查记录。

(5)以小组为单位撰写调查报告或总结,并以 PPT 的形式在课堂上进行展示。

4. 实训说明

每个小组可以选择一家企业进行深入研究调查,也可以调查多家企业,从整体上进行概括,描述现状。

项目结果的评价可从调查内容的针对性、调查方法的可行性、调查报告总结的完整性、PPT 制作情况及团队合作情况等方面进行。

项目四
供应链管理环境下的采购管理

学习目的与要求

1. 掌握供应链采购的概念与特点。
2. 掌握准时采购的基本思想、特点、基本原则和方法。
3. 了解供应链采购外包的优势。
4. 掌握供应链采购外包的主要方式及风险。
5. 了解制造资源计划的含义及特征。

导入案例

海尔的 JIT 采购

海尔物流的特色是借助物流专业公司力量,在自建基础上小外包,总体实现采购 JIT、原材料配送 JIT 和成品配送 JIT 的同步流程。同步模式的实现得益于海尔的现代集成化信息平台。海尔用 CRM 与 BBP 电子商务平台架起了与全球用户的资源网、全球供应链资源网沟通的桥梁,从而实现了与用户的零距离,提高了海尔对订单的响应速度。

海尔物流整合了集团内分散在 28 个产品事业部的采购、原材料仓储配送,通过整合内部资源,来获取更优的外部资源,建立起强大的供应链资源网络。供应商的结构得到根本的优化,能够参与到前端设计与开发的国际化供应商比例从整合前的不到 20% 提高到目前的 82%,GE、爱默生、巴斯夫、DOW 等 59 家世界五百强企业都已成为海尔的合作伙伴。

海尔实行并行工程,一批跨国公司以其高科技和新技术参与到海尔产品的前端设计中,不但保证了海尔产品技术的领先性,增加了产品的技术含量,同时大大加快了开发速度。海尔采购订单滚动下达到供应商,一般的订单交付周期为 10 天,加急订单为 7 天。战略性物资如钢材,滚动每个月采购一次,但三个月与供应商谈判协商价格。另有一些供应商通过寄售等方式为海尔供应,即将物资存放在海尔物流中心,但在海尔使用后才结算,供应商可通过 B2B 网站查询寄售物资的使用情况,属于寄售订单的海尔不收取相关仓储费用。

海尔的 BBP 采购平台由网上订单管理平台、网上支付平台、网上招标竞价平台和网上信息交流平台有机组成。网上订单管理平台使海尔 100% 的采购订单由网上直接下达,同步的采购计划和订单,提高了订单的准确性与可执行性,使海尔采购周期由原来的 10 天减少到了 3 天,同时供应商可以在网上查询库存,根据订单和库存情况及时补货。网上支付平台则有效提高了销售环节的工作效率,支付准确率和及时率达到 100%,为海尔节约了近 1000 万元的差旅费,同时降低了供应链管理成本,目前海尔网上支付已达到总支付额的 20%。网上招标竞价平台通过网上招标,不仅使竞价、价格信息管理准确化,而且防止了暗箱操作,降低了供应商管理成本,实现了以时间消灭空间。网上信息交流平台使海尔与供应商在网上就可以进行信息互动交流,实现信息共享,强化合作伙伴关系。除此之外,海尔的 ERP 系统还建立了其内部的信息高速公路,实现了将用户信息同步转化为企业内部的信息,实现以信息替代库存,接近零资金占用。

在采购 JIT 环节上,海尔实现了信息同步,采购、备料同步和距离同步,大大降低了采购环节的费用。信息同步保障了信息的准确性,实现了准时采购。采购、备料同步,使供应链上原材料的库存周期大大缩减。目前已有 7 家国际化供应商在海尔建立的两个国际工业园建厂,爱默生等 12 家国际化分供方正准备进驻工业园,与供应商、分供方的距离同步有力保障了海尔 JIT 采购与配送。

第一节　供应链采购管理概述

一、供应链采购的定义

采购是指企业在一定的条件下从供应市场获取产品或服务作为企业的资源,以保证企业生产及经营活动开展的一项企业经营活动。供应链采购是指供应链内部企业之间的采购,供应链内部的需求企业向供应商企业采购订货,供应商企业将货物供应给需求企业。

有效的货物或服务的采购,对企业的竞争优势具有极大的作用。采购过程把供应链成员连接起来,保证供应链的供应质量。在许多行业中,原材料的投入成本占总成本的比例很大,投入原材料的质量影响成品的质量,并由此影响顾客的满意度和企业的收益。因为采购对于收入和供应链关系起着决定性的作用,所以就不难理解为什么采购管理越来越受到重视。供应链采购与传统的采购相比,物资供需关系没变,采购的概念没变,但是,由于供应链各个企业之间是一种战略伙伴关系,采购是在一种非常友好合作的环境中进行,所以采购的观念和采购的操作都发生了很大变化。

采购管理包括了对新的供应商的资质认定、各种不同投入物的采购和对供应商表现的监督。采购管理是物流管理的重点内容之一,它在供应链企业之间原材料和半成品生产合作交流方面架起一座桥梁,沟通生产需求与物资供应商的关系。为使供应链系统能够实现无缝连接,并提高供应链企业的同步化运作效率,就必须加强采购管理。在供应链管理模式下,采购工作要做到五个恰当:恰当的数量、恰当的时间、恰当的地点、恰当的价格、恰当的来源。

二、供应链采购的原则

(一)完美和简洁性原则

由于合作伙伴的选择涉及的因素很多,因此要尽可能建立完备的评价体系,但是要想把所有的因素都罗列在综合指标体系中那是不可能的。首先不利于主要指标的突出,从而不利于发现供应商的核心优势。其次,也会增加整个选择过程的难度,影响效率。因此,供应商综合指标体系的构建应该包含主要因素,尽量保持评价体系的简洁性。而这些因素主要是供应商的生产运作、成本控制、技术开发等全方位的信息。

(二)客观和可比性原则

该原则指的是在评价各个指标的时候,应该不受主观因素的影响,由于定性指标容易受人为因素的影响,因此,尽可能地使用定量指标,同时各个供应商之间的指标应该相互可比,以有利于潜在供应商的发现,整个过程尽可能保持客观公正。

(三)可重构和可扩充性原则

由于供应链的动态性和供应商优势的侧重点不同,因此,评价指标不能固定不变,要具备一定的重塑性和可扩充性,这样,供应商的选择便可以适应企业发展的需要了。企业一旦初步选定合作伙伴以后,应该与选定的目标供应商取得联系,以确认他们是否与企业保持长期合作关系。集中采购、全球采购等现代采购模式一方面促使供应商向专业化的方向发展,另一方面使得生产商在更广的范围内挑选更为合适的供应商成为可能和必需。随着市场经济的不断复杂发展,在供应链环境下,采购方和供应方协同合作的难度不断增大,任何一方的失误都有可能造成整个供应链效率低下。因此,加强同供应商的合作关系就显得非常必要,良好的关系首先必须得到企业高层领导的重视,双方需要熟悉彼此的企业文化和组织结构,并适当地对企业文化进行再塑造,解决双方的信息沟通障碍。同时还要建立并协调与供应商的战略合作关系,共同拟订产品开发计划,将采购计划与供应商的工作流程联系起来,加强信息共享,相互进行技术和设计支持等。

三、供应链采购的基本流程

供应链采购的基本流程与传统采购流程相似,包括建立采购管理组织、需求分析、资源市场分析、制订采购计划、实施采购计划、采购评价、采购监控和采购文件归档八个基本环节。

(一)建立采购管理组织

采购管理组织是采购的最基本组成部分,包括合理的管理机制和有效的管理组织机构及相应的管理人员和操作人员。

(二)需求分析

弄清楚企业希望采购一些什么物资,采购数量为多少,什么时候需要什么品种等问题,掌握全企业的物资需求情况,制订物资需求计划,从而为制订科学合理的采购订货计划作准备。

(三)资源市场分析

资源市场分析就是根据企业所需的物资品种分析资源市场的情况,包括资源分布的情况、供应商情况、品种质量、价格情况和交通运输情况等。资源市场分析的重点是供应分析和品种分析,目的是为制订采购计划作准备。

(四)制订采购计划

根据需要品种情况和供应商情况,制订出切实可行的采购订货计划,包括选择供应商、供应品种、具体的订货策略、运输进货策略和具体的实施进度计划等。

(五)实施采购计划

把制订的采购订货计划落实到人,根据既定的进度实施。具体包括去联系指定的供应商、进行贸易谈判、签订订货合同、运输进货、到货验收入库和支付货款等。

（六）采购评价

采购评价是指在一次采购完成后对采购活动进行评估，主要指评估采购活动的效果、总结经验教训、找出问题、提出改进方案等。

（七）采购监控

采购监控是指对采购过程中包括对采购人员、采购资金和采购活动进行监控。

（八）采购文件归档

采购文件归档是指根据不同的标准对采购文件进行分类、编号、归档，建立系统的采购文件数据库，以便以后生产经营过程中使用。

四、供应链采购管理的作用

首先，供应链管理把产品在满足客户需求的过程中对成本有影响的各个成员单位都考虑在内了，包括从原材料供应商、制造商到仓库再经过配送中心到渠道商。不过，实际上在供应链分析中，有必要考虑供应商的供应商以及顾客的顾客，因为它们对供应链的业绩也是有影响的。

其次，供应链管理的目的在于追求整个供应链的整体效率和整个系统费用的有效性，总是力图使系统总成本降至最低。因此，供应链管理的重点不在于简单地使某个供应链成员的运输成本达到最小或减少库存，而在于通过采用系统方法来协调供应链成员以使整个供应链总成本最低，使整个供应链系统处于最流畅的运作中。

最后，供应链管理是围绕把供应商、制造商、仓库、配送中心和渠道商有机结合成一体这个问题来展开的，因此它包括企业许多层次上的活动，包括战略层次、战术层次和作业层次等。统计数据显示，供应链管理的有效实施可以使企业总成本下降 20% 左右，供应链上的节点企业按时交货率提高 15% 以上，订货到生产的周期时间缩短 20%～30%，供应链上的节点企业生产率增值提高 15% 以上。越来越多的企业已经认识到实施供应链管理所带来的巨大好处，比如 HP、IBM、DELL 等在供应链管理实践中取得的显著成绩就是证明。

第二节　供应链采购模式

一、传统的采购模式

虽然采购过程的基本活动是固定的，但是传统的和基于供应链环境的采购模式还是存在很大差别。

传统采购的重点放在如何和供应商进行商业交易上，特点是比较重视交易过程中供应商的价格比较，通过供应商的多头竞争，从中选择价格最低的作为合作者。虽然质量、交货期也都是采购过程中的重要考虑因素，但在传统的采购方式下，质量、交货期等都是通过事后把关的办法进行控制，如到货验收等，而交易过程的重点放在价格的谈判上。因此在供应商与采购部门之间要经常进行报价、询价、还价等谈判，并且多头进行，最后从多个供应商中选择一个价格最低的供应商签订合同，订单才确定下来。

传统的采购模式主要特点表现在如下几个方面：

(一)传统采购过程是典型的非信息对称博弈过程

选择供应商在传统的采购活动中是首要的任务。在采购过程中，采购一方为了能够从多个竞争性的供应商中选择一个最佳的供应商，往往会保留私有信息，因为向供应商提供的信息越多，供应商的竞争筹码就越大，这样对采购一方不利，因此采购一方尽量保留私有信息，而供应商也在和其他的供应商竞争中隐瞒自己的信息。这样，采购、供应双方都不进行有效的信息沟通，这就是信息不对称的博弈过程。

(二)验收检查是采购部门的一个重要的事后把关工作，质量控制的难度大

质量与交货期是采购一方要考虑的另外两个重要因素，但是在传统的采购模式下，要有效控制质量和交货期只能通过事后把关的办法，因为采购一方很难参与供应商的生产组织过程和有关质量控制活动，相互的工作是不透明的。因此需要通过各种有关标准如国际标准、国家标准等进行检查验收，缺乏合作的质量控制导致采购部门对采购物品质量控制的难度增加。

(三)供需关系是临时的或短时性的合作关系，而竞争多于合作

在传统的采购模式中，供应与需求之间的关系是临时性的，或者短时性的合作，而且竞争多于合作。由于缺乏合作与协调，采购过程中各种抱怨与扯皮的事情比较多，很多时间消耗在解决日常问题上没有更多的时间用来做长期性预测与计划工作，在供应与需求之间存在的这种缺乏合作的气氛增加了许多运作中的不确定性。

(四)影响用户需求的能力迟钝

由于供应与采购双方在信息的沟通方面缺乏及时的信息反馈，在市场需求发生变化的情况下，采购一方也不能改变供应一方已有的订货合同，因此采购一方在需求减少时库存增加，需求增加时出现供不应求。重新订货需要增加谈判过程，因此，供应需求之间对用户需求的响应没有同步进行，缺乏应付需求变化的能力。

二、供应链管理环境下的采购

在供应链管理的环境下，企业的采购方式和传统的采购方式有所不同，主要体现在如下几个方面：

(一)从为库存而采购到为订单而采购的转变

在传统采购模式中，采购目的很简单，就是为了补充库存，即为库存而采购。采购部门并不关心企业的生产过程，不了解生产的进度和产品需求的变化，因此，采购过程中缺乏主动性，采购部门制订的采购计划很难适应制造需求的变化。在供应链管理模式下，采购活动是以订单驱动方式进行的，制造订单的产生是在用户需求订单的驱动下产生的。然后，制造订单驱动采购订单，采购订单再驱动供应商，这种准时化的订单驱动模式，使供应链系统得以准时响应用户的需求，从而降低了库存成本，提高了物流的速度和库存的周转率。订单驱动采购方式有如下特点：

(1)由于供应商与制造商建立了战略合作伙伴关系，建立供应合同的手续大大简化，不再需要双方的询盘和报盘的反复协商，交易成本也因此大为降低。

(2)在同步化供应链计划的协调下，制造计划、采购计划、供应计划能够并行进行，缩短了

用户响应时间,实现了供应链的同步化运作。采购与供应的重点在于协商各种计划的执行,使制造计划、采购计划、销售计划保持同步。

(3)采购物资直接进入制造部门,减少采购部门的工作压力和不增加价值的活动过程,实现供应链精细化运作。

(4)信息传递方式发生了变化。在传统采购方式中,供应商对制造商过程的信息不了解,也无需关心制造商的生产活动,但供应链管理环境下,供应商能共享制造部门的信息,提高了供应商应变能力,减少了信息失真。同时在订货过程中不断进行信息反馈,修正订货计划,使订货与需求保持同步。

(5)实现了面向过程的作业管理模式的转变。订单驱动的采购方式简化了采购工作流程,采购部门的作用主要是沟通供应与制造部门之间的联系,协调供应与制造的关系,为实现精细采购提供基础保障。

(二)从采购管理向外部资源管理的转变

在建筑行业中,当采用工程业务承包时,为保证对承保业务的进度与工程质量进行监控,负责工程项目的部门会派出有关人员深入到承包工地,对承包工地进行实时监管。这种方法也可以适用于制造企业的采购业务中,这是把事后把关转换为事中控制的有效途径——供应管理或者叫外部资源管理。

那么,为什么要进行外部资源管理,以及如何进行有效的外部资源管理?

正如前面所指出的,传统采购管理的不足之处,就是与供应商之间缺乏合作,缺乏柔性和对需求迅速响应的能力。准时化思想出现以后,对企业的物流管理提出了严峻挑战,需要改变传统的单纯为库存而采购的管理模式,提高采购的柔性和市场响应能力,增加和供应商的信息联系和相互之间的合作,建立新的供需合作模式。

一方面,在传统采购模式下,供应商对采购部门的要求不能得到实时的响应,另一方面,关于产品的质量控制也只能在事后把关,不能进行实时控制,这些缺陷使供应链企业无法实现同步化运作。为此供应链管理采购模式的第二种特点就是实施有效的外部资源管理。

实施外部资源管理也是实施精细化生产、零库存生产的要求。供应链管理中一个重要思想,是在生产控制中采用基于订单流的准时化生产模式,使供应链企业的业务流程朝着精细化生产努力,即实现生产过程几个"零"化管理:零缺陷、零库存、零交货提前期、零纸文书、零事故、零人力资源浪费。

供应链管理的思想就是系统性、协调性、集成性、同步性,外部资源管理实现供应链管理的上述思想的一个重要步骤是企业集成。从供应链企业集成的过程来看它是供应链企业集成走向外部集成的重要一步。

1.制造商采购活动的改进措施

要实现有效的外部资源管理,制造商的采购活动应从以下几个方面着手进行改进:

(1)和供应商建立一种长期的合作关系,是一种互惠互利的合作管理。这种合作关系保证了供需双方能够有合作的诚意和参与双方共同解决问题的积极性。

(2)通过提供信息反馈和教育培训支持在供应商之间的促进质量改善和质量保证。传统采购管理的不足在于没有给予供应商在有关产品质量保证方面的技术支持和信息反馈。在顾客需求日益个性化的今天,产品的质量是由顾客的需求决定的,而不是简单的通过时刻把关所能解决的。因此在这样的情况下,质量管理的工作需要参与企业在提供相关的质量要求的同时，及时把供应商的产品质量问题反馈给供应商，以便及时改进。对个性化产品要提供有关技术培训工作，使供应商能够按照要求提供合格的产品和服务。

（3）参与供应商的产品设计和产品质量控制过程。同步化运营是供应链管理的一个重要思想。通过同步化的供应链计划使供应链各企业在响应需求方面取得一致性行动，增加供应链的敏捷性。实现同步化运营的措施是并行工程，制造商企业应当参与供应商的产品设计和质量控制过程，共同制定有关产品质量标准等，使需求信息能很好地在供应商的业务活动中体现出来。

（4）协商供应商的计划。一个供应商有可能同时参加多条供应链的业务活动，在资源有限的情况下必然会造成多方需求争夺供应商资源的局面。在这种情况下，下游企业的采购部门应主动参与供应商的计划协调。在资源共享的前提下，保证供应商不至于因为资源分配不公而出现矛盾，保证供应链的正常供应关系，维护企业的利益。

（5）建立一种新的有不同层次的供应商网络，并逐步减少供应商的数量，致力于与供应商建立合作伙伴关系。在供应商的数量方面，一般而言，供应商越少越有利于双方合作。但是，企业的产品对零部件或原材料的需求是多样性的，因此不同企业的供应商数目不同，企业应当根据自己的情况选择适合数量的供应商，建立供应商网络，并逐步减少供应商的数量，致力于和少数供应商建立战略伙伴关系。

2. 供应商需提供的协作

外部资源管理并不是采购一方（制造商等下游企业）的单方面努力就能取得成效的，需要供应商的配合和支持，为此，供应商也应该从以下几个方面提供协作：

（1）帮助拓展用户（制造商等下游企业）的多种战略；

（2）保证高质量的售后服务；

（3）对制造商等下游企业的问题作出快速反应；

（4）及时报告可能影响用户服务的内部问题；

（5）基于用户的需求，不断地改进产品和服务质量；

（6）在满足自己的能力需求的前提下提供一部分能力给下游企业，即能力外援助。

（三）从一般买卖关系向战略协作伙伴关系转变

供应链管理模式下采购管理的第三个特点，是供应与需求的关系从简单的买卖关系向双方建立战略协作伙伴关系的转变。

在传统的采购模式中，供应商与需求企业之间是一种简单的买卖关系，因此无法解决一些涉及全局性战略性的供应链问题，而基于战略合作伙伴关系的采购方式为解决这些问题创造了条件。这些问题是：

（1）库存问题。在传统采购模式下，供应链的各级企业都无法共享库存信息，因此各个节点企业都独立地采用订货点进行库存决策，不可避免地产生需求信息扭曲现象，因此供应链的整体效率得不到充分的提高。但在供应链管理模式下，通过双方的合作伙伴关系，供应与需求双方可以共享库存数据，因此采购的决策过程变得透明多了，减少了需求信息的失真现象。

（2）风险问题。供需双方通过战略性合作伙伴关系，可以降低由于不可预测的需求变化带来的风险，比如运输过程带来的风险，信用的风险，产品质量的风险等。

（3）通过合作伙伴关系可以为双方共同解决问题提供便利的条件，通过合作伙伴关系，双方可以为制订战略性的采购供应计划而协商，不必要为日常琐事而耗费时间和精力。

（4）通过合作伙伴关系,供需双方都可通过降低交易成本而获得好处。信息的共享避免了信息不对称决策可能造成的成本损失。

（5）战略性的伙伴关系消除了供应过程的组织障碍,为实现准时化采购创造了条件。

第三节　准时采购概述

一、准时采购的产生及含义

(一)JIT 的产生背景

在 20 世纪中叶以前,世界汽车制造业均采用福特式的"总动员生产方式"。这种生产方式以其规模性制造的成本优势为企业创造了巨大的收益,然而随着经济的不断发展,需求的异质性暴露了"福特式"生产模式的缺陷。20 世纪后半期,整个汽车市场进入了一个市场需求多样化的新阶段,不久汽车制造业开始围绕如何有效地组织多品种小批量生产进行探讨。

日本丰田汽车公司副总裁大野耐一意识到这种生产方式的缺陷,他认为需采取一种更灵活、更能适应市场需求变化的生产方式。在这种历史背景下,大野耐一于 1953 年综合了批量生产和单件生产特点和优点,创造了一种在多品种小批量混合生产条件下高质量、低消耗的生产方式,即适时生产(just in time,JIT)。JIT 促进了日本汽车制造业的飞速发展,JIT 被当做日本企业成功的秘诀在世界范围内受到广泛尊崇。JIT 随后便在欧洲和美国的一些企业中推广开来,并与源自日本的其他生产、流通方式一起被西方企业称为"日本化模式"。

(二)准时采购的含义

准时采购也叫 JIT 采购,是一种先进的采购模式,是一种管理哲理。它的基本思想是:在恰当的时间、恰当的地点,以恰当的数量、恰当的质量提供恰当的物品。它是从准时生产发展而来的,是为了消除库存和不必要的浪费而进行持续性改进。要进行准时化生产必须有准时的供应,因此准时化采购是准时化生产管理模式的必然要求。它和传统的采购方法在质量控制、供需关系、供应商的数目、交货期的管理等方面有许多不同,其中有关于供应商的选择(数量与关系)、关于质量控制是其核心内容。准时采购包括供应商的支持与合作以及制造过程、货物运输系统等一系列的内容。准时采购不但可以减少库存,还可以加快库存周转,缩短提前期,提高购物的质量,获得满意交货。

二、准时采购的基本原则

准时采购的基本原则就是要做到五个恰当:恰当的数量、恰当的质量和时间、恰当的地点、恰当的价格、恰当的来源。

(一)恰当的数量

传统的采购模式中,采购的目的只为补充库存,往往导致库存积压。而在供应链管理的模式下,采用订单驱动采购,采购数量根据用户需求确定。实现采购的经济批量,既不积压又不会造成短缺。

(二)恰当的质量和时间

质量与交货期是采购一方要考虑的重要因素。传统的采购模式下,要有效控制质量和交货期只能通过事后把关的办法。因为采购一方很难参与供应商的生产组织过程和有关质量控制活动。相互的工作是不透明的,往往依据国际标准、国家标准等进行检验查收。而供应链管理模式在以下几个方面进行改进:

(1)和供应商建立一种长期的、互惠互利的合作关系,这种合作关系保证了供需双方能够有合作的诚意和参与双方共同解决问题的积极性。

(2)通过信息反馈和教育培训支持。

①及时把供应商的产品质量问题反馈给供应商,以便迅速解决问题。

②按照 ISO9000 和 ISO14000 的要求建立内外部信息交流渠道,双方及时进行各种信息交流。

③对个性化产品提供有关技术资料,使供应商能够按照要求提供合格的产品和服务。

④对供应商进行 ISO14000 体系标准的培训,使其生产符合国家环保的要求。

(3)参与供应商的产品质量控制过程。

①在选择供应商时,选择那些质量管理体系完善(已通过 ISO9000 质量体系认证)、设备先进、技术国内领先的企业作为合作伙伴。

②定期对供应商进行考察、评定,主要考察其质量、技术管理水平、产品合格率、设备技术状况等。

③制定各种严格的标准要求,促使供应商提高产品质量。

(三)恰当的地点

在选择产品交货地点时,应考虑各种因素,如价格、时间、产品种类等。

(四)恰当的价格

物资价格的确定是采购时的重要环节,为保证物资价格的恰当、合理,可以从以下几个方面来确定价格:

(1)采取大宗原料、辅料、包装材料集中招投标的方式确定价格;

(2)对于质量稳定、价格合理、长期合作的供应商优先考虑;

(3)通过信息交流和分析,考察供求关系,了解物资价格的变动趋势。

(五)恰当的来源

传统的采购模式中,供应与需求之间的关系是临时性的,没有更多的时间用来做长期性预测与计划工作,而供应链管理模式是供应与需求的关系从简单的买卖关系向双方建立战略性合作伙伴关系转变。力争实现供需双方间的互信合作与协调,实现双赢来规避供应商带来的风险。

三、准时采购的特点

准时采购和传统的采购方式有许多不同之处,其主要表现在如下几个方面:

第一,采用较少的供应商,甚至单源供应。传统的采购模式一般是多头采购,供应商的数目相对较多。从理论上讲,采用单供应源比多供应源好,一方面,管理供应商比较方便,也有利于降低采购成本;另一方面,有利于供需之间建立长期稳定的合作关系,质量上比较保证。但是,采用单一的供应源也有风险,比如供应商可能因意外原因中断交货,以及供应商缺乏竞争意识等。在实际工作中,许多企业也不是很愿意成为单一供应商的。原因很简单,一方面供应商是具有独立性较强的商业竞争者,不愿意把自己的成本数据披露给用户;另一个原因是供应商不愿意成为用户的一个产品库存点。实施准时化采购,需要减少库存,但库存成本原先是在用户一边,现在转移到了供应商,因此用户必须意识到供应商的这种忧虑。

第二,对供应商的选择标准不同。在传统的采购模式中,供应商是通过价格竞争而选择的,供应商与用户的关系是短期的合作关系,当发现供应商不合适时,可以通过市场竞标的方式重新选择供应商。但在准时采购模式中,由于供应商和用户是长期的合作关系,供应商的合作能力将影响企业的长期经济利益,因此对供应商的要求就比较高。在选择供应商时,需要对供应商进行综合的评估,在评价供应商时价格不是主要的因素,质量是最重要的标准,这种质量不单指产品的质量,还包括工作质量、交货质量、技术质量等多方面内容。高质量的供应商有利于建立长期的合作关系。

第三,对交货准时性的要求不同。准时采购的一个重要特点是要求交货准时,这是实施精细生产的前提条件。交货准时取决于供应商的生产与运输条件。作为供应商来说,要使交货准时,可从以下几个方面着手:一是不断改进企业的生产条件,提高生产的可靠性和稳定性,减少延迟交货或误点现象。作为准时化供应链管理的一部分,供应商同样应该采用准时化的生产管理模式,以提高生产过程的准时性。另一方面,为了提高交货准时性,运输问题不可忽视。在物流管理中,运输问题是一个很重要的问题,它决定准时交货的可能性。特别是全球的供应链系统,运输过程长,而且可能要先后经过不同的运输工具,需要中转运输等,因此要进行有效的运输计划与管理,使运输过程准确无误。

第四,对信息交流的需求不同。准时采购要求供应与需求双方信息高度共享,保证供应与需求信息的准确性和实时性。由于双方的战略合作关系,企业在生产计划、库存、质量等各方面的信息都可以及时进行交流,以便出现问题时能够及时处理。

第五,制定采购批量的策略不同。小批量采购是准时采购的一个基本特征。准时采购和传统的采购模式的一个重要不同之处在于,准时化生产需要减少生产批量,因此采购的物资也应采用小批量办法。当然,小批量采购自然增加运输次数和成本,对供应商来说,这是很为难的事情,特别是供应商在国外等远距离的情形下,实施准时采购的难度就更大。解决的办法可以通过混合运输、代理运输等方式,或尽量使供应商靠近用户等。

四、准时采购的实施步骤

要实施准时采购,以下三点是十分重要:首先,选择最佳的供应商,并对供应商进行有效的管理是准时采购成功的基石;其次,供应商与用户的紧密合作是准时采购成功的钥匙;最后,卓有成效的采购过程质量控制是准时采购成功的保证。如何有效地实施准时采购法呢?下面的几个方法可以作为参考。

第一,创建准时采购班组。首先应成立两个班组,一个是专门处理供应商事务的班组,该班组的任务是认定和评估供应商的信誉、能力,或与供应商谈判签订准时化订货合同,向供应商发放免检签证等,同时要负责供应商的培训与教育。另外一个班组是专门从事消除采购过程中浪费的班组。这些班组人员对准时采购的方法应有充分的了解和认识,必要时要进行培训,如果这些人员本身对准时采购的认识和了解都不彻底,就不可能指望供应商的合作了。

第二,制订计划,确保准时采购策略有计划、有步骤地实施。要制定采购策略,改进当前的采购方式,减少供应商的数量、正确评价供应商、向供应商发放签证。在这个过程中,要与供应商一起商定准时采购的目标和有关措施,保持经常性的信息沟通。

第三,精选少数供应商,建立伙伴关系。选择供应商应从这几个方面考虑:产品质量、供货情况、应变能力、地理位置、企业规模、财务状况、技术能力、价格、与其他供应商的可替代性等。

第四,进行试点工作。先从某种产品或某条生产线试点开始,进行零部件或原材料的准时化供应试点。在试点过程中,取得企业各个部门的支持是很重要的,特别是生产部门的支持。通过试点,总结经验,为正式实施准时采购打下基础。

第五,搞好供应商的培训,确定共同目标。准时采购是供需双方共同的业务活动,单靠采购部门的努力是不够的,需要供应商的配合。只有供应商也对准时采购的策略和运作方法有了认识和理解,才能获得供应商的支持和配合,因此需要对供应商进行教育培训。通过培训,大家取得一致的目标,相互之间就能够很好地协调,做好采购的准时化工作。

第六,向供应商颁发产品免检合格证书。准时采购和传统的采购方式的不同之处在于买方不需要对采购产品进行比较多的检验手续。要做到这一点,需要供应商做到提供百分之百的合格产品,当其做到这一要求时,即发给免检证书。

第七,实现配合准时化生产的交货方式。准时采购的最终目标是实现企业的生产准时化,为此,要实现从预测的交货方式向准时化适时交货方式转变。

第八,继续改进,扩大成果。准时采购是一个不断完善和改进的过程,需要在实施过程中不断总结经验教训,从降低运输成本、提高交货的准确性和产品的质量、降低供应商库存等各个方面进行改进,不断提高准时采购的运作绩效。

五、准时采购对供应链管理的意义

准时采购对于供应链管理思想的贯彻实施有重要的意义。供应链环境下的采购模式和传统的采购模式的不同之处,在于采用订单驱动的方式。订单驱动使供应与需求双方都围绕订单运作,也就实现了准时化、同步化运作。要实现同步化运作,采购方式就必须是并行的,当采购部门产生一个订单时,供应商即开始着手物品的准备工作。与此同时,采购部门编制详细采购计划,制造部门也进行生产的准备过程,当采购部门把详细的采购单提供给供应商时,供应商就能很快地将物资在较短的时间内交给用户。当用户需求发生改变时,制造订单又驱动采购订单发生改变,这样一种快速的改变过程,如果没有准时的采购方法,供应链企业很难适应这种多变的市场需求,因此,准时采购增加了供应链的柔性和敏捷性。综上所述,准时采购策略体现了供应链管理的协调性、同步性和集成性,供应链管理需要准时采购来保证供应链的整体同步化运作。

第四节 制造资源计划

一、制造资源计划的产生及含义

(一)制造资源计划产生的背景

自18世纪产业革命以来,手工业作坊迅速向工厂生产的方向发展,出现了制造业。随后,几乎所有的企业所追求的基本运营目标都是要以最少的资金投入而获得最大的利润。追求这一目标的结果使制造业产生了诸多的问题,为了解决这些问题,20世纪60年代人们在计算机上实现了"物料需求计划",它主要用于库存控制,可在数周内拟定零件需求的详细报告,可用来补充订货及调整原有的订货,以满足生产变化的需求;到了70年代,为了及时调整需求和计划,出现了具有反馈功能的闭环 MRP,把财务子系统和生产子系统结合为一体,采用"计划—执行—反馈"的管理逻辑,有效地对生产各项资源进行规划和控制;80年代末,人们又将生产活动中的主要环节销售、财务、成本、工程技术等与闭环 MRP 集成为一个系统,成为管理整个企业的一种综合性的制订计划的工具。美国的 Oliver Wight 把这种综合的管理技术称之为制造资源计划(MRPⅡ)。它可在周密的计划下有效地利用各种制造资源、控制资金占用,缩短生产周期,降低成本,实现企业整体优化,以最佳的产品和服务占领市场。采用 MRPⅡ之后,一般可在以下方面取得明显的效果:库存资金降低 15%～40%;资金周转次数提高 50%～200%;库存盘点误差率降低到 1%～2%;短缺件减少 60%～80%;劳动生产率提高 5%～15%;加班工作量减少 10%～30%;按期交货率达 90%～98%;成本下降 7%～12%;采购费用降低 5%左右;利润增加 5%～10%等。此外,可使管理人员从复杂的事务中解脱出来,真正把精力放在提高管理水平上,去解决管理中的实质性问题。

(二)制造资源计划的含义

制造资源计划简称为 MRPⅡ,它是 manufacturing resource planning 的英文缩写,是在物料需求计划上发展出的一种规划方法和辅助软件。它是以物料需求计划 MRP 为核心,覆盖企业生产活动所有领域、有效利用资源的生产管理思想和方法的人—机应用系统。

采购是企业生产中一项非常重要的后勤管理活动。采购不仅为企业生产供应所需的材料,满足生产需求,而且还是企业降低成本、提高企业经济效益的重要途径。采购的基本要求是适时、适量采购到生产经营所需要的物料,同时在保证供应的情况下,应尽可能地减少库存,降低成本。国内外成功经验表明,MRPⅡ能够在这方面大显身手,为企业采购管理提供重要的技术支持。MRPⅡ的核心是物料需求计划 MRP。运行 MRP 的结果,一方面生成计划的加工订单,另一方面生成建议的采购单。在运用 MRP 进行生产规划的制造企业中,企业的采购活动均始于 MRP 输出的请购建议表,采购的内容、时间和数量主要由 MRP 的输出结果来确定。MRP 系统根据所有材料的计划订单发出(POR)生产建议表,经申请部门人员确认或修正这些需求后,以请购单的形式传给采购部门,采购部门选择出合适的供应商后向供应商发出订购单。

二、提高制造资源计划系统应用效率的途径

计划性、精确性是 MRP 的两个重要特点。但是,企业制造环境实际上经常处于变动之中,实际的需求量、提前期、废品率都很难保持一个稳定的状态,这样按输入的计划计算得出的结果与实际情况就会存在较大的出入。如果以此输出的结果来指导生产,实际应用效率就很低。因此,为提高 MRP 的应用效率应从计划的精确性方面入手,着眼于提高基础数据的准确性,对基础数据进行经常性的维护。改进 MPRⅡ应用效率的主要途径如下:

(一)搞好需求预测,力求保持 MPS 稳定,确保输入的 MPS 数据的正确性

需求预测的数据是 MPS 的来源,它的准确性直接关系到 MPS 的数量及需求时段。由于

MRP 逐层展开的特性以及各种批量法则的应用,MPS 的微小变动就可能会引起最终物料需求的较大变动。如果需求预测不准确,频繁地变更 MPS 将会引起生产控制和采购工作的混乱,使 MRP 实际上失去计划的指导作用。因此,比较准确地预测到可能的需求,对于保持 MPS 的相对稳定性,提高 MRP 应用效率具有重要的意义。

(二)正确理解和运用相关参数,确保数据的准确性

一般设置安全库存的目的主要是为了缓冲需求,弥补预测需求可能产生的错误。但在 MRP 中,相关需求及需求时间是经过计算得出的精确数字,因此没有必要设置安全库存。一般是适当选择采购批量法则,不同的批量法则下,订购的时间和数量存在很大差异,从而也就会有不同的成本和效益。可以根据物料的用量大小、物料性质、成本大小以及管理要求来选择合适的订购批量法则。二是正确运用提前期和安全时间,提前期和安全时间都影响企业采购订单的发出时间,企业往往将两者混淆,不能正确区分和运用。

(三)定期检查库存,经常性更新系统库存,确保库存信息的准确性

MRP 使用计划的单位定额消耗量及预计的废品率、产出率来计算库存物料消耗,以此计算物料的库存量进而计算加工或采购数量及时间。但实际生产过程中发生的废品率、产出率都可能会与预设的数字相差很大,如果长时间不更新这些设置量,势必造成账面库存与实际记录的巨大差异,从而导致计算出的定购批量不符合实际需求。因此,对重点库存进行经常的周期性盘点,保持库存记录的真实准确,对于采购来说具有重要的意义。

(四)加强供应管理,建立并发展与供应商的合作伙伴关系

对于提供战略性材料的供应商必须与之建立相互信任的伙伴合作关系,以确保企业在出现突发性需求时,能及时得到供应,从而提高企业对外部不确定性的适应能力。

(五)定期运行再生法 MRP

当采用净变法运行 MRP 时,MRP 会继承以前阶段的结果,这样,以前产生的错误可能会逐次积累下来,使问题越积越多,错误越来越多。因此,当错误累积到可容忍范围时,需执行一次再生法 MRP,以消除可能存在的错误。

三、MRPⅡ的发展方向

20 世纪 90 年代后,世界经济格局发生了重大的变化,制造业企业所面临的共同问题是更加激烈的市场竞争,在竞争中技术因素变得越来越重要,如果企业丧失了技术优势,就必定会丧失其竞争优势,因此,谋求技术优势是现代制造业生存的需要。

一方面,制造业企业发现仅靠自己企业的资源不可能有效地参与市场竞争,而必须把制造过程的有关各方如供应商、客户、制造工厂、分销网络等纳入一个紧密的供应链中,才能有效地安排企业的产、供、销;另一方面,在一些企业中是"多品种小批量生产"和"大批量生产"两种情况并存,需要不同的方法来制订计划。因此,许多制造业已感觉到现有的企业经营管理模式需要进一步改革,传统的 MRPⅡ无法满足企业去利用一切市场资源快速高效地进行生产经营,需要新一代的 MRPⅡ来满足他们的需求。MRPⅡ的发展方向大致有如下几种:

(一)MRPⅢ

MRPⅢ是由 MRPⅡ与 JIT 的混合加上专家系统(ES)、并行工程(CE)和承担该系统运行

的管理人员融为一体而成。

在该系统中,各部分在不同的生产阶段发挥各自的特长:MRPⅡ用来执行长期计划编制;JIT用来控制短期计划的实施,可支持混合方式的制造环境,可兼顾"多品种小批量生产"和"大批量生产"两种生产类型,提高企业的应变能力和市场竞争水平;在拥有大量专家知识和经验的程序系统控制下,辅助决策一些有规可循的问题;而对随机可能发生的意外情况和战略性问题,通过人—机交互干预系统工作。采用先进的并行工程技术,是为了使工程设计、工艺设计、工程管理、生产制造等各个阶段都能按照工程组织的内部有机联系,恰当地相互配合,以求最大限度地压缩各阶段的提前期,从而使各方面的工作同时并进,大大缩短产品生产周期,提高生产率、产品质量和服务水平,增强企业竞争优势。

(二)分布式 DMRPⅡ

分布式 DMRPⅡ是一种自下而上的生产管理方式。传统的 MRPⅡ是一种自上而下的过程,其重大的缺陷之一是提前期静态。分布式 DMRPⅡ将企业划分为拥有高度自主权的单元,各单元和数据库建立各自的 MRPⅡ系统,并有一个 MRPⅡ负责把订单分派给各个单元,每个单元可以动态地根据其现有能力和负荷进行安排,而系统整体的提前期则由各生产单元的负荷情况动态地确定,因此均衡分担了负荷,增强了灵活性,有效地解决了传统 MRPⅡ中提前期静态和对能力变化的不敏感性。

(三)精益生产 LP

精益生产 LP(lean production),是在 MRPⅡ基础上融入先进的制造技术,如 JIT、TQM(全面质量管理)和按客户要求制造等,是美国麻省理工学院在研究和归纳总结日本汽车制造业丰田的先进的生产方式后提出的一种企业生产组织与管理模式。其特点是除去企业各环节中一切无用的东西,即每一员工及其岗位的安排原则就是必须增值,否则一律撤除。

(四)ERP

ERP(enterprise resource planning),企业资源计划,它是在 MRPⅡ的基础上扩展了管理范围,给出了新的结构,把客户需求和企业内部的制造活动以及供应商的制造资源整合在一起,体现了完全按用户需求制造的思想。

ERP 的基本思想是将制造企业的制造流程看做是一个紧密连接的供应链,其中包括供应商、制造工厂、分销网络和客户;将企业内部划分成几个相互协同作业的支持集团,如财务、市场、销售、质量、工程等,还包括竞争对手的监视管理。在 ERP 中,许多经典的 MRPⅡ功能子系统变得更加灵活,例如,作业流程将和能力计划集成起来,以便使 MRPⅡ增加实时特征,减少作业批量和转换时间;物料单/配方管理系统将按成组技术的思想组合,当缺料时可以简便地进行制造。

ERP 强调企业的事前控制能力,它为企业提供了对质量、适应变化、客户满意、效绩等关键问题的实时分析能力。它还为计划员提供多种模拟功能和财务决策支持系统,使之能对每天将要发生的情况进行分析,而不像 MRPⅡ那样只能作月度分析。这样,财务的计划系统将不断地接收来自于制造过程、分析系统和交叉功能子系统的信息,可正确快速地作出决策;生产管理则在管理事务级集成处理的基础上给管理者更强的事中控制能力,如通过计划的及时滚动,保证计划的顺利执行、通过财务系统来监控生产制造过程等。

ERP 在计算机技术上的要求主要是软件方面,它要求具有图形用户界面(GUI)、关系数

据库结构、客户机/服务器体系、面向对象技术、开放和可移植性、第四代语言(4GL)和 CASE
工具等,这对传统的 MRPⅡ系统的改进是一种革命性的。因此,人们把 MRP 到 MRPⅡ称为
是功能和技术上的发展,而把 MRPⅡ到 ERP 称为是一场革命。

(五)GTMRPⅡ一体化

GTMRPⅡ一体化(GT 为 group technology,成组技术),它主要针对解决提高多品种小批
量生产中的生产率问题。其基本思想是用 GT 解决 MRPⅡ未考虑作业如何分配、未考虑按零
件或按工序分组进行生产的弱点。同时,用 MRPⅡ弥补了 GT 无法直接满足生产上一些实
际、重要的问题,达到取长补短。它是一个适用于多品种小批量生产的有效的生产计划和控制
系统。

(六)CIMS

CIMS(computer integrated manufacturing system),计算机集成制造系统,是 1973 年美
国 J.哈林顿博士首次提出的,它是未来制造业企业的生产管理模式。

它是在自动化技术、信息技术及制造技术等的基础上,通过计算机及其软件,将制造工厂
全部生产活动所需的各种分散的计算机软硬件有机地集成起来,是用于多品种、中小批量生产
的高效益、高柔性的人—机制造系统。它不单纯是 MRPⅡ的技术发展,而可以看做是其外延
功能的一种扩展和集成。

它是一种以 MRPⅡ为中心,利用现代计算机技术将企业的各个自动化"孤岛",如经营管
理、计划、产品设计、加工制造、质量管理、销售及服务等环节和人力、财力、设备等生产要素集
中起来,使之一方面能够发挥自动化的高效率、高质量;另一方面又具有充分的灵活性,以利于
经营、管理和工程技术人员发挥智能,根据不断变化的市场需求及企业经营环境,灵活及时地
调整企业的产品结构及各种生产要素的配置方法,实现全局优化,从而提高企业的整体素质和
竞争能力。其优越性表现在:首先,在工程设计和制造方面,便于开发和制造技术含量高和结
构复杂的产品,过去企业开发新产品需要长时间设计,而且还要对设备进行重新调试,产品开
发周期被迫延长。而使用 CIMS 不仅使新产品开发周期缩短,而且大大降低生产成本;其次,
在经营管理上,使企业的经营决策和生产管理科学化,资金周转率可大大提高。据美国科学院
对该国在 CIMS 技术方面处于领先地位的 5 个公司的调查,发现采用 CIMS 技术可使产品质
量提高 200%~500%,生产周期缩短 30%~60%,工程设计费用减少 15%~30%,人力费用
减少 5%~20%。因此,它的如此众多的优越性得到了人们越来越重视,人们预言它将是 21
世纪占主导地位的新型生产方式。

第五节　供应链采购外包

一、供应链采购外包的含义及特点

(一)供应链采购外包的含义

采购外包就是企业在关注自身核心竞争力的同时,将全部或部分的采购业务活动外包给
供应商,采购人员可以通过自身分析和理解供应市场相关的知识,来辅助管理人员进行决策。

(二)供应链采购外包的特点

供应链采购外包具有以下特点:

(1)具有并行的作业分布模式;

(2)在组织结构上,实行采购外包的企业,由于采购业务的精简而具有更大的应变性;

(3)以信息技术为依托实现外部资源的整合;

(4)采购外包可以使企业专注于核心竞争力的发展。

二、供应链采购外包的优势

(一)加速采购业务重构

企业业务流程重构需要花费很多的时间,获得效益也要花很长的时间,而外包是企业业务流程重构的重要策略,可以帮助企业快速解决采购业务方面的重构问题。对实行采购外包的企业来讲,不仅做到现有企业核心采购能力和外包供应商核心能力的整合,更重要的还要做到如何巩固和提升自己的核心采购能力。企业如果忽视了本身核心采购能力的培育,那么实施外包采购只是培养潜在的竞争对手,而自己则失去未来的发展机会。

(二)利用企业的外部资源

如果企业没有有效完成采购业务所需的资源,企业可将采购业务外包。企业采购外包时必须进行采购成本、利润分析,确认在长期情况下这种外包是否对企业有利,由此决定是否应该采取采购外包策略。企业在集中资源于自身核心采购业务的同时,通过利用其他企业的资源来弥补自身的不足,从而变得更具竞争优势,增强自身的核心竞争力。

(三)分担采购风险

企业可以通过外向资源配置分散由经济、市场和财务等因素产生的风险。企业本身的采购资源、能力是有限的,通过资源外向配置,与外部的外包供应商共同分担风险,企业可以变得更有柔性,更能适应变化的外部环境。

(四)降低成本

据有关研究表明,那些将特定的采购流程或采购项目外包的企业,其物料获得成本平均降幅达 10%～25%,有时特定采购项目的采购成本降幅可达 30%。

可以减少企业投资,降低固定资产在资本结构中的比例,有利于优化企业的资本结构。

三、供应链采购外包决策过程及实施

当今竞争环境下,没有哪一种采购策略适用于一个企业所有的产品和服务。要合理界定采购外包策略的适用范围,可以采用供应细分法对企业供应的各种产品和服务进行分类分析。在企业的采购和供应管理中,供应成本和供应风险是采购人员关注的核心问题。供应成本显示了各项产品或服务的重要性,一般以企业每年对它的支出总额来衡量。对于供应风险,一般可以根据技术因素、供应资源的可获得性、技术要求、环境因素等多方面综合确定风险程度。从供应成本和供应风险两个角度,可以将企业供应产品和服务分为四种类型,即策略型(低成本低风险)、杠杆型(高成本低风险)、关键型(低成本高风险)和战略型(高成本高风险)。企业采购的绝大部分产品和服务都属于策略型。由于成本和风险都比较低,在这一类型中单个产品或服务的采购价格并不太重要,即使采购成本降低了很大幅度,但对总支出而言,也只是相对较小的节约。相形之下,由于其采购品种繁多、采购流程复杂,必然导致大量的交易成本。因此,该类型供应管理的目标应该是通过大力提高采购过程的效率来大幅度降低交易成本。交易成本可以用采购者在整个订货过程中所花费的时间来衡量,只有尽量简化或消除其采购流程,降低采购过程的边际成本,才能使企业的总成本最低。这时,策略型采购外包是企业的一个较好选择。

(一)供应链采购外包决策过程

在决定供应链采购外包过程中,降低成本具有重要的意义。同时借外包可以得到一些额外的重要价值,是企业寻求外包的出发点,供应商也可以从外包合作中获利。在外包决策过程中不要问外包供应商是否能够协助企业省下来采购经费,而要从外包成本、服务等方面,寻求一个最佳的平衡点。供应链企业要成功地实施采购外包,通常需要三个阶段。

第一阶段,企业的内部分析和评估。企业高层管理者在该阶段主要是确定采购外包的需求并制定实施的策略。要从外包中获益,企业最高决策层必须采取主动的态度,因为只有最高层决策才具有外包成功所必需的视野和推动变革的力量。在确定了要外包的业务后,还需要收集大量的材料和数据以确定在外包的业务中可以获得的最快或最佳的投资回报。

第二阶段,评估自己的需求,选择服务提供商。企业领导层将听取来自内外专家的意见。这支专家队伍至少要覆盖法律、人力资源、财务和要外包的采购业务等领域。在综合各方面意见后,要写一份详细的书面材料,其中包括服务水平、需要解决的问题以及详尽的需求等。一份写得好的建议书将对以后与服务商联系,以及外包业务的获利和控制起着非常重要的作用。

以上准备就绪后,就可以按照自己的需求去寻找合适的供应商了。需要注意的是供应商是否真正理解企业的采购要求,以及它能否有足够的能力解决企业的问题。此外,其财务状况也是要考虑的重要问题。如果一切顺利,就可以进行签约的准备了。外包的合同不同其他,签约双方都要显示出"双赢"意向,并保持经常性的联系。可以说签约阶段是采购外包最重要的一环,因为企业与外包商之间关系出现不愉快,往往在于合同不够明确。

第三阶段,采购外包的实施和管理。作为客户,在这一阶段要保持对外包业务性能的随时监测和评估,并及时与供应商交换意见。在采购外包实施的初期,还要注意帮助企业内部员工适应新的工作方法。

(二)采购外包的具体业务范围

在下列情况下,企业可考虑供应链采购业务外包出去。

(1)采购是属于周边的而不是核心业务的场合,具体体现:一次性采购订单和有重复需求的采购订单;需在当地和国内采购的物资;低价值或高订购频率的采购;对知名品牌有要求的采购;内部已批准的协议突然取消;已建立了以产品或服务为基础的合同;要获取进行大批量生产制造所需物资;对私营企业、公用事业需求的产品进行仓储并建立具体档案;计算机化处理的采购或以软件为基础的制造业的采购;采购需求附有相应的行政手续和文件;要提供具有各种技能水平的仓储人员;进行多种型号和多个部门的货源组织等。

(2)供应储备很精益,但它建立在可靠的合作基础上,而且没有供应的限制。

(3)一个较小的供应商几乎能提供非战略性、非关键性、低成本、低风险的产品的场合。

四、我国采购外包的发展现状

在激烈的市场竞争环境中,企业会感到巨大的控制成本和追求效益最大化的压力。因为企业收入的一半要花在外购物料和服务上,所以,毫无疑问,采购优化是实现这些目标的主要杠杆之一。

众所周知,采购成本的下降和物流成本的下降一样,对企业净利润的贡献是1∶1的对应关系,因此,由采购流程来控制的供应管理关系,作为企业物流管理或供应链管理的重要环节,在某种程度就决定了企业总成本结构和对客户需求变化的响应能力。据对许多企业的研究发现,在供应商选择、执行采购和供应管理过程中,甚至世界上最大的公司在有效管理各种物料和服务的采购方面也缺乏必要的技能、专业知识和相关基础设施条件。

(一)企业采购战略的缺陷

(1)近70%的企业仍然由部门或供应商选择决策。

(2)近1/3的采购是无合同的所谓"自行其事"的采购。

(3)大多数的企业对最具有战略意义的或者高价值类产品的采购支出细节了解很少。

(4)很少企业有标准化的供应商选择决策程序和采购流程。

(5)对大多数企业来说,并不清楚采购总成本的结构。

(6)在应用自动化和分析控制技术方面,采购活动仍然落后于企业的其他职能部门。

因此,在我国许多企业,采购变成了一项运行效能低下的资产,企业重视程度还远远不够。由于采购流程的缺陷和不良的采购支出,企业每年要白白损失许多利益。

成功的采购外包策略可以帮助企业降低采购成本、提高采购业务能力、改善采购质量和提高采购利润率。

(二)我国实施时会遇到一些问题

(1)脱胎于计划经济的我国工业企业,在相当长一段期间内,企业机制和管理思想都滞后于市场经济发展的需求,缺乏主动出击市场的动力和积极性。实际调查结果表明,"小而全""大而全"经营组织普遍存在,企业外部资源利用低,"自力更生"的传统经营理念、"肥水不流外人田"的竞争观念使许多企业拒绝合作。对自身利益的考虑和对别人的不信任,使得企业往往是自己做得不好,自己做的费用比别人多的多也要自己做,采购外包为数不多。

(2)随着更多采购业务的外包,企业采购人员会担心失去工作。如果他们知道自己的工作被外包只是时间问题的话,就可能使他们失去对企业的信心,失去努力工作的动力,导致职工的职业道德和业绩水平下降。

(3)基于采购外包是供应链企业采购合作方式与委托代理实现的未来发展方向,供应链企业必须充分利用先进的信息通信手段,但是我国许多企业与企业之间信息传递工具落后。

(4)在采购外包活动过程中,缺乏科学的合作对策,法律体系不健全,信用体系不完善。

采购外包对企业采购管理提出了新的挑战,企业需要转变传统的自理管理模式,提高柔性和市场响应能力。增加和外包供应商的信息联系和相互之间的合作,建立新的合作模式。

由于上述原因,近几年我国一些企业开始把次优的采购活动和不能很好控制的采购项目交给高度专业化的PSP。在过去的几年中,企业一直在将精力集中在主业上,同时把其余的业务都外包出去。最经常外包的商务活动包括旅行服务、员工福利、工资发放和其他一些财务活动。然而,企业现在愈来愈多的外包曾经被认为是其核心竞争力的供应链管理过程,如存货管理、物流服务、产品制造,甚至是产品设计和客户服务。采购外包已经成为商务流程外包(BPO)的必然延伸。近年来,随着基于网络的采购技术(电子采购,网上征招供应商,反向拍卖,网上交易所)和价值分析工具的发展,为监测和管理采购及采购外包提供了必要的可见性和有效的控制手段。

五、我国企业采购外包的对策研究

采购业务外包作为新经济时代的企业经营管理的一种新模式,能给企业和社会经济的发展带来较大的效用,但采购业务外包战略也是一把双刃剑。它在带来福音的同时,也可能蕴藏着风险。所以企业在实施采购业务外包模式时,必须权衡考虑,尽可能地发挥其有利之处,防范规避其不利之处。

(一)改进企业管理模式

我国企业无法很好地实施采购外包由于历史原因,我国传统国有企业通常都是"大而全"的小社会,尤其是企业资产规模和生产能力规模往往决定一个企业领导的行政级别的高低与在职消费的大小,这也导致我国大多数企业贪多求大,盲目扩张,对于能否形成核心竞争业务,并能产生持续的竞争优势则漠不关心。企业习惯于将价值链上的所有部分从研发、设计、供应、生产、营销、销售到售后服务,都是肥水不流外人田,自己做,从而造成我国企业产品技术含量低、层次重复,跟不上市场需求的变化。显然,"纵向一体化"的企业管理模式已经不适应市场快速变化的要求。

(二)识别、培育与提升企业的核心竞争力

每个成功企业都有它的核心竞争力,实施外包的企业首先应该善于识别其核心竞争力是什么。核心竞争力是知识而不是产品,所以企业首先应该考察企业内部最具优势的知识是什么。其次,应把企业的目标定位在价值链的最好的且最具有竞争力的两三个环节上。再次,企业的核心竞争力需要在企业最有价值即企业可以赢得最大利润的领域里进行选择。最后,核心竞争力的确定不仅要顾及企业今天的经济活动,而且还应看到企业未来的经济活动,即运用科学发展的观点来确定企业的核心竞争力。不仅如此,企业更重要的还在于不断培育与提升企业的核心竞争力。唯有如此,企业才不至于在实施采购外包的过程中逐渐失去其主包地位,失去其未来的发展机会。

(三)积极建立学习型组织

随着知识经济的到来,学习型组织成为企业开展创新活动和提高竞争力的必要条件。

当企业单元都成为学习型组织时,外包整体就能够更加有效地达到战略协调、知识共享、能力互补和信息技术兼容等经营管理的目标。企业才能把学习者与工作系统地、持续地结合起来,支持组织在个人、工作团队以及整个织织系统这三个不同层次上的平衡发展。构造学习型组织对企业实施业务外包也有举足轻重的作用。

(四)注重流程管理

采购外包的重点并不在外包业务本身,而在于对其进行的管理。要处理好内部流程和外部流程的有效结合问题,要把外包企业的核心能力和承包企业的核心能力有效整合起来。企

业首先要对采购外包的重要性进行评价。并对其风险进行评估,作出是否进行采购外包的决策。采购外包的执行过程以各种降低成本的活动开始,此时管理人员必须决定什么样的成本工具最适合这些活动。对此,他们应考虑企业进行外包的项目是一个还是多个。接下来就要考虑选择供应商,一般包括报价分析和谈判两个过程。合同签署完毕后,紧接着是供应商管理工作,要利用恰当的评价标准对供应商的表现进行分析。最后,当合同接近期满时,管理人员要决定是否续签合同,是否更换供应商。

项目小结

1. 供应链采购是指供应链内部企业之间的采购。供应链内部的需求企业向供应商企业采购订货,供应商企业将货物供应给需求企业。

2. 供应链采购的基本流程与传统采购流程相似,包括建立采购管理组织、需求分析、资源市场分析、制订采购计划、实施采购计划、采购评价、采购监控和采购文件归档八个环节。

3. 准时采购即符合准时制标准的采购,是供应链机制下的一种先进的采购模式,是 JIT 生产系统中的一个重要部分。它的基本思想是:在恰当的时间、恰当的地点,以恰当的数量、恰当的质量提供恰当的物品。

4. 制造资源计划是在物料需求计划上发展出的一种规划方法和辅助软件。它是以物料需求计划 MRP 为核心,覆盖企业生产活动所有领域,有效利用资源的生产管理思想和方法的人—机应用系统。

5. 提高制造资源计划系统应用效率有以下途径:搞好需求预测,力求保持 MPS 稳定,确保输入的 MPS 数据的正确性;正确理解和运用相关参数,确保数据的准确性;定期检查库存,经常性更新系统库存,确保库存信息的准确性;加强供应管理,建立并发展与供应商的合作伙伴关系;定期运行再生法 MRP。

6. 供应链企业要成功地实施采购外包,通常需要三个阶段:企业的内部分析和评估;评估自己的需求,选择服务提供商;采购外包的实施和管理。

思考题

1. 如何界定采购的定义?举例描述采购的过程。
2. 准时采购的意义和特点是什么?准时采购应该遵循什么原则?
3. 调查、分析我国准时采购的现状,并与国外情况进行比较。

案例分析

三个公司"采购案例"的对比分析

从 20 世纪 80 年代开始,为了顺应国际贸易高速发展的趋势,以及满足客户对服务水平提出的更高要求,企业开始将采购环节视为供应链管理的一个重要组成部分,通过对供应链的管理,同时对采购手段进行优化。在当前全球经济一体化的大环境下,采购管理作为企业提高经济效益和市场竞争能力的重要手段之一,它在企业管理中的战略性地位日益受到国内企业的关注。

一、胜利油田

在采购体系改革方面,许多国有企业和胜利油由境遇相似,虽然集团购买、市场招标的意识慢慢培养起来,但企业内部组织结构却给革新的实施带来了极大的阻碍。

胜利油田每年的物资采购总量约 85 亿人民币,涉及钢材、木材、水泥、机电设备、仪器仪表等 56 个大类,12 万项物资。行业特性的客观条件给企业采购的管理造成了一定的难度,然而最让中国石化胜利油田有限公司副总经理裘国泰头痛的却是其他问题。

胜利油田目前有 9000 多人在作物资供应管理,庞大的体系给采购管理造成了许多困难。胜利每年采购资金的 85 个亿中,有 45 个亿的产品由与胜利油田有各种隶属和姻亲关系的工厂生产,很难将其产品的质量和市场同类产品比较,而且价格一般要比市场价高。例如供电器这一产品,价格比市场价贵 20%,但由于这是一家由胜利油田长期养活的残疾人福利工厂,只能是本着人道主义精神接受他们的供货,强烈的社会责任感让企业背上了沉重的包袱。同样,胜利油田使用的大多数涂料也由下属工厂生产,一般只能使用 3 年左右,而市面上一般的同类型涂料可以用 10 年。还有上级单位指定的产品,只要符合油田使用标准、价格差不多,就必须购买指定产品。

在这样的压力下,胜利油田目前能做到的就是逐步过渡,拿出一部分采购商品来实行市场招标,一步到位是不可能的。

胜利油田的现象说明,封闭的体制是中国国有企业更新采购理念的严重阻碍。中国的大多数企业,尤其是国有企业采购管理薄弱,计划经济、短缺经济下粗放的采购管理模式依然具有强大的惯性。采购环节漏洞带来的阻力难以消除。

统计数据显示,在目前中国工业企业的产品销售成本中,采购成本占到 60% 左右,可见,采购环节管理水平的高低对企业的成本和效益影响非常大。一些企业采购行为在表面上认可和接纳了物流的形式,但在封闭的市场竞争中,在操作中没有质的改变。一些采购只是利用了物流的技术与形式,但经常是为库存而采购,而大量库存实质上是企业或部门之间没有实现无缝连接的结果,库存积压的又是企业最宝贵的流动资金。这一系列的连锁反应正是造成许多企业资金紧张、效益低下的局面没有本质改观的主要原因。

二、海尔

与大型国有企业相比,一些已经克服了体制问题,全面融入国际市场竞争的企业,较容易接受全新的采购理念,这类型的企业中,海尔走在最前沿。

海尔采取的采购策略是利用全球化网络,集中购买。以规模优势降低采购成本,同时精简供应商队伍。据统计,海尔的全球供应商数量由原先的 2336 家降至 840 家,其中国际化供应商的比例达到了 71%,目前世界前 500 强中有 44 家是海尔的供应商。

对于供应商关系的管理方面,海尔采用的是 SBD 模式:共同发展供应业务。海尔有很多产品的设计方案直接交给厂商来做,很多零部件是由供应商提供今后两个月市场的产品预测并将待开发的产品形成图纸,这样一来,供应商就真正成为了海尔的设计部和工厂,加快了开发速度。许多供应商的厂房和海尔的仓库之间甚至不需要汽车运输,工厂的叉车可以直接开到海尔的仓库,大大节约了运输成本。海尔本身则侧重于核心的买卖和结算业务。这与传统的企业与供应商关系的不同在于,它从供需双方简单的买卖关系,成功转型为战略合作伙伴关系,是一种共同发展的双赢策略。

1999 年海尔的采购成本为 5 个亿,由于业务的发展,到 2000 年,采购成本为 7 个亿,但通过对供应链管理优化整合,2002 年海尔的采购成本预计将控制在 4 个亿左右。可见,利益的获得是一切企业行为的原动力,成本降低、与供应商双赢关系的稳定发展带来的经济效益,促使众多企业以积极的态度引进和探索先进、合理的采购管理方式。

与胜利油田相似,由于企业内部尤其是大集团企业内部采购权的集中,使海尔在进行采购环节的革新时,也遇到了涉及"人"的观念转变和既得利益调整的问题。然而与胜利油田不同的是,海尔在管理中已经建立起适应现代采购和物流需求的扁平化模式,在市场竞争的自我施压过程中,海尔已经有足够的能力去解决有关人的两个基本问题:一是企业首席执行官对现代采购观念的接受和推行力度,二是示范模式的层层贯彻与执行,彻底清除了采购过程中的"暗箱"。

三、通用

与从计划模式艰难蜕变出来的大型国有企业相比,通用的采购体系可以说是含着银匙出世,它没有必要经历体制、机构改革后的阵痛,全球集团采购策略和市场竞标体系自公司诞生之日起,就自然而然地融入了世界上最大的汽车集团——通用汽车的全球采购联盟系统中。相对于尚在理论层次彷徨的众多国有企业和民营企业而言,通用的采购已经完全上升到企业经营策略的高度,并与企业的供应链管理密切结合在一起。

据统计,通用在美国的采购量每年为 580 亿美元,全球采购金额总共达到 1400 亿~1500 亿美元。1993 年,通用汽车提出了全球化采购的思想,并逐步将各分部的采购权集中到总部统一管理。目前,通用下设四个地区的采购部门:北美采购委员会、亚太采购委员会、非洲采购委员会、欧洲采购委员会,四个区域的采购部门定时召开电视会议,把采购信息放到全球化的平台上来共享,在采购行为中充分利用联合采购组织的优势,协同杀价,并及时通报各地供应商的情况,把某些供应商的不良行为在全球采购系统中备案。

在资源得到合理配置的基础上,通用开发了一整套供应商关系管理程序,对供应商进行评估。对好的供应商,采取持续发展的合作策略,并针对采购中出现的技术问题与供应商一起协商,寻找解决问题的最佳方案;而在评估中表现糟糕的供应商,则请其离开通用的业务体系。同时,通过对全球物流路线的整合,通用将各个公司原来自行拟定的繁杂的海运线路集成为简单的洲际物流线路。采购和海运路线经过整合后,不仅使总体采购成本大大降低,而且使各个公司与供应商的谈判能力也得到了质的提升。

面对三种在中国市场并存的"采购现象",直接反映出在不同的市场机制和管理模式下,企业变革需要面对的一些现实问题。但从另一个角度看,我们就会发现采购在整个企业物流管理中的重要地位已经被绝大多数的企业所认可。更多的生产企业专注于自己的核心业务,把采购物流业务外包,建立在合作基础上的现代供应链管理,无疑是对传统的采购管理模式的一次革命性的挑战。

从不同"采购现象"背后,我们可以看到"采购理念"在中国发展遇到的现实问题,不仅在于企业对先进思维方式的消化能力,更重要的是在不同的体制和文化背景下的执行是否通畅。而在落实理念的过程中,必须革新中国的企业文化,要求高层决策人员和中层的管理人员应当具备解决系统设计问题的能力,底层的运作人员应能解决系统操作的问题,同时必须有发现问题的能力和正确理解问题的能力。从这个角度上讲,是否"以人为本"已经成为采购进入中国市场所必须解决的重大课题。

讨论题:

1. 为什么说采购在企业中具有重要的地位和作用?

2. 目前采购工作中普遍存在的问题有那些?

实训项目

1. 实训目的

(1) 了解并模拟采购业务过程,进行采购业务的组织、实施与控制。

(2) 对采购管理数据流程和系统组成进行深入了解和体验。

2. 实训内容

(1) 打开 ERP 教学系统,单击要登录的采购管理模块进行登录。

(2) 对采购管理系统各组成部分有大体了解,包括基础设置、期初设置、采购计划、采购询价、采购订单、采购收料、采购发票、账簿分析、统计分析、月末处理、工具等。

(3) 根据采购系统总业务流程图,完成采购计划生效、采购订单处理、采购收料、采购发票录入、采购询价等整个采购流程。

3. 实训要求

通过实验,切身体会 ERP 中采购系统的基础数据管理、采购计划管理、采购订单处理以及采购收货管理等操作流程。

项目五
供应链管理环境下的生产计划和控制

学习目的与要求

1. 了解传统企业生产计划控制与供应链管理思想的差距。
2. 掌握供应链管理环境下生产计划与控制的特点。
3. 理解延迟制造、精益制造、敏捷制造的基本思想。

导入案例

联邦默高公司的两套生产系统

联邦默高公司是位于宾夕法尼亚州兰切斯特市的一家汽车零件制造厂。在 20 世纪 80 年代中期,公司受到了来自低成本的日本竞争对手的威胁,管理者们因此决定降低运营成本。在大致参观了几家日本工厂后,联邦默高公司的管理者们猜想,他们的日本竞争对手成本优势的来源是尖端计算机、机器人和其他自动化设备的使用。因此,在 1987 年,公司用现代自动设备重新组织了它的汽车零件制造厂,包括使用机器人、在生产线上传送半成品零件的高架传送带和自动向导运输车(由地下电缆引导的小车,用来在车间之间搬运零件),几台复杂的生产线计算机控制着这套自动化系统。

这次重组的结果却并非联邦默高公司的管理者所希望的那样。自动化工厂生产零件比以前要快,但是管理者发现工厂不能很快地从生产一种零件转换为生产另一种零件。例如,从生产小的离合器轴承转换为生产大的轴承就需要许多费时的调整,包括重校零件的"进料系统"直到重新排列生产过程中承载零件的机器。在这个工厂不运转就会造成损失的行业里,缺乏灵活性使得联邦默高公司难以用合理的成本生产多种零件。相反,为了弥补生产一种产品时设置设备所发生的固定成本,管理者发现即使客户只需要 250 个,他们也必须每批生产 5000~10000 个零件。多余的零件要储存在仓库里直到客户需要它们时为止,仓储的成本相当高。更糟糕的是,汽车公司增加了它们所生产的汽车的型号,因而要求联邦默高公司这样的供应商提供多品种、小批量的零件。

联邦默高公司的管理者发现工厂对客户的需求不能快速有效地作出反应,缺乏必需的灵活性。这样,联邦默高公司非但没有战胜日本竞争对手,反而更加落后了。面对不断恶化的条件,联邦默高公司于 1993 年再次重组了它位于兰切斯特的汽车零件工厂。这一次,生产灵活性是公司管理者头脑中的终极目标。机器人、多数生产线计算机、高架传送带、自动向导运输车都不用了。管理者设计了一种模块化生产线取代了它们,它能够被很快地改变而生产不同的零件。现在,如果组装线上需要进行变换,比如从小汽车方向盘柱的垫圈改为敞篷小卡车的垫圈,工人们只要移走模块化生产线上的部件,把它们换成下一种产品所需的部件即可,改变生产线所需的部件就放在工人们容易取到的箱子里。

重组后的工厂可以组装 1800 种不同的零件,在相同的时间里所生产的品种是以前的三倍。由于工厂从生产一种产品转换为生产另一种产品的速度相当快,所以它能够当客户需要时才生产,从而消除了对多余库存的需要。目前,它能够经济地每批生产 250~500 个零件,而不是以前的 5000~10000 个。联邦默高公司的管理者总结出,从高科技自动化工厂转变为科技含量低的工厂,不仅增加了组织的灵活性还降低了成本。

第一节 传统生产计划控制模式与供应链管理思想的差距

一、生产计划和控制模式概述

供应链管理思想对企业管理的最大影响是对现行生产计划与控制模式的挑战,因为企业的经营活动是以顾客需求驱动的、以生产计划与控制活动为中心而展开的,只有通过建立面向供应链管理的生产计划与控制系统,企业才能真正从传统的管理模式转向供应链管理模式。

传统的企业生产计划是以某个企业的物料需求为中心展开的,缺乏和供应商的协调,企业的计划制订没有考虑供应商以及分销商的实际情况,不确定性对库存和服务水平影响较大,库存控制策略也难以发挥作用。供应链上任何一个企业的生产和库存决策都会影响供应链上其他企业的决策,或者说,一个企业的生产计划与库存优化控制不但要考虑某企业内部的业务流程,更要从供应链的整体出发,进行全面的优化控制,跳出以某个企业物料需求为中心的生产管理界限,充分了解用户需求并与供应商在经营上协调一致,实现信息的共享与集成,以顾客化的需求驱动顾客化的生产计划,获得柔性敏捷的市场响应能力。

二、现行生产计划和控制模式与供应链管理思想的差距

传统生产计划和控制模式与供应链管理思想的差距主要表现在如下几个方面:

(一)决策信息来源的差距(多源信息)

生产计划的制订要依据一定的决策信息,即基础数据。在传统的生产计划决策模式中,计划决策的信息来自两个方面:一方面是需求信息,另一方面是资源信息。需求信息又来自两个方面:一个是用户订单,另一个是需求预测。通过对这两方面信息的综合,得到制订生产计划所需要的需求信息。资源信息则是指生产计划决策的约束条件。供应链管理环境下需求信息和企业资源的概念与传统概念是不同的。信息多源化是供应链管理环境下的主要特征,多源信息是供应链环境下生产计划的特点。另外,在供应链环境下资源信息不仅仅来自企业内部,还来自供应商、分销商和用户。约束条件放宽了,资源的扩展使生产计划的优化空间扩大了。

(二)决策模式的差距(决策群体性、分布性)

传统的生产计划决策模式是一种集中式决策,而供应链管理环境下的决策模式是分布式的群体决策过程。基于多代理的供应链系统是立体的网络,各个节点企业具有相同的地位,有本地数据库和领域知识库,在形成供应链时,各节点企业拥有暂时性的监视权和决策权,每个节点企业的生产计划决策都受到其他企业生产计划决策的影响,需要一种协调机制和冲突解

决机制。当一个企业的生产计划发生改变时需要其他企业的计划也作出相应的改变,这样供应链才能获得同步化的响应。

(三)信息反馈机制的差距(递阶、链式反馈与并行、网络反馈)

企业的计划能否得到很好的贯彻执行,需要有效的监督控制机制作为保证。要进行有效的监督控制必须建立一种信息反馈机制。传统的企业生产计划的信息反馈机制是一种链式反馈机制,形成和组织结构平行的信息递阶的传递模式。供应链管理环境下企业信息的传递模式和传统企业的信息传递模式不同。以团队工作为特征的多代理组织模式使供应链具有网络化结构特征,因此供应链管理模式是网络化管理。生产计划信息的传递不是沿着企业内部的递阶结构(权力结构),而是沿着供应链不同的节点方向(网络结构)传递。为了做到供应链的同步化运作,供应链企业之间信息的交互频率也比传统企业信息传递的频率大得多,因此应采用并行化信息传递模式。

(四)计划运行环境的差异(不确定性、动态性)

供应链管理的目的是使企业能够适应剧烈多变的市场环境需要。复杂多变的环境,增加了企业生产计划运行的不确定性和动态性因素。供应链管理环境下的生产计划是在不稳定的运行环境下进行的,而且生产计划涉及的多是订单化生产,这种生产模式动态性更强。因此生产计划与控制要更多地考虑不确定性和动态性因素,使生产计划具有更高的柔性和敏捷性,使企业能对市场变化作出快速反应。

第二节　供应链管理环境下企业生产计划与控制的新特点

一、供应链企业同步化计划的提出

供应链是一个跨越多企业、多厂家、多部门的网络化组织,一个有效的供应链企业计划系统必须保证企业能快速响应市场需求。有效的供应链计划系统集成了企业所有的计划和决策业务,包括需求预测、库存计划、资源配置、设备管理、渠道优化、生产作业计划、物料需求与采购计划等。供应链是由不同企业组成的企业网络,有紧密的联合体成员,有协作型的合作伙伴企业,有动态联盟的战略伙伴。作为供应链的整体,以核心企业为龙头,把各个参与供应链的企业有效地组织起来,优化整个供应链的资源,以最低的成本和最快的速度生产最好的产品,最快地满足用户的需求,以达到快速响应市场和用户需求的目的。这就是供应链企业计划最根本的目的和要求。

在当今顾客驱动的环境下,制造商必须具有面对不确定性的事件不断修改计划的能力,要做到这一点,企业的制造加工过程、数据模型、信息系统和通信基础设施必须无缝地连接且实时地运作,因而供应链同步化计划的提出是企业最终实现敏捷供应链管理的必然选择。供应链企业的同步化计划使计划的修改或执行中的问题能在整个供应链上获得共享与支持,物料和其他资源的管理是在实时的牵引方式下进行而不是无限能力的推动过程。

供应链企业的同步化计划的提出是为挑战供应链运行中的约束。供应链运行的约束有来自于采购的约束,有来自于生产的约束,也有来自于销售的约束,这些约束的不良后果会导致"组合约束爆炸"。因此要实现供应链企业的同步化计划,一方面要建立起不同的供应链系统之间的有效通信标准;另一方面要建立起协调机制和冲突管理服务。供应链系统各个代理之间既有同步的协作功能,也有独立的自主功能,当供应链的整体利益和各个代理的个体利益相冲突时,必须快速地协商解决,供应链的同步化才能得以实现。因此,建立分布的协调机制对供应链同步化计划的实现是非常重要的。

要实现供应链的同步化计划,必须建立起代理之间透明的合作机制。供应链企业之间的合作方式主要有同时同地、同时异地、异时同地和异时异地等四种情形。因此供应链企业的合作模式表现为四种模式:同步模式、异步模式、分布式同步模式、分布式异步模式。基于多代理的供应链组织管理模式,由传统的递阶控制组织模式向扁平化网络组织过度,实现了网络化管理。

二、供应链管理环境下的生产计划应考虑的问题

供应链管理环境下的生产计划与传统生产计划有显著不同,是因为在供应链管理下,与企业具有战略伙伴关系的企业的资源通过物资流、信息流和资金流的紧密合作而成为企业制造资源的拓展。在制订生产计划的过程中,主要面临以下三方面的问题:

(一)柔性约束

柔性实际上是对承诺的一种完善。承诺是企业对合作伙伴的保证,只有在这基础上企业间才能具有基本的信任,合作伙伴也因此获得了相对稳定的需求信息。承诺与柔性是供应合同签订的关键要素。对生产计划而言,柔性具有多重含义:

显而易见,如果仅仅根据承诺的数量来制订计划是容易的。但是,柔性的存在使这一过程变得复杂了。柔性是双方共同制定的一个合同要素,对于需方而言,它代表着对未来变化的预期;而对供方而言,它是对自身所能承受的需求波动的估计。本质上供应合同使用有限的可预知的需求波动代替了可以预测但不可控制的需求波动。

下游企业的柔性对企业的计划产量造成的影响在于:企业必须选择一个在已知的需求波动下最为合理的产量。企业的产量不可能覆盖整个需求的变化区域,否则会造成不可避免的库存费用。在库存费用与缺货费用之间取得一个均衡点是确定产量的一个标准。

供应链是首尾相通的,企业在确定生产计划时还必须考虑上游企业的利益。在与上游企业的供应合同之中,上游企业表达的含义除了对自身所能承受的需求波动的估计外,还表达了对自身生产能力的权衡。可以认为,上游企业合同中反映的是相对于该下游企业的最优产量。之所以提出是相对于该下游企业,是因为上游企业可能同时为多家企业提供产品。因此,下游企业在制订生产计划时应该尽量使需求与合同的承诺量接近,帮助供应企业达到最优产量。

(二)生产进度

生产进度信息是企业检查生产计划执行状况的重要依据,也是滚动制订生产计划过程中用于修正原有计划和制订新计划的重要信息。在供应链管理环境下,生产进度计划属于可共享的信息。这一信息的作用在于:

(1)供应链上游企业通过了解对方的生产进度情况实现准时供应。供应链企业可以借助现代网络技术,使实时的生产进度信息能为合作方所共享。上游企业可以通过网络和双方通用的软件了解下游企业真实需求信息,并准时提供物资。这种情况下,下游企业可以避免不必要的库存,而上游企业可以灵活主动地安排生产和调拨物资。

（2）原材料和零部件的供应是企业进行生产的首要条件之一，供应链上游企业修正原有计划时应该考虑到下游企业的生产状况。在供应链管理下，企业可以了解到上游企业的生产进度，然后适当调节生产计划，使供应链上的各个环节紧密地衔接在一起。其意义在于可以避免企业与企业之间出现供需脱节的现象，从而保证了供应链上的整体利益。

（三）生产能力

企业完成一份订单不能脱离上游企业的支持，因此，在编制生产计划时要尽可能借助外部资源，有必要考虑如何利用上游企业的生产能力。在上下游企业间稳定的供应关系形成后，上游企业从自身利益出发，更希望所有与之相关的下游企业在同一时期的总需求与自身的生产能力相匹配。

三、供应链管理环境下生产计划制订的特点

在供应链管理下，企业的生产计划编制过程有了较大的变动，在原有的生产计划制订过程的基础上增添了新的特点。

（一）具有纵向和横向的信息集成过程

这里的纵向指供应链由下游向上游的信息集成，而横向指生产相同或类似产品的企业之间的信息共享。在生产计划制订过程中上游企业的生产能力信息在生产计划的能力分析中独立发挥作用。通过在主生产计划和投入出产计划中分别进行的粗、细能力平衡，上游企业承接订单的能力和意愿都反映到了下游企业的生产计划中。同时，上游企业的生产进度信息也和下游企业的生产进度信息一道作为滚动编制计划的依据，其目的在于保持上下游企业间生产活动的同步。外包决策和外包生产进度分析是集中体现供应链横向集成的环节。企业在编制主生产计划时所面临的订单，在两种情况下可能转向外包：一是企业本身或其上游企业的生产能力无法承受需求波动所带来的负荷；二是所承接的订单通过外包所获得利润大于企业自己进行生产的利润。同时，由于企业对该订单的客户有着直接的责任，因此也需要承接外包的企业的生产进度信息来确保对客户的供应。

（二）丰富了能力平衡在计划中的作用

在通常的概念中，能力平衡只是一种分析生产任务与生产能力之间差距的手段，再根据能力平衡的结果对计划进行修正。在供应链管理下制订生产计划过程中，能力平衡发挥了以下作用：

（1）为修正主生产计划和投入出产计划提供依据，这也是能力平衡的传统作用；

（2）能力平衡是进行外包决策和零部件（原材料）急件外购的决策依据；

（3）在主生产计划和投入出产计划中所使用的上游企业能力数据，反映了其在合作中所愿意承担的生产负荷，可以为供应链管理的高效运作提供保证；

（4）在信息技术的支持下，对本企业和上游企业的能力状态的实时更新使生产计划具有较高的可行性。

（三）计划的循环过程突破了企业的限制

1. 企业独立运行生产计划系统时的信息流

在企业独立运行生产计划系统时，一般有三个信息流的闭环，而且都在企业内部：

(1)主生产计划→粗能力平衡→主生产计划。

(2)投入出产计划→能力需求分析(细能力平衡)→投入出产计划。

(3)投入出产计划→车间作业计划－生产进度状态→投入出产计划。

2.供应链管理环境下生产计划的信息流

供应链管理下生产计划的信息流跨越了企业,从而增添了新的内容:

(1)主生产计划→供应链企业粗能力平衡→主生产计划。

(2)主生产计划→外包工程计划→外包工程进度→主生产计划。

(3)外包工程计划→主生产计划－供应链企业生产能力平衡→外包工程计划。

(4)投入出产计划→供应链企业能力需求分析(细能力平衡)→投入出产计划。

(5)投入出产计划→上游企业生产进度分析→投入出产计划。

(6)投入出产计划→车间作业计划－生产进度状态→投入出产计划。

需要说明的是,以上各循环中的信息流都只是各自循环所必需的信息流的一部分,但可对计划的某个方面起决定性的作用。

四、供应链管理环境下的生产控制的新特点

供应链环境下的企业生产控制和传统的企业生产控制模式不同。前者需要更多的协调机制(企业内部和企业之间的协调),体现了供应链的战略伙伴关系原则。供应链环境下的生产协调控制包括如下几个方面的内容:

(一)生产进度控制

生产进度控制的目的在于依据生产作业计划,检查零部件的投入和出产数量、出产时间和配套性,保证产品能准时装配出厂。供应链环境下的进度控制与传统生产模式的进度控制不同,因为许多产品是协作生产的和转包的业务,和传统的企业内部的进度控制比较来说,其控制的难度更大,必须建立一种有效的跟踪机制进行生产进度信息的跟踪和反馈。生产进度控制在供应链管理中有重要作用,因此必须研究解决供应链企业之间的信息跟踪机制和快速反应机制。

(二)供应链的生产节奏控制

供应链的同步化计划需要解决供应链企业之间的生产同步化问题,只有各供应链企业之间以及企业内部各部门之间保持步调一致时,供应链的同步化才能实现。供应链形成的准时生产系统,要求上游企业准时为下游企业提供必需的零部件。如果供应链中任何一个企业不能准时交货,都会导致供应链不稳定或中断,导致供应链对用户的响应性下降,因此严格控制供应链的生产节奏对供应链的敏捷性是十分重要的。

(三)提前期管理

基于时间的竞争是 20 世纪 90 年代一种新的竞争策略,具体到企业的运作层,主要体现为提前期的管理,这是实现 QCR、ECR 策略的重要内容。供应链环境下的生产控制中,提前期管理是实现快速响应用户需求的有效途径。缩小提前期,提高交货期的准时性是保证供应链获得柔性和敏捷性的关键。缺乏对供应商不确定性有效控制是供应链提前期管理中的一大难点,因此,建立有效的供应提前期的管理模式和交货期的设置系统是供应链提前期管理中值得研究的问题。

(四)库存控制和在制品管理

库存在应付需求不确定性时有其积极的作用,但是库存又是一种资源浪费。在供应链管理模式下,实施多级、多点、多方管理库存的策略,对提高供应链环境下的库存管理水平、降低制造成本有着重要意义。这种库存管理模式涉及的部门不仅仅是企业内部。基于 JIT 的供应与采购、供应商管理库存、联合库存管理等是供应链库存管理的新方法,对降低库存都有重要作用。因此,建立供应链管理环境下的库存控制体系和运作模式对提高供应链的库存管理水平有重要作用,是供应链企业生产控制的重要手段。

第三节 供应链管理环境下生产系统总体模型与协调机制

一、供应链管理环境下的集成生产计划与控制系统的总体构想

(一)供应链管理环境下的生产计划与控制系统中几个概念的新拓展

1.供应链管理对资源(resource)概念内涵的拓展

传统的制造资源计划 MRPⅡ 对企业资源这一概念的界定是局限于企业内部的,并统称为物料(materials),因此 MRPⅡ 的核心是物料需求计划(MRP)。在供应链管理环境下,资源分为内部资源(in-source)和外部资源(out-source)。因此在供应链环境下,资源优化的空间由企业内部扩展到企业外部,即从供应链整体系统的角度进行资源的优化。

2.供应链管理对能力(capacity)概念内涵的拓展

生产能力是企业资源的一种,在 MRPⅡ 系统中,常把资源问题归结为能力需求问题,或能力平衡问题。但正如对资源概念一样,MRPⅡ 对能力的利用也是局限于企业内部的。供应链管理把资源的范围扩展到供应链系统,其能力的利用范围也因此扩展到了供应链系统全过程。

3.供应链管理对提前期(lead time)概念内涵的拓展

提前期是生产计划中一个重要的变量,在 MRPⅡ 系统中这是一个重要的设置参数。但 MRPⅡ 系统中一般把它作为一个静态的固定值来对待(为了反映不确定性,后来人们又提出了动态提前期的概念)。在供应链管理环境下,并不强调提前期的固定与否,重要的是交货期(delivery time),准时交货,即供应链管理强调准时:准时采购、准时生产、准时配送。

(二)供应链管理环境下生产管理组织模式

在供应链管理环境下,生产管理组织模式和现行生产管理组织模式一个显著的不同就是,供应链管理环境下生产管理是开放性的、以团队工作为组织单元的多代理制,在供应链联盟中,企业之间以合作生产的方式进行,企业生产决策信息通过 EDI/Internet 实时地在供应链联盟中由企业代理通过协商决定,企业建立一个合作公告栏(在 Internet 上),实时地和合作企业进行信息交流。在供应链中要实现委托代理机制,对企业应建立一些行为规则:①自勉规则;②鼓励规则;③激励规则;④信托规则;⑤最佳伙伴规则。

企业内部也是基于多代理制的团队工作模式,团队有一主管负责团队与团队之间的协调。协调是供应链管理的核心内容之一,供应链管理的协调主要有三种形式,即供应—生产协调、生产—分销协调、库存—销售协调。

(三)供应链管理环境下生产计划的信息组织与特征决策

1. 开放性

经济全球化使企业进入全球开放市场,不管是基于虚拟企业的供应链还是基于供应链的虚拟企业,开放性是当今企业组织发展的趋势。供应链是一种网络化组织,供应链管理环境下的企业生产计划信息已跨越了组织的界限,形成开放性的信息系统。决策的信息资源来自企业的内部与外部,并与其他组织进行共享。

2. 动态性

供应链环境下的生产计划信息具有动态的特性,是市场经济发展的必然。为了适应不断变化的顾客需求,使企业具有敏捷性和柔性,生产计划的信息随市场需求的更新而变化,模糊的提前期和模糊的需求量,要求生产计划具有更多的柔性和敏捷性。

3. 集成性

供应链是集成的企业,是扩展的企业模型,因此供应链环境下的企业生产计划信息是不同信息源的信息集成,集成了供应商、分销商的信息,甚至消费者和竞争对手的信息。

4. 群体性

供应链环境下的生产计划决策过程具有群体特征,是因为供应链是分布式的网络化组织,具有网络化管理的特征。供应链企业的生产计划决策过程是一种群体协商过程,企业在制订生产计划时不但要考虑企业本身的能力和利益,同时还要考虑合作企业的需求与利益,是群体协商决策过程。

5. 分布性

供应链企业的信息来源从地理上是分布的,信息资源跨越部门和企业,甚至全球化,通过Internet/Intranet、EDI等信息通信和交流工具,企业能够把分布在不同区域和不同组织的信息进行有机的集成与协调,使供应链活动同步进行。

二 合作计划、预测和补给(CPFR)

(一)CPFR 的产生和概念

1. CPFR 的产生和发展

1995 年,国际著名的商业零售连锁店沃尔玛及其供应商 Warner-Lambert、世界最大的企业管理软件商 SAP、国际著名的供应链软件商 Manugistics、美国著名的咨询公司 Benchmarking Partners 等五家公司联合成立了零售供应和需求链工作组(Retail Supply and Demand Chain Working Group),进行 CPFR 研究和探索,其目的是开发一组业务过程,使供应链中的成员利用它能够实现从零售商到制造企业之间的功能合作,显著改善预测准确度,降低成本、库存总量和现货百分比,发挥出供应链的全部效率。在实施 CPFR 后,Warner-Lambert 公司零售商品满足率从 87% 增加到 98%,新增销售收入 800 万美元。在 CPFR 取得初步成功后,组成了由 30 多个单位参加的 CPFR 理事会,与 VICS(自愿行业间商业标准,Voluntary Interindustry Commarce Standards)理事会一起致力于 CPFR 的研究、标准制定、软件开发和推广应用工作。美国商业部资料表明,1997 年美国零售商品供应链中的库存约为 1 万亿美元,CPFR 理事会估计,通过全面成功实施 CPFR 可以减少这些库存中的 15%~25%,即 1500 亿~2500 亿美元。由于 CPFR 巨大的潜在效益和市场前景,一些著名的企业软件商如 SAP、Maugistics、Logility、PeopleSoft、I2 Technologies 和 Synara Software 等公司正在开发 CPFR 软件系统和从事相关的服务。

2. CPFR 的概念

国外虽有 CPFR 的实践,但 CPFR 至今尚无统一的定义。合作计划、预测和补给(CPFR)是一种哲理,它应用一系列的处理和技术模型,提供覆盖整个供应链的合作过程,通过共同管理业务过程和共享信息来改善零售商和供应商的伙伴关系、提高预测的准确度,最终达到提高供应链效率、减少库存和提高消费者满意程度的目的。CPFR有三条指导性原则:贸易伙伴框架结构和运作过程以消费者为中心,并且面向价值链的成功运作贸易伙伴共同负责开发单一、共享的消费者需求预测系统,这个系统驱动整个价值链计划贸易伙伴均承诺共享预测并在消除供应过程约束上共担风险。

(二)CPFR 与其他合作模式的关系

在 CPFR 提出之前,关于供应链伙伴的合作模式主要有合作预测与补给(aggregate forecasting and replenishment,AFR)和联合库存(jointly managed inventory,JMI)、供应商管理库存(vendor-managed inventory,VMI)等。AFR 是商业贸易伙伴交互作用中应用最广泛的方法,用于预测的核心数据来自于辛迪加数据和销售历史数据,采用制造者推动供应链的方法,AFR 缺乏集成的供应链计划,可能会导致高库存或低订单满足率。VMI 可以避免 AFR 的一些问题,VMI 的一个关键技术是应用供应链的能力管理库存,这样需求和供应就能结合在一起,使制造者能够得到零售分销中心仓库返回数据和 POS 数据,利用这些信息规划整个供应链的库存配置。VMI 方法虽然有诸多优点,但却缺乏系统集成。JMI 预测与补给方法相对较新,这种方法以消费者为中心,着眼于计划和执行更详细的业务,供应链经常应用工作组(team work)技术进行关键问题处理,使其在了解对方的运作、增强相互作用等方面得到改善,其结果有助于发展贸易伙伴的信任关系。JMI 在每个公司内增加了计划执行的集成,并在消费者服务水平、库存和成本管理方面取得了显著的效果,但 JMI 的建立和维护成本高。上述方法均未实现供应链的集成。

CPFR 建立在 JMI 和 VMI 的最佳分级实践基础上,同时摒弃了 JMI 和 VMI 中的主要缺点,如没有一个适合所有贸易伙伴的业务过程,未实现供应链的集成等。针对贸易伙伴的战略和投资能力不同、市场信息来源不同的特点,将 CPFR 构建成一个方案组,方案组通过确认贸易伙伴从事关键业务的能力来决定哪家公司主持核心业务活动,贸易伙伴可选用多种方案实现其业务过程。零售和制造商从不同的角度收集不同层次的数据,通过反复交换数据和业务情报改善制订需求计划的能力,最后得到基于 POS 的消费者需求的单一共享预测。这个单一共享需求计划可以作为零售商和制造商的与产品有关的所有内部计划活动的基础,换句话说它能使价值链集成得以实现。以单一共享需求计划为基础能够发现和利用许多商业机会、优化供应链库存和改善客户服务,最终为供应链伙伴带来丰厚的收益。

(三)CPFR 实施中的关键因素

在 CPFR 实施过程中,获得成功的关键因素有如下方面:

(1)以"赢利/赢利(双赢)"的态度看待合作伙伴和供应链的相互作用。企业必须了解整个供应链过程以发现自己的信息和能力在何处有助于供应链,进而有益于最终消费者和供应链合作伙伴。换句话说,基于 CPFR 的供应链成功的一个关键是从"赢利/损失"的传统企业关系到"赢利/赢利"合作关系的转变。

（2）为供应链成功运作提供持续保证和共同承担责任。这是基于 CPFR 的供应链成功运作所必需的企业价值观。每个合作伙伴对供应链的保证、权限和能力不同,合作伙伴应能够调整其业务活动以适应这些不同。无论在哪个职责层,合作伙伴坚持其保证和责任将是供应链成功运作的关键。

（3）抵御转向机会。由于产品转向会较大地抑制合作伙伴协调需求和供应计划的能力,因此它不能与 CPFR 共存。抵御转向机会的一个关键是了解其短期效益和建立一个良好计划、低库存供应链的长期效益的差别。这也是对 CPFR 必要的信心和承诺的检验。

（4）实现跨企业、面向团队的供应链。团队不是一个新概念,建立跨企业的团队造成一个新问题:团队成员可能参与其他团队,并与他们合作伙伴的竞争对手合作。这些竞争对手互相有"赢利/损失"关系,团队联合的深度和交换信息的类型可能造成多个 CPFR 团队中人员的冲突。在这种情况下,必须有效地构建支持完整团队和个体关系的公司价值系统。

（5）制定和维护行业标准。公司价值系统的另一个重要组成部分是对行业标准的支持。每个公司有一个单独开发的过程,这会影响公司与合作伙伴的联合。行业标准必须制定得既便于实行的一致性,又允许公司间的不同,这样才能被有效利用。开发和评价这些标准,有利于合作伙伴的信息共享和合作。

三、供应链管理的协调控制机制与模式

要实现供应链的同步化运作,需要建立一种供应链的协调机制。协调供应链的目的在于使信息能无缝地、顺畅地在供应链中传递,减少因信息失真而导致过量生产、过量库存现象的发生,使整个供应链能根据顾客的需求而步调一致,也就是使供应链获得同步化响应市场需求变化。

供应链的协调机制有两种划分方法。根据协调的职能可划分为两类:一是不同职能活动之间的协调与集成,如生产供应协调、生产销售协调、库存销售协调等协调关系;另一类是根据同一职能不同层次活动的协调,如多个工厂之间的生产协调。根据协调的内容划分,供应链的协调可划分为信息协调和非信息协调。

供应链的协调控制模式分为中心化协调、非中心化协调和混合式协调三种。中心化协调控制模式把供应链作为一个整体纳入一个系统,采用集中方式决策,因而忽视了代理的自主性,也容易导致"组合约束爆炸",对不确定性的反应比较迟缓,很难适应市场需求的变化。分散协调控制过分强调代理模块的独立性,对资源的共享程度低,缺乏沟通与交流,很难做到供应链的同步化。比较好的控制模式是分散与集中相结合的混合模式。各个代理一方面保持各自的独立性运作,另一方面参与整个供应链的同步化运作体系,保持了独立性与协调性的统一。

四、供应链的信息跟踪机制

供应链各个代理之间的关系是服务与被服务的关系,服务信号的跟踪和反馈机制可使企业生产与供应关系同步进行,消除不确定性对供应链的影响。因此应该在供应链系统中建立服务跟踪机制以降低不确定性对供应链同步化的影响。

供应链的服务跟踪机制提供供应链两方面的协调辅助:信息协调和非信息协调。非信息协调主要指完善供应链运作的实物供需条件,采用 JIT 生产与采购、运输调度等;信息协调主要通过企业之间的生产进度的跟踪与反馈来协调各个企业的生产进度,保证按时完成用户的订单,及时交货。

供应链企业在生产系统中使用跟踪机制的根本目的是保证对下游企业的服务质量。在企业集成化管理的条件下,跟踪机制才能够发挥其最大的作用。跟踪机制在企业内部表现为客户(上游企业)的相关信息在企业生产系统中的渗透。其中,客户的需求信息(订单)成为贯穿企业生产系统的一条线索,成为生产计划、生产控制、物资供应相互衔接、协调的手段。

(一)跟踪机制的外部运行环境

跟踪机制的提出是与对供应链管理的深入研究密不可分的。供应链管理下企业间的信息集成从以下几个部门展开:

1.采购部门与销售部门

采购部门与销售部门是企业间传递需求信息的接口。需求信息总是沿着供应链从下游传至上游,从一个企业的采购部门传向另一个企业的销售部门。由于我们讨论的是供应链管理下的销售与采购环节,稳定而长期的供应关系是必备的前提,所以可将注意力集中在需求信息的传递上。

销售部门在供应链上下游企业间的作用仅仅是一个信息的接口。它负责接收和管理有关下游企业需求的一切信息。除了单纯意义上的订单外,还有下游企业对产品的个性化要求,如质量、规格、交货渠道、交货方式等。这些信息是企业其他部门的工作所必需的。

在供应链管理下,采购部门的主要工作是将生产计划系统的采购计划转换为需求信息,以电子订单的形式传达给上游企业。同时,它还要从销售部门获取与所采购的零部件和原材料相关的客户个性化要求,并传达给上游企业。

2.制造部门

制造部门的任务不仅仅是生产,还包括对采购物资的接收以及按计划对下游企业配套件的供应。在这里,制造部门实际上兼具运输服务和仓储管理两项辅助功能。制造部门能够完成如此复杂的工作,原因在于生产计划部门对上下游企业的信息集成,同时也依赖于战略伙伴关系中的质量保证体系。此外,制造部门还担负着在制造过程中实时收集订单的生产进度信息,经过分析后提供给生产计划部门。

3.生产计划部门

在集成化管理中企业的生产计划部门肩负着大量的工作,集成了来自上下游生产计划部门、企业自身的销售部门和制造部门的信息。其主要功能有以下方面:

(1)滚动编制生产计划。来自销售部门的新增订单信息,来自企业制造部门的订单生产进度信息和来自上游企业的外购物资的生产计划信息,以及来自上游企业的需求变动信息,这四部分信息共同构成了企业滚动编制生产计划的信息支柱。

(2)保证对下游企业的产品供应。下游企业的订单并非一成不变,从订单到达时起,供方和需方的内外环境就一直不断变化着,最终的供应时间实际上是双方不断协调的结果,其协调的工具就是双方不断滚动更新的生产计划。生产计划部门按照最终的协议指示制造部门对下游企业进行供应。这种供应是与下游企业生产计划相匹配的准时供应。由于生产出来的产品不断发往下游企业,制造部门不会有过多的在制品和成品库存压力。

（3）保证上游企业对本企业的供应。生产计划部门在制造部门提供的实时生产进度分析的基础上结合上游企业传来的生产计划（生产进度分析）信息，与上游企业协商确定各批订单的准确供货时间。上游企业将按照约定的时间将物资发送到本企业。采购零部件和原材料的准时供应降低了制造部门的库存压力。

（二）生产计划中的跟踪机制

（1）在接到下游企业的订单后，建立针对上游企业的订单档案，其中包含了用户对产品的个性化要求，如对规格、质量、交货期、交货方式等具体内容。

（2）对主生产计划进行外包分析，将订单分解为外包子订单和自制件子订单。订单与子订单的关系在于：订单通常是一个用户提出的订货要求，在同一个用户提出的要求中，可能有多个订货项，我们可以将同一订单中不同的订货项定义为子订单。

（3）主生产计划对子订单进行规划，改变子订单在日期与数量上的设定，但保持子订单与订单的对应关系。

（4）投入生产计划中涉及跟踪机制的步骤如下：

①子订单的分解。结合产品结构文件和工艺文件以及提前期数据，倒排编制生产计划。对不同的子订单独立计算，即不允许进行跨子订单的计划记录合并。

②库存的分配。本步骤与①步骤是同时进行的，将计划期内可利用的库存分配给不同的子订单。在库存分配记录上注明子订单信息，保证专货专用。

③能力占用。结合工艺文件和设备组文件计算各子订单计划周期内的能力占用。这一步骤使单独评价子订单对生产负荷的影响成为可能。在调整子订单时也无需重新计算整个计划所有记录的能力占用数据，仅需调整子订单的相关能力数据。

④调整。结合历史数据对整个计划周期内的能力占用状况进行评价和分析，找出可能的瓶颈。

（5）车间作业计划。车间作业计划用于指导具体的生产活动，具有高度的复杂性，一般难以严格按子订单的划分来调度生产，但可要求在加工路线单上注明本批生产任务的相关子订单信息和相关度信息。在整个生产过程中实时地收集和反馈子订单的生产数据，为跟踪机制的运行提供来自基层的数据。

（6）采购计划。采购部门接收的是按子订单下达的采购信息，他们可以使用不同的采购策略来完成采购计划。子订单的作用主要体现在以下几个方面：

①将采购部门与销售部门联系起来。下游企业在需求上的个性化要求可能涉及原材料和零部件的采购，采购部门可以利用子订单查询这一信息，并提供给各上游企业。

②建立需求与生产间的联系。采购部门的重要任务之一就是建立上游企业的生产过程与本企业子订单的对应关系。在这一条件下，企业可以了解到子订单生产所需要的物资在上游企业中的生产情况，还可以提供给上游企业准确的供货时间。

（三）生产进度控制中的跟踪机制

生产控制是生产管理的重要职能，是实现生产计划和生产作业管理的重要手段。虽然生产计划和生产作业计划对生产活动已作了比较周密而具体的安排，但随着时间的推移，市场需求往往会发生变化。此外，由于各种生产准备工作不周全或生产现场偶然因素的影响，也会使计划产量和实际产量之间产生差异。因此，必须及时对生产过程进行监督和检查，发现偏差，进行调节和校正工作,以保证计划目标的实现。

生产进度控制的主要任务是依照预先制订的作业计划,检查各种零部件的投入和产出时间、数量以及配套性,保证产品能准时产出,按照订单上承诺的交货期将产品准时送到用户手中。

使用跟踪机制的作用在于对子订单的生产实施控制,保证对客户的服务质量。

1. 按优先级保证对客户的产品供应

子订单是订单的细化,只有保证子订单的准时完工才能保证订单的准时完工,这也就意味着对客户服务质量的保证。在一个企业中不同的子订单总是有着大量的相同或类似的零部件同时进行加工。在车间生产的复杂情况下,由于生产实际与生产计划的偏差,在制品未能按时到位的情况经常发生。在产品结构树中低层的零部件的缺件破坏了生产的成套性,必将导致高层零部件的生产计划无法执行,这是一个逐层向上的恶性循环。

较好的办法是将这种可能产生的混乱限制在优先级较低的子订单内,保证高优先级的子订单的生产成套性。在发生意外情况时,总是认为意外发生在低优先级别的子订单内,高优先级的子订单能够获得物资上的保证。在低优先级订单的优先级不断上升的情况下,总是优先保证高优先级的订单,必然能够保证对客户的服务质量。相反,在不能区分子订单的条件下无法实现这种办法。"拆东墙补西墙"式的生产调度,会导致在同一时间加工却在不同时间使用的零部件互相挤占,为后续生产造成隐患。

2. 保证在企业间集成化管理的条件下下游企业所需要的实时计划信息

对于本企业而言,这一要求就意味着使用精确实时的生产进度数据修正预订单相对应的每一个子订单的相关计划记录,保持生产计划的有效性。在没有相应的跟踪机制的情况下,同一个生产计划、同一批半成品都可能对应着多份订单,实际上无法度量具体订单的生产进度。可见,生产控制系统必须建立跟踪机制才能实现面向订单的数据搜集,生产计划系统才能够获得必要的信息以实现面向用户的实时计划修正。

第四节 供应链环境下的生产组织新思想

一、延迟制造

(一)延迟策略的概念

爱德森(Alderson)于1950年在《营销效率与延迟原理》一文中最先指出,产品可以在接近顾客购买点时实现差异化,即实现差异化延迟。他认为,要降低风险成本和不确定成本,最好的办法就是延缓产品差异化的空间,或推迟产品在结构上的改变。随后,巴克林(Bucklin)于1965首次将延迟策略应用到生产制造及物流上。而鲍尔索克斯(Bowersox)等人将延迟分为时间延迟(把活动推迟到订单及时接收后)、地点延迟(把物品运送推迟到接收订单后)和成型延迟(把确定具体成品形式的活动推迟到需求获悉后)三种形式。

在供应链中,将产品的生产过程分为通用化阶段与差异化阶段,生产企业事先只生产中间产品或可模块化的部件,尽可能延迟产品差异化的业务,等最终用户对产品的外观、功能与数量提出要求后才完成产品的差异化业务。延迟,即是为了降低时间所造成的风险及需求的不确定性,消除因为市场的不同所造成的浪费,而这些不确定性都是由于产品本身或存货地理位置分散所造成的。延迟策略是指将供应链中的某些产品客户化的作业流程,延缓至顾客订单确定后才进行;由于延迟策略并非靠预测未来需求量来制造产品,而是根据实际的顾客订单,如此可避免产生成品的存货,因此延迟策略也比较适合运用在对存货成本敏感度高于对配送成本敏感度高的企业。此外由于产品是在顾客订单确认后才制造,若制造或配送的前置时间过长,则可能会抵消运用延迟策略的效果,因而延误对顾客承诺的交货时间。

(二)延迟制造的思想

延迟制造是由制造商事先生产中间产品或可模块化的部件,等最终用户对产品的功能、外观、数量等提出具体要求后才完成生产与包装的最后环节。如 IBM 公司事先生产出不同型号的硬盘、键盘等各种电脑配件,在接到订单后再按客户要求进行装配。在很多企业,最终的制造活动被放在离顾客很近的地方进行,如由配送中心或第三方物流中心完成,在时间和地点上都与大规模的中间产品或部件生产相分离,这样企业就能以最快的响应速度来满足顾客的要求。

延迟制造是成型延迟、时间延迟和地点延迟三种类型延迟的综合。成型延迟是指推迟形成最终产品的过程,在获知客户的精确要求和购买意向之前,仅制造基础产品或模块化的部件,在收到客户的订单后,才按客户的具体要求从事最终产品的生产。时间延迟是指最终的制造和处理过程被推迟到收到顾客订单以后进行。地点延迟是指推迟产品向供应链下游的位置移动,接到订单后再以供应链的操作中心为起点,进行进一步的位移与加工处理。

上述三种延迟共同作用的结果是在产品的最终制造过程中,产品的形式、功能、位置都发生了变化,使企业能有效降低存货的风险与成本,以低价格提供竞争性的定制服务。

(三)延迟制造的竞争优势

延迟制造集成了推动式供应链和拉动式供应链、大规模生产与定制生产的优势,能将供应链的全球资源优化配置与当地化操作结合在一起,整个供应链的原材料采购、存货的存放地点和制造与服务的网络结构,可在全球协调的基础上加以考虑,获得整体的规模经济和范围经济,而产品的差别化制造、营销、配送与售后服务工作则采用当地化的管理模式,充分利用当地资源,满足当地的需求习惯,缩短定制时间,以增强对不同地区、不同顾客的适应能力,为企业带来较大的竞争优势。具体而言,其优势主要表现在以下方面:

1. 降低库存与物流成本

延迟制造在中间产品被生产出来后,就暂停其增值活动,以规格、体积和价值有限的通用半成品形式存放,直到收到用户订单后,才在靠近用户的地点进行下一步的加工活动,相对于产成品运输而言,半成品的体积、重量、规格都要少得多,运输的费用和可能的差错会被减少到最低程度。这就降低了存货与运输成本。

2. 增加了最终产品型号,能更好地满足顾客的差别化需求

延迟制造的产品采用模块化、标准化的设计方式,在基型基础上发展变型产品,以此扩大了基型产品的适用范围,能用较少品种规格的零部件拼合成顾客需要的多样化的产品,以更低的成本提高了顾客满意度,减少了由于供需不一致而损失的销售额。

3. 缩短了交货提前期,提高了快速反应能力

延迟制造针对市场需求的不断变化,将生产过程分为变与不变两个阶段,将不变的通用化

生产过程最大化,事先生产出基础产品,以不变应万变,一旦接到订单,在最接近消费者的库存中心、配送中心或第三方物流公司完成产品的差异化生产过程,从而能以最快的速度将定制的产品交付到用户手中,增强了快速反应能力。

4. 降低了不确定性,减小了企业风险

在采用延迟制造模式的企业中,企业的存货基本上是以原材料和中间产品的形式存在,这种存货占用资金少,适用面广,既能迅速满足顾客的多样化需求,又大幅降低了存货的成本与风险,这就使企业所面临的不确定程度下降,减少了产销不对路带来的存货跌价损失,有利于提高企业效益。

(四)延迟制造的分离点

我们通常将供应链结构划分为推动式和拉动式两种。推动式供应链企业根据对顾客需求预测进行生产,然后将产成品推向下游经销商,再由经销商逐级推向市场。在推动式的情况下,供应链分销商和零售商处于被动接受的地位,企业间信息沟通少、协调性差、提前期长、快速响应市场的能力弱、库存量大,且往往会产生供应链中的存货数量逐级放大的效应,但推动式供应链能利用制造和运输的规模效应,为供应链上的企业带来规模经济的好处,还能利用库存来平衡供需之间的不平衡现象。

拉动式供应链模式通常按订单进行生产,由顾客需求来激发最终产品的供给,制造部门可以根据用户实际需求来生产定制化的产品,降低了库存量,缩短了提前期,能更好地满足顾客的个性化需求,可有效地提高服务水平和市场占有率,但缺点是生产批量小、作业更换频繁、设备的利用率不高、管理复杂程度高、难以获得规模经济效应。

延迟制造则是上述两种供应链模式的整合,通过两种模式的结合运用,达到扬长避短的好处。运用延迟制造的生产过程可分为推动阶段和拉动阶段,通过对产品的设计与生产采用标准化、模块化和通用化的技术,产品可以由具有兼容性和统一性的不同模块组合拼装而成。在推动阶段,制造商根据预测,大规模生产半成品或通用化的各种模块,获得大量生产的规模效应。在拉动阶段,产品才实现差别化,根据订单需要,将各种模块进行有效的组合,或将通用化的半成品根据要求进行进一步的加工,从而实现定制化的服务。

我们把在推动阶段和拉动阶段之间的分界点称之为顾客需求切入点,在切入点之前,是推动式的大规模通用化半成品生产阶段,能形成规模经济。生产是按预测进行,这些中间产品生产出来后,就保持在这种中间状态,将以后的加工装配成型过程延迟,顾客的需求信息在切入点切入生产过程,接到用户的订单后,根据确实掌握的订单资讯,尽快地将中间产品按客户的定制要求加工成最终产品,实现快速的有效顾客反应。因此,切入点之后是拉动式的差别化定制阶段。

顾客需求切入点的位置可以进行调整,如果把切入点向供应链上游方向移动,顾客的需求信息会更早地切入生产过程,通用化的阶段就会缩短,按订单来执行的活动范围会扩大。如果把切入点向供应链下游方向移动,产品的差异化时间会被进一步推迟,通用化的阶段会延长。通常我们应当根据产品的特点和顾客的要求来确定切入点的具体位置,如在建筑业,顾客的要求通常会早在建筑物的设计阶段就被考虑。在电脑行业,顾客的要求在电脑的装配阶段才被考虑。

(五)延迟制造的使用范围

延迟制造生产模式虽然有诸多优势,但它并不适用于所有行业和所有企业,有些产品的生产过程决定了它不可能采用延迟制造这种生产模式,还有一些产品的特点使得采用延迟生产带来的收益不能弥补生产过程复杂化所增加的成本,也不宜采用延迟制造。一般说来,要采用延迟制造模式,生产与制造过程应当具备以下先决条件:

1. 可分离性

制造过程能被分离为中间产品生产阶段和最终产品加工阶段,这样才有可能将最终产品的加工成型阶段延迟。

2. 可模块化

产品应能分解为有限的模块,这些模块经组合后能形成多样化的最终产品,或产品由通用化的基础产品构成,基础产品经加工后,能提供给顾客更多的选择范围。

3. 最终加工过程的易执行性

延迟制造将中间产品生产与最终产品生产分离开来,最终产品的生产可能被放在离顾客很近的地方执行,这就要求最终的加工过程的技术复杂性和加工范围应当有限,易于执行,加工时间短,无需耗费过多的人力。

4. 产品的重量、体积和品种在最终加工中的增加程度大

延迟制造会增加产品的制造成本,除非延迟制造的收益能弥补增加的成本,否则,延迟制造没有执行的必要。如果产品的重量、体积和品种在最终加工中增加很多,推迟最终的产品加工成型工作能节省大量的运输成本和减少库存产品的成本,简化管理工作,降低物流故障,这会有利于延迟制造的进行。

5. 适当的交货提前期

通常来说,过短的提前期不利于延迟制造,因为延迟制造要求给最终的生产与加工过程留有一定的时间余地,过长的提前期则无需延迟制造。

6. 市场的不确定程度高

市场的不确定性高,细分市场多,顾客的需求难以预测,产品的销售量、配置、规格、包装尺寸不能事先确定,有利于采用延迟制造来减少市场风险。

二、精益生产

(一)精益生产的起源

精益生产是战后日本汽车工业遭到的"资源稀缺"和"多品种、少批量"的市场制约的产物,它从丰田佐吉开始,经丰田喜一郎及大野耐一等人的共同努力直到 20 世纪 60 年代才逐步完善而形成。精益生产既是一种以最大限度地减少企业生产所占用的资源和降低企业管理和运营成本为主要目标的生产方式,同时它又是一种理念,一种文化。实施精益生产就是决心追求完美的历程,也是追求卓越的过程,它是支撑个人与企业生命的一种精神力量,也是在永无止境的学习过程中获得自我满足的一种境界。其目标是精益求精,尽善尽美,永无止境地追求七个零的终极目标。

精益生产的实质是管理过程,包括人事组织管理的优化,大力精简中间管理层,进行组织扁平化改革,减少非直接生产人员;推进生产均衡化同步化,实现零库存与柔性生产;推行全生产过程(包括整个供应链)的质量保证体系,实现零不良;减少和降低任何环节上的浪费,实现零浪费;最终实现拉动式准时化生产方式。精益生产的特点是消除一切浪费,追求精益求精

和不断改善。去掉生产环节中一切无用的东西,每个工人及其岗位的安排原则是必须增值,撤除一切不增值的岗位。精简是它的核心,精简产品开发设计、生产、管理中一切不产生附加值的工作,旨在以最优品质、最低成本和最高效率对市场需求作出最迅速的响应。

(二)精益生产体系

1.精益生产的基本目标

精益生产必须能很好地实现以下三个子目标:①零库存;②高柔性;③无缺陷。

2.精益生产方式的支柱

精益生产方式的支柱包括准时生产(JIT)、成组技术(GT)和全面质量管理(TQM),其中准时制是精益生产的核心,成组技术和全面质量管理是实现精益生产的重要保障。

3.实施精益生产的好处

实施精益生产具有以下好处:①浪费最小化;②快速应变;③在正确的时间和地点用正确的方法做正确数量的正确事情;④价值流中有效的相互关系;⑤持续改进和全过程的高质量。

(三)精益生产方式的优越性及其意义

与大量生产方式相比,日本所采用的精益生产方式的优越性主要表现在以下几个方面:

(1)所需人力资源——无论是在产品开发、生产系统,还是工厂的其他部门,与大量生产方式下的工厂相比,最低能减至 1/2。

(2)新产品开发周期——最低可减至 1/2 或 2/3。

(3)生产过程的在制品库存——最低可减至大量生产方式下一般水平的 1/10。

(4)工厂占用空间——最低可减至采用大量生产方式下的 1/2。

(5)成品库存——最低可减至大量生产方式下平均库存水平的 1/4。

(6)产品质量——可大幅度降低。

精益生产方式是彻底地追求生产的合理性、高效性,能够灵活地生产适应各种需求的高质量产品的生产技术和管理技术,其基本原理和诸多方法,对制造业具有积极的意义。精益生产的核心,即关于生产计划和控制以及库存管理的基本思想,对丰富和发展现代生产管理理论也具有重要的作用。

(四)精益生产管理方法上的特点

1.拉动式准时化生产

以最终用户的需求为生产起点,强调物流平衡,追求零库存,要求上一道工序加工完的零件立即可以进入下一道工序。组织生产运作是依靠看板(Kanban)进行。即由看板传递工序间需求信息(看板的形式不限,关键在于能够传递信息)。生产中的节拍可由人工干预、控制,保证生产中的物流平衡(对于每一道工序来说,即为保证对后工序供应的准时化)。由于采用拉动式生产,生产中的计划与调度实质上是由各个生产单元自己完成,在形式上不采用集中计划,但操作过程中生产单元之间的协调则极为必要。

2.全面质量管理

强调质量是生产出来的而非检验出来的,由过程质量管理来保证最终质量。生产过程中对质量的检验与控制在每一道工序都进行。重在培养每位员工的质量意识,保证及时发现质量问题。如果在生产过程中发现质量问题,根据情况,可以立即停止生产,直至解决问题,从而保证不出现对不合格品的无效加工。对于出现的质量问题,一般是组织相关的技术与生产人员作为一个小组,一起协作,尽快解决。

3.团队工作法

每位员工在工作中不仅是执行上级的命令,更重要的是积极地参与,起到决策与辅助决策的作用。组织团队的原则并不完全按行政组织来划分,而主要根据业务的关系来划分。团队成员强调一专多能,要求能够比较熟悉团队内其他工作人员的工作,保证工作协调顺利进行。团队人员工作业绩的评定受团队内部评价的影响。团队工作的基本氛围是信任,以一种长期的监督控制为主,而避免对每一步工作的核查,提高工作效率。团队的组织是变动的,针对不同的事物,建立不同的团队,同一个人可能属于不同的团队。

4.并行工程(concurrent engineering)

在产品的设计开发期间,将概念设计、结构设计、工艺设计、最终需求等结合起来,保证以最快的速度按要求的质量完成。各项工作由与此相关的项目小组完成。进程中小组成员各自安排自身的工作,但可以定期或随时反馈信息并对出现的问题协调解决。依据适当的信息系统工具,反馈与协调整个项目的进行。利用现代 CIM 技术,在产品的研制与开发期间,辅助项目进程的并行化。

(五)精益生产方式的实施条件

1.合理设计产品

在精益生产方式中,试图通过产品的合理设计,使产品易生产、易装配,当产品范围扩大时,即使不能扩大工艺过程,也要力求不增加工艺过程,具体方法有:提高产品系列化、标准化和通用化水平。充分利用现有典型工艺过程和工序来实现加工和装配。加强产品模块化设计工作,减少产品结构复杂性。利用前面积累的丰富经验和资料,设计出定型的优异产品。

2.生产同步化

同步化生产,即工序间不设置仓库,前一工序的加工结束后,加工件立即转到下一工序去,装配与机械加工几乎平行进行,产品被一件一件、连续地生产出来。生产同步化还需通过采取相应的设备配置方法以及人员配置方法来实现。即不能采取通常的按照车、铣、刨等工业专业化的组织形式,而按照产品加工顺序来布置设备。

3.生产均衡化

生产同步化和均衡化是精益生产的基础。所谓生产的均衡化,是指总装配线在向前工序领取零部件时应均衡地使用各种零部件,生产各种产品。实现均衡生产主要通过合理月日生产计划安排来保证。在制造阶段,均衡化通过专用设备通用化和制定标准作业来实现。

4.缩短作业转换时间

作业更换时间一般由以下三个部分组成:

(1)内部时间:必须停机才能进行的作业更换时间;

(2)外部时间:即使不停机也可进行的作业更换时间,如模具、工夹具的准备、整理时间;

(3)调整时间:作业更换完毕后为保证质量所进行的调整、检查等所需的时间。

5.弹性配备人员

精益生产方式就是基于打破历来的"定员制"观念,创出了一种全新的"少人化"技术,来实现随生产量而变化的弹性作业人数。所谓少人化,是指根据生产量的变动,弹性地增减各生产线的作业人数,以及尽量用较少的人力完成较多的生产。

这里的"少人化"有两层含义:①生产工人数量随生产工作量而变动。②通过作业改进不断减少作业人数,以达到提高效率降低成本的目的。

6.质量保证

在精益生产方式中,通过将质量管理贯穿于每一工序之中来实现提高质量与降低成本的一致性,具体方法是设备的"自动化"和人员的"自主化"。具体如下:第一,使设备或生产线能够自动检测不良产品,一旦发现异常或不良产品可以自动停止设备运行的机制。第二,生产第一线的设备操作工人发现产品或设备的问题时,有权自行停止生产的管理机制。

三、敏捷制造

(一)什么是敏捷制造

敏捷制造的英文为 agile manufacturing,简称 AM。"敏"字的甲骨文字形象用手整理头发的样子,本义为动作快。敏捷的英文解释为 quick,即反应迅速快捷的含义。敏捷制造目前尚无统一、公认的定义,一般可以这样认为:敏捷制造是在"竞争—合作/协同"机制作用下,实现对市场需求作出灵活快速反应的一种生产制造新模式。

(1)敏捷制造思想的出发点是基于对产品和市场的综合分析,具体包括:市场/用户是谁;市场/用户需要什么;企业对市场作出快速响应是否值得;如果企业作出快速响应,能否获取利益。因此,敏捷制造的战略着眼点在于快速响应市场/用户的需要,使产品设计、开发、生产等各项工作并行进行,不断改进老产品,迅速设计和制造能灵活改变结构的高质量的新产品,以满足市场/用户不断提高的要求。

(2)企业实施敏捷制造必须不断提高企业能力,实现技术、管理和人员的全面、协调集成,其敏捷性体现在:企业的应变能力、先进制造技术、企业信息网、信息技术。其中最关键的因素是企业的应变能力,衡量企业的应变能力需要综合考虑市场响应速度、质量和成本,是企业在市场中生存和领先能力的综合表现。敏捷企业在纷繁复杂的商务环境中具有极强的应变能力,能够以最快的速度、最好的质量和最低的成本,迅速、灵活地响应市场/用户需求,从而赢得竞争。

(3)敏捷制造强调"竞争—合作/协同",采用灵活多变的动态组织结构,改变了过去以固定专业部门为基础的静态不变的组织结构,以最快的速度从企业内部某些部门和企业外部不同公司中选出设计、制造该产品的优势部分,组成一个单一的经营实体。

(二)敏捷制造的起源

20 世纪 80 年代,原联邦德国和日本生产的高质量的产品大量推向美国市场,迫使美国的制造策略由注重成本转向产品质量。进入 90 年代,产品更新换代加快,市场竞争加剧。仅仅依靠降低成本、提高产品质量还难以赢得市场竞争,还必须缩短产品开发周期。当时美国汽车更新换代的速度已经比日本慢了一倍以上,速度成为美国制造商关注的重心。同时,20 世纪 70 年代到 80 年代,被列为"夕阳产业"不再予以重视的美国制造业一度成为美国经济严重衰退的重要因素之一。在这种形势下,通过分析研究得出了"一个国家要生活得好,必须生产得好"的基本结论。为重新夺回美国制造业的世界领先地位,美国政府把制造业发展战略目标瞄向 21 世纪。美国通用汽车公司(GM)和里海(Leigh)大学的艾柯卡(Iacocca)研究所在国防部的资助下,组织了百余家公司,耗资 50 万美元,分析研究 400 多篇优秀报告后,提出《21 世纪制造企业战略》的报告。在这份报告中首次提出敏捷制造的新概念。1992 年美国政府将敏捷制造这种全新的制造模式作为 21 世纪制造企业的战略。

(三)敏捷制造企业的主要特征

敏捷制造的目标是企业能够快速响应市场的变化,根据市场需求,能够在最短时间内开发制造出满足市场需求的高质量的产品。因此,敏捷制造企业具有如下特点:

1.高度柔性

柔性主要指制造柔性和组织管理柔性。制造柔性主要是指企业能够针对市场的需求迅速转产,转产后能够实现多品种、变批量产品的快速制造。组织柔性主要是指企业淡化宝塔型的管理模式,更强调扁平式管理即权力下放,项目组具有一定的决策能力。充分发挥每个人的主观能动性,随时发现问题,随时解决。

2.先进的技术系统

敏捷制造企业应具有领先的技术手段和掌握这些技术的人员,还应具有可快速重组的、柔性的但并不强调完全自动化的加工设备,以及一套行之有效的质量保证体系,使设计制造出来的产品达到社会用户都满意的程度。

3.高素质人员

敏捷制造的一个显著特征就是以其对机会的迅速反应能力来参与激烈的市场竞争,这不仅是无思想的计算机所不能担负的工作,而且也不是思想僵化、被动接受指令的职工或一般模式中偏重于技术的工程师们所能应付得了的,它需要具有"创造性思维"的全面发展的敏捷型劳动力才能够胜任。拥有高素质劳动力的企业,与拥有普通劳动力的企业相比,高素质劳动力能够充分发挥主动性和创造性,积极有效地掌握信息和新技术;高素质劳动力得到授权后,能自己组织和管理项目,在各个层次上作出适当的决策;高素质劳动力具协作精神,在动态联盟中能与各种人员保持良好的合作关系。

4.用户的参与

传统的制造过程是收集用户的要求,由制造者进行设计,或者由制造者预测市场需求,再将"自以为是"的产品推向市场。在这种模式下,用户是被动地接受。否则,就要定做,不仅花费高,所需时间也长。在敏捷制造模式下,用户参与产品的设计过程,根据自己的喜好提出设计要求,而且整个设计制造过程对用户都是透明的,甚至连销售服务方面都有用户的参与。

(四)敏捷制造的发展前景

实施敏捷制造的过程是制造业在现有基础上不断提高的平滑转变过程,而对敏捷制造的研究时间不长,完整的理论体系尚未形成,其实施方法、手段和途径仍有待进一步探索。虽然众多企业在努力实施敏捷制造,他们确实也从某一方面或几个方面提高其敏捷性,但迄今为止,仍有许多问题有待解决。针对这一情况,美国等国对敏捷制造的开发与应用给予了高度重视,资助许多研究单位开发实现敏捷制造的参考模型和支持工具,并鼓励在不同行业进行示范应用,以期在边研究、边应用的过程中积累经验,完善敏捷制造工具产品,为更多的行业、企业应用打下基础。

在开发实现敏捷制造的参考模型和支持工具方面:第一,要建立并完善敏捷化工程模型。第二,进一步加强经营决策工具和实验性实施设计策略开发工作。在参考敏捷化工程模型的基础上,还将进一步加强经营决策工具和实验性实施设计策略开发,以便能包含更丰富的信息和形成更成熟的标准。第三,探索企业的敏捷因素的评价准则和分析技术将受到广泛的重视。第四,进一步开发支持实施敏捷制造的各种技术和工具。在典型行业应用示范方面,由于现有的大批量生产模式与变批量、多品种生产模式之间存在很大的差距,现有的生产过程又不具备足够的柔性等各种限制因素的存在,敏捷制造示范项目仍有待探索和改进。企业一方面需要充分利用现有的制造能力和技术经验有效地改进生产过程配置,另一方面需要建立企业信息网,完善各种数据库系统,同时开发先进的并行基础结构,提供协同工作中人员、工具和产品实现环境的三维集成,以促进企业集成的实现,这样才能尽快从当前生产方式向密集生产方式的转变。此外,应深入研究敏捷的概念、内涵以及实践,更好地应用于中小企业。

敏捷制造的基本思想和方法可以应用于绝大多数类型的行业和企业,并以制造加工工业最为典型。敏捷制造的应用将在世界范围内,尤其是发达国家逐步实施。从敏捷制造的发展与应用情况来看,它不是凭空产生的,是工业企业适应经济全球化和先进制造技术及其相关技术发展的必然产物,已有非常深厚的实践基础和基本雏形,世界主要国家的航空航天企业都已在不同的阶段或层次上按照敏捷制造的哲理和思路开展应用。由于敏捷制造中的诸多支柱(CIMS、并行工程等)和保障条件(如 CAD/CAM 等)随着大多数企业自身发展和改造将逐步得以推进和实施,可以说,敏捷制造的实施从硬件上并非另起一套,而是从理念上和企业系统集成上更上一层,其实施和推进将与已有的 CAD/CAM 改造、并行工程甚至 CIMS 逐步融为一体,因而,其可行性是显而易见的。综上所述,可以预见,随着敏捷制造的研究和实践不断深入,其应用前景十分广阔。

(五)精益生产与敏捷制造的区别

敏捷制造型企业强调与用户建立一种崭新的"战略依存关系",强调用户参与制造的全过程。如表 5-1 列出了精益生产、敏捷制造的主要特征,归类了产品类型和产品生命周期下的生产特点。

表 5-1　精益生产和敏捷制造的特征对比

要求特征	精益生产	敏捷制造
产品范围	标准产品	新产品
制造方法	精益生产技术	敏捷制造、精益生产的扩张
集成	制造、购买、质量和供应	市场、分销和信息系统
生产计划	订单确定	不同客户大规模定制
产品生命周期	大于 2 年	3 个月到 1 年
市场	当前市场	新市场
组织结构	静态的、低层次的	虚拟组织、战略联盟
供应商选择	低成本、高质量	速度、柔性和质量
存货策略	高周转、低库存	以客户需求而定
产品设计策略	最大化业绩、最小化成本	满足个性客户
人力资源	职能部门工作团队	分散决策、跨职能团队
集成供应链	主要	主要
消除浪费	主要	次要
快速重构供应链	次要	主要

1. 相同特征

精益生产和敏捷制造模式都强调利用市场知识、集成供应链和缩短产品交货期,这三个特征都是精益生产和敏捷制造的基础。供应链中的所有业务都针对最终用户,最终用户直接影响哪种生产模式更适合于供应链或供应链的局部。不管采用哪一种生产模式,业务流程必须协同工作以形成集成供应链,以便能够满足产品交货期。敏捷制造需要一个快速响应的供应链,通过信息流和物料流来缩短交货期。

2. 相似特征

重要程度比较接近的两个特征是消除浪费和供应链的快速重构。精益生产要求消除一切浪费;而敏捷制造意味着生产过程能够对市场信息的变化作出快速响应,强调对生产过程的快速重构。

3. 不同特征

敏捷制造商必须能忍受各种变化和干扰,利用需求波动使利润达到最大化,而精益生产通过市场知识和信息、前推计划使需求稳定。采用精益或敏捷的主要决定因素是产品品种的多样性(或变型程度)和生产批量。

项目小结

1. 传统生产计划和控制模式与供应链管理思想的差距主要表现在如下几个方面:①决策信息来源的差距(多源信息);②决策模式的差距(决策群体性、分布性);③信息反馈机制的差距(递阶、链式反馈与并行、网络反馈);④计划运行环境的差异(不稳定性、动态性)。

2. 供应链管理环境下生产计划制订有如下新特点:具有纵向和横向的信息集成过程;丰富了能力平衡在计划中的作用;计划的循环过程突破了企业的限制。

3. 供应链环境下的生产组织新思想有延迟制造、精益生产、敏捷制造。

思考题

1. 简述供应链管理环境下的生产组织计划模式。
2. 简述供应链管理环境下生产计划及生产控制的特点。
3. 什么是延迟策略?延迟制造的思想及类型是什么?
4. 如何确定延迟制造的分离点?
5. 简述精益生产的概念和思想。
6. 简述敏捷制造的概念及其特点。

案例分析

神龙公司座椅直送看板生产管理

神龙汽车有限公司是由法国雪铁龙汽车公司与中国东风汽车公司集团合资,注册 10 亿元人民币,投资百亿元人民币,于 1992 年 5 月 18 日成立的一个轿车生产企业。1995 年 9 月 8 日,神龙公司武汉工厂总装车间第一辆富康车下线。中、法两国企业间人员、技术交往不断增多,雪铁龙公司在汽车工业领域的先进管理经验,包括物流管理在内,越来越多地被中方人员学习、引入和应用。1998 年初,神龙公司相关部门决定试行部分外协件的 JIT 采购,进行直送看板供应。

第一个被选为 JIT 采购试点的外协件为汽车座椅。之所以选择座椅,是因为座椅供应商云鹤座椅厂距离神龙公司很近,就在神龙公司旁边,且该厂产品质量稳定,服务也较好。双方通过协商谈判,开始了 JIT 采购的直送看板供应运作。神龙富康轿车成套座椅价值为 4100元,采用专用耐久容器盛放,每个容器盛放两套座椅,供应商云鹤座椅厂距神龙公司总装车间约 1 公里,运输工具为 3 吨东风轻卡,每车运送 9 个容器。

神龙公司总装车间实行 5 天两班制生产,日产汽车 214 辆。云鹤座椅厂实行 5 天单班制生产,但仓库发交和运输作业时间与神龙总装车间同步。

改革之前,座椅供应商与神龙公司的生产节拍不一致,为此,神龙公司座椅库存水平 240套左右。实施物流供应链看板运输后,库存水平降低到 24 套左右。平均库存水平同比降低90%,减少了库存资金占用。在此基础上,神龙公司开始逐步扩大 JIT 采购物资的范围,取得了明显的经济效益。

具体方法是:神龙公司首先对座椅直送看板工艺流程进行描述和设计,结合工时分析,确定工时参数,通过进行看板计算,确定出重要控制点和作业点,提出看板样本和看板运行所需要的人员、设备、物品、面积、环境配套等资源需求,从而确保整个过程运行有序。

讨论题:

1. 神龙公司座椅直送看板生产管理的流程是什么?
2. 该案例对其他企业有何借鉴意思?

实训项目

1. 实训目的

结合企业的实际案例,深入了解企业供应链环境下的生产与控制,使同学们的理论知识得到论证。

2. 实训内容

在当地调挑选几个大中型生产制造企业,进入企业进行实地走访和上网调查该企业从原料到制作半成品再到成品的过程,了解企业生产计划与控制系统的特点,然后结合自己所学的知识提出该企业的缺陷和改进计划。

3. 实训组织

将学生分为若干组,由组长带领小组成员进行一系列调查、总结和汇报。

项目六
供应链管理环境下的库存控制

学习目的与要求

1. 掌握供应链库存的基本概念与控制方法。
2. 理解供应链库存管理的库存控制模型。
3. 了解供应链库存管理的库存控制问题。
4. 掌握供应商库存的实施原则。
5. 掌握联合库存管理的优缺点、策略。
6. 了解 CPFR 库存管理策略。

导入案例

戴尔的库存控制

戴尔致力于倾听客户需求,提供客户所信赖和注重的创新技术与服务。戴尔之所以能够不断巩固其市场领先地位,是因其一贯坚持直接销售基于标准的计算产品和服务,并提供最佳的客户体验。戴尔公司,2010 年在财富 500 强中名列第 131 位,目前在全球共有约 75100 名雇员。

戴尔公司创立之初是给客户提供电脑组装服务,先天在研发能力和核心技术方面与业界的 IBM、惠普等公司有着一定差距,要想在市场竞争中占据一席之地,必须进一步分析计算机价值链的机会,依靠管理创新获取成本优势。因此,戴尔在发展过程中虽有业务和营销模式的革新,但把重点放在成本控制和制造流程优化等方面,尤其是创造了直销模式,这可以减少中间渠道,直接面对最终消费者,达到降低成本的目的,而实施面向大规模定制的供应链管理更能帮助戴尔与供应商有效合作和实现虚拟整合,降低库存周期及成本,从而获取高效率、低成本的优势,这也正是其核心竞争力所在。"黄金三原则"即坚持直销、摒弃库存、与客户结盟。

该公司分管物流配送的副总裁迪克·亨特一语道破天机:"我们只保存可供 5 天生产的存货,而我们的竞争对手则保存 30 天、45 天,甚至 90 天的存货。这就是区别。"

亨特无疑是物流配送时代浪尖上的弄潮者。亨特在分析戴尔成功的时候说:"戴尔总支出的 74% 用在材料配件购买方面,2000 年这方面的总开支高达 210 亿美元,如果我们能在物流配送方面降低 0.1%,就等于我们的生产效率提高了 10%。"戴尔的库存管理并不仅仅着眼于"低",通过双向管理其供应链,通盘考虑用户的需求与供应商的供应能力,使二者的配合达到最佳平衡点,实现"永久性库存平衡",这才是戴尔库存管理的最终目的。

戴尔没有仓库,戴尔的工厂外边有很多配套的厂家。戴尔在网上或电话里接到订单,收到了钱之后会告诉你要多长时间货可以到。在这段时间它就有时间去对订单进行整合,对既有的原材料进行分拣,需要什么原材料就下订单给供应商,下单之后,货到了生产线上才进行产权交易,之前的库存都是供应商的,它把库存的压力转移给了供应商。

第一节　供应链管理库存的基本理论

一、库存的基本概念

(一)库存的定义

物流管理中这样定义库存:指一切当前闲置的、用于未来的、有经济价值的资源,如原材料、半成品、成品、机器、人才、技术等(闲置的资源)。其作用在于:防止生产中断,节省订货费用,改善服务质量,防止短缺,有效缓解供需矛盾,改善客户服务,有时甚至还有投机功能,为企业盈利。

(二)库存的分类

1.按照库存职能划分

库存按照其职能可以分为生产性库存和销售性库存。生产性库存是为了满足供应链生产环节的需要而设立的原材料、零部件等物料库存。销售性库存是为了满足供应链销售环节的需要或根据顾客需求预测而设立的产品、物料库存。销售性库存管理的难度大,原因是市场营销不可避免地会受到需求变异放大("牛鞭效应")和市场不稳定型因素的影响。供应链一体化库存管理的目的就是减轻或消除这些因素的影响,使库存管理与顾客需求真实地一致起来,从而降低库存成本,提高服务质量,创造顾客价值。

2.按照库存作用划分

库存按照其作用可以分为周转库存、安全库存、在途库存、加工库存、季节性库存、投机性库存、促销性库存和沉淀库存。

(1)周转库存又称为经常库存,是指在正常经营环境下,企业为了满足日常的需要而建立起来的库存。其目的是为了弥补在生产和销售过程中已消耗完成或待销耗完成的物资,以便满足一定条件下的物资需求,保证生产和销售的连续性。通常是按照一定的量或以往消耗重复性补充的库存。

(2)安全库存又称保险库存、缓冲库存,是指在未来物资供应的不确定性、意外中断或延迟等情况下,起到缓冲作用而保有的库存。其存在的目的就是为了应付一些不可预料的情况发生,如大量突发性的订货、交货期突然延长等。通常安全库存量是一个常量,它的多少与供应的保障水平息息相关。

(3)加工库存是指处于或等待流通加工或生产加工的处于暂时储存状态的库存。

(4)在途库存也称中转库存,是指处于运输状态或者等待运输状态的还未到达目的地的库存。其目的是为了满足采购的需要。在途库存量的大小取决于运输时间以及该期间内的平均需求。

(5)季节性库存也称调节库存,是指某些物资的生产或产品的销售受到季节性因素的影响,为了保证生产和销售的正常运行,需要一定数量的季节性库存。

(6)投机性库存又称屏障库存,是指为了避免因物价上涨的损失或者为了从商品价格上涨中获利而建立的库存,具有投机性质。

(7)促销库存是指为了配合企业的各种促销行为而建立的库存。其目的是为了满足促销所需要的库存。

(8)沉淀库存又称积压库存,是指由于商品损坏或变质,没有销售出去,以及过量存储产生的库存。

3. 按照需求的重复性划分

库存按照需求的重复性可以分为单周期库存和多周期库存。

(1)单周期库存是指仅在一段特定时间内的需求,过了这段时间就没有原有的使用价值的库存。它具有偶发性和生命周期短的特点,而且很少重复订货。

(2)多周期库存是指足够长的时间内具有重复的、连续需求的库存,需要不断地补充。在实际生活中,这类库存较为常见。

4. 按照需求的相关性划分

库存按照需求的相关性可分为独立需求库存和相关需求库存。

(1)独立需求库存是指需求变换独立于人们主观控制能力之外的库存。其数量与出现的概率是随机的、不确定的和模糊的。

(2)相关需求库存是指需求变化直接依赖于对其他产品需求的库存。其需求数量还与其他产品需求存在一定的相互关系,可以通过一定的结构关系推算得出。

5. 按库存表现形式划分

库存按照其处于生产过程中的表现形式还可以分为原材料库存、在制品库存、产成品库存、配件库存等。

(三)库存的作用

"库存是一种必要的魔鬼。"也就是说,库存的存在有利有弊。

1. 库存存在的必要性

(1)维持销售产品的稳定。

销售预测型企业对最终销售产品保持一定数量的库存,其目的是为了应付市场的销售变化。这种变化下,企业必不预先知道市场真正需要什么,只要按对市场需求的预测进行生产,因而产生一定数量的库存是必需的。但随着供应链管理的形成,这种库存也在减少或消失。

(2)维持生产的稳定。

企业按销售订单与销售预测安排生产计划,并制订采购计划,下达采货订单。由于采购的物品需要一定的提前期,这个提前期是根据统计数据或者是在供应商生产稳定的前提下制定的,但存在一定的风险,有可能拖后而延迟交货,最终影响企业的正常生产,造成生产的不稳定。为了降低这种风险,企业就会增加材料的库存量。

(3)平衡企业物流。

企业在采购材料、生产用量、在制品及销售物品的物流环节中,库存起着重要的平衡作用。采购的材料会根据库存能力(资金占用等)协调来料收货入库,同时对生产部门的领料应考虑库存能力、生产线物流情况(场地、人力等)平衡物料发放,并协调在制品的库存管理。另外,对销售产品的物品库存也要视情况进行协调(各个分支仓库的调度与出货速度等)。

(4)平衡流通资金的占用。

库存的材料、在制品及成品是企业流通资金的主要占用部分,因而库存量的控制实际上进行流通资金的平衡。例如,加大订货批量会降低企业的订货费用,保持一定量的在制品库存与材料会节省生产交换次数,提高工作效率,但这两方面都要要求最佳控制点。

(5)提供客户服务水平。

供应链通过维持一定的库存,在客户需要的时候提供及时准确的货物供应服务,可以增强供应链的快速反应能力,提高客户的满意度。

2.库存存在的弊端

(1)占用企业大量的资金。库存变现不仅需要一个过程而且还往往需要折价甚至失去价值的风险。在企业总资产一定的情况下,库存增加会造成其他可以立即变现的流动资金减少,增加企业的产品成本与管理成本。库存材料的成本增加直接增加了产品成本,而相关库存设备、管理人员的增加也加大了企业的管理成本。

(2)掩盖了企业众多管理问题。供应链生产管理过程中有很多致命问题,如计划不周、采购不力、生产不均衡、产品质量不稳定及市场营销不力等,这些问题很可能被高的库存水平所掩盖。一旦库存水平下降,这些暗礁便会"水落石出",可能会给供应链带来重大打击。

大量库存的囤积还可能导致市场上某些物资的供给不足,造成一种需求大于供给的假象,使需求虚增,扰乱市场的环境,甚至会造成严重的社会问题。

二、供应链库存管理概述

(一)供应链库存管理的概念

供应链库存管理是供应链管理的重要内容之一,它是以控制供应链库存为目的的方法、手段、技术和操作过程的集合,是对供应链库存进行的计划、协调和控制的工作。具体来说,供应链库存管理就是依据供应链生产计划的要求和库存状况制订采购计划,并负责库存控制策略及计划的制订与反馈修改,以达到合理地确定库存量、运用资金,提高资金利用率,提高劳动生产效率或增加销售额的目的。

(二)供应链库存管理的特点

供应链库存管理的目标服从于整条供应链的目标,通过对整条供应链上的库存进行计划、组织、控制和协调,将各阶段库存控制在最小限度,从而削减库存管理成本,减少资源闲置与浪费,使供应链上的整体库存成本降至最低。与传统库存管理相比,供应链库存管理不再是作为维持生产和销售的措施,而是作为一种供应链的平衡机制。通过供应链管理,消除企业管理中的薄弱环节,实现供应链的总体平衡。供应链管理理论是对现代管理思想的发展,其特点主要表现为:

1.管理集成化

供应链管理将供应链上的所有节点看成一个有机的整体,以供应链流程为基础,物流、信息流、价值流、资金流、工作流贯穿于供应链的全过程。因此,供应链管理是一种集成化管理。

2.资源范围扩大

传统库存管理模式下,管理者只需考虑企业内部资源的有效利用。供应链管理模式导入后,企业资源管理的范围扩大,要求管理者将整条供应链上各节点企业的资源全部纳入考虑范围,使供应链上的资源得到最佳利用。

3.企业间关系伙伴化

供应链管理以最终客户为中心,将客户服务、客户满意与客户成功作为管理的出发点,并贯穿于供应链管理的全过程。由于企业主动关注整条供应链的管理,供应链上各成员企业间的伙伴关系得到加强,企业间由原先的竞争关系转变为"双赢"关系。供应链的形成使供应链上各企业间建立起战略合作关系,通过对市场的快速反应,共同致力于供应链总体库存的降低。因此,库存管理不再是保证企业正常生产经营的措施,而是使供应链管理平衡的机制。

三、供应链环境下的库存控制问题

供应链环境下的库存问题和传统的企业库存问题有许多不同之处,这些不同点体现出供应链管理思想对库存的影响。传统的企业库存管理侧重于优化单一的库存成本,从存储成本和订货成本出发确定经济订货量和订货点。从单一的库存角度看,这种库存管理方法有一定的适用性,但是从供应链整体的角度看,单一的企业库存管理的方法显然是不够的。供应链管理下的库存控制存在的主要问题有三大类:信息类问题、供应链的运作问题、供应链的战略与规划问题。这些问题可综合以下几个方面的内容。

(一)低效率的信息传递系统

在供应链中,各个供应链节点企业之间的需求预测、库存状态、生产计划等都是供应链管理的重要数据,这些数据分布在不同的供应链组织之间,要做到有效地快速响应用户需求,必须实时传递用户的需求信息,为此需要对供应链大的信息系统模型作相应的改变。通过系统集成的办法,使供应链中的库存数据能够实时、快速、大量地传递。但是目前许多企业的信息系统并没有很好地集成起来,当供应商需要了解用户的需求信息时,常常得到的是延迟的信息和不准确的信息。

(二)不确定性对库存的影响

供应链运作中存在许多的不确定因素,如订货提前期、货物运输状况、原材料的质量等。为了减少不确定性对供应链的影响,首先应该了解不确定性的来源和影响程度。很多企业没有认真研究和跟踪其不确定性的来源和影响,错误估计供应链中物料的流动时间,造成有的物品库存增加,而有的物品库存不足的现象。

(三)缺乏合作与协调

供应链是一个整体,需要协调各方活动,才能取得最佳的运作效果。问题在于,多厂商特别是全球化的供应链中,组织的协调涉及更多的利益群体,相互之间的信息透明度不高。在这样的情况下,企业不得不维持一个较高的安全库存,为此付出了较高的代价。

(四)产品的过程设计没有考虑供应链上库存的影响

现代产品设计与先进制造技术的出现,使产品的生产效率大幅度提高,而且具有较高的成本效益,但是供应链库存的复杂性常常被忽视了。结果所有节省下来的成本都被供应链上的分销与库存成本给抵消了。同样在引进新产品时,如果不进行供应链的规划,也会因运输时间过长、库存成本高等原因而无法获得成功。

(五)对用户服务的理解与定义不恰当

供应链管理的绩效好坏应该由用户来评价,或者用对用户的反应能力来评价。但是,对用户的服务的理解与定义各不相同,导致对用户服务水平的差异。

(六)没有供应链的整体观念

虽然供应链的整体绩效取决于各个供应链的节点绩效,但是各个部门都是各自独立的单元,都有各自独立的目标与使命。有些目标和供应链的整体目标是不相干的,更有可能是冲突的。一般的供应链系统都没有针对全局供应链的绩效评价指标,这是普遍存在的问题。

(七)库存控制策略简单化

无论是生产性企业还是物流企业,库存控制的目的都是保证供应链运行的连续性和应付不确定需求。但是许多企业对物品采用统一的库存控制策略,物品的分类没有反映供应与需求中的不确定性。

基于供应链库存管理的特点和供应链库存管理存在的问题,应从以下方面完善供应链库存管理:

(1)必须树立供应链整体观念。要在保证供应链整体绩效的基础上,实现供应链各成员企业间的库存管理合作,需要对各种直接或间接影响因素进行分析,如供应链企业的共同目标、共同利益、价值追求等。要在信息充分共享的基础上,通过协调各企业的效益指标和评价方法,使供应链各成员企业对库存管理达成共识,从大局出发,树立"共赢"的经营理念,自觉协调相互需求,进而建立一套供应链库存管理体系,使供应链库存管理的所有参与者在绩效评价内容和方法上取得一致,充分共享库存管理信息。

(2)要精简供应链结构。供应链结构对供应链库存管理有着重要影响。供应链过长,供应链上各节点之间关系过于复杂,是造成信息在供应链传递不畅、供应链库存成本过高的主要原因之一。优化供应链结构,是保证供应链各节点信息传递协调顺利的关键,是搞好供应链库存管理的基础。因此,应尽量使供应链结构朝扁平化方向发展,精简供应链的节点数,简化供应链上各节点之间的关系。

(3)将供应链上各环节有效集成。集成供应链上各环节,就是在共同目标基础上,将各环节组成一个"虚拟组织",通过使组织内成员信息共享、资金和物质相互调剂,优化组织目标和整体绩效。通过将供应链上各环节集成,可以在一定程度上克服供应链库存管理系统过于复杂对供应链库存管理效率的影响,使供应链库存管理数据能够实时、快速地传递到各个节点,从而大大降低供应链库存成本,对顾客需求作出快速的反应,提高供应链库存管理的整体绩效。

四、供应链管理下库存控制的目标

供应链管理下的库存控制,是在动态中达到最优化的目标,在满足顾客服务要求的前提下,力求尽可能地降低库存,提高供应链的整体效益。具体而言,库存控制的目标如下:

(一)库存成本最低

这是企业需要通过降低库存成本,以降低成本增加盈利和增强竞争能力所选择的目标。

(二)库存保证程度最高

企业有很多的销售机会,相比之下压低库存意义不大,这就特别强调库存对其他经营生产活动的保证,而不强调库存本身的效益。企业通过增加生产以扩大经营时,往往选择这种控制目标。

(三)不允许缺货

企业由于技术、工艺条件决定不允许停产,则必须以不缺货为控制目标,才能起到不停产的保证作用。企业某些重大合同必须以供货为保证,否则会受到巨额赔偿的惩罚时,可制定不允许缺货的控制目标。

(四)限定资金

企业必须在限定资金预算前提下实现供应,这就需要以此为前提进行库存的一系列控制。

(五)快捷

库存控制不依本身经济性来确定目标,而依靠大的竞争环境系统要求确定目标,这常常出现以最快速度实现进出货为目标来控制库存。

五、供应链库存管理的运行机制

供应链库存管理强调各节点企业的长期合作,需要一种明确的制度安排来强化各节点企业合作的持久性,以抑制各节点企业的机会主义行为。诺斯曾经证明:当交易成本为正时,制度是重要的。建立合理的供应链库存管理机制,是保持供应链库存管理系统稳定健康运行的重要方法。供应链库存管理机制的建立应主要从以下三个层次着手:

(一)建立供需计划协调管理机制

该管理机制包括建立共同合作目标、库存优化计划和协调控制方法、信息沟通渠道,建立利益分配和激励约束机制、风险分担机制,以保证信息在供应链上传递的准确性和及时性。

(二)建立供应链库存运行机制

该运行机制主要包括制定合同规则、协作交易规则、库存信息共享规则、订单处理规则以及应收、应付账款财务结算规则等与供应链中库存物流运作相关的各种规则章程,以保证供应链上各节点企业相互合作的良性循环和生产经营的顺利进行。

(三)建立供应链库存管理绩效评价体系

如运用财务指标、内部流程评价指标考核企业间的合作程度与经营状况。通过对考核结果的分析比较,发现库存管理中存在的问题,及时采取改进措施。

第二节 供应商管理库存

一、供应商管理库存的定义

供应商管理库存(vendor managed inventory,VMI),是一种在供应链环境下的库存运作模式。本质上,它是将多级供应链问题变成单级库存管理问题。相对于按照传统用户发出订单进行补货的传统做法,VMI是以实际或预测的消费需求和库存量,作为市场需求预测和库存补货的解决方法,即由销售资料得到消费需求信息,供货商可以更有效地计划、更快速地反应市场变化和消费需求。

供应商管理库存是以供应商为中心,以双方最低成本为目标,在一个共同的框架协议下把下游企业的库存决策权代理给上游供应商,由供应商行使库存决策的权利,并通过对该框架协议经常性地监督和修改以实现持续改进。供应商收集分销中心、仓库和 POS 数据,实现需求和供应相结合,下游企业只需要帮助供应商制订计划,从而下游企业实现零库存,供应商的库存也大幅度减少。它是一种很好的供应链库存管理策略,能够突破传统的条块分割的管理模式,以系统的、集成的管理思想进行库存管理,使供应链系统能够获得同步化的运作。

二、供应商管理库存的实施原则

VMI 的基本思想是供应商在用户的允许下设立库存,确定库存水平和补给策略,拥有库存控制权。因此,该项策略主要体现在以下原则:

(一)合作性原则

合作性原则体现在供应商和批发商要相互信任,信息透明。这一般通过双方的长期友好合作和完善的信息化系统来完成。

(二)互惠原则

通过 VMI 策略让供应商和批发商均得到成本的降低,而不是一方将成本转嫁给另一方。绝大多数情况下,实施 VMI 的双方需要签订若干协议,从法律的框架下保证双方的利益。

(三)连续改进原则

供应商管理只有本着循序渐进、不断优化和持续改进的原则,才能保证 VMI 和外包的顺利实施,使供需双方能共享利益和消除浪费。

(四)目标一致原则

VMI 策略是供应商与客户双方都明白自己的责任,在观念上达成一致的目标,并且体现在框架协议中。

VMI 的核心在于准确预测库存变化,但是这并不是立刻就能够实现得很好的,需要双方不断的配合、分析、调整,以尽量降低库存水平,加快商品流转速度。

三、供应商管理库存的前期准备

(一)实施供应商管理库存的目标分析

根据供应商管理库存经济效益和库存分析,双方企业的目标主要在以下几个方面:

(1)降低供应链上产品库存,抑制长鞭效应;

(2)降低买方企业和供应商成本和提升利润;

(3)保证企业的核心竞争力;

(4)提高双方合作程度和忠诚度。

(二)供应商管理库存协议的制订

(1)整个供应商管理库存所做出额外投资的成本由买方企业和供应商按比例共同承担。

(2)实施供应商管理库存所带来的供应链利益的上升,应由双方共享,特别是在双方企业实施供应商管理库存的前期阶段,可能会使得供应链上升的利润大部分被买方企业所攫取,所以在短期内买方企业应该让渡部分利润给供应商来保证它实施供应商管理库存的积极性和信心。

(3)在整个供应商管理库存实施的过程中,规定一系列的条款来规范双方企业的行为。如例外条款的拟订,一旦出现意外事件需要及时通告双方,通告的渠道和方式;付款条款的拟订,包括付款方式、付款期限的规定等;罚款条约的拟订,包括供应商如果在运输配送中出现差错,将如何对其实施罚款;买方企业如果传送错误的产品销售信息将如何对其实施罚款等。

(4)关于操作层面的协议。供应商和买方企业通过协议,来确定实施供应商管理库存过程中前置时间、订单处理时间、最低到货率、补货点等一系列操作层面的问题。

(三)实施供应商管理库存的资源准备

这是针对实施供应商管理库存所必需的一些支持,如一些信息网络的组建和 IT 技术的准备用于建立供应商管理库存信息决策支持系统。

(1)电子数据交换(EDI)系统:它可以降低成本,美国通用汽车通过实施 EDI,每年大概可以节约 12.5 亿美元的成本。

(2)自动销售点信息(POS)系统:实施 POS 系统提高了资金的周转率,可以提高避免缺货现象,使库存水平合理化。此外,对于如何进行有效的其他管理也起着重要作用,对于供应商管理库存中实现真正的信息共享是必不可少的。

(3)条形码技术:它的应用不仅提供了一套可靠的代码标实体系,还为供应链各节点提供了通用语言,解决了数据录入和数据采集经常出现的"瓶颈"问题,为供应商管理库存的实施提供了有力支持。

除此之外,还包括实施供应商管理库存所必需的物流方面的配套支持以及产品的仓储和运输配送等。

四、供应商管理库存的实施

(一)实施供应商管理库存的信息沟通

实施供应商管理库存首先必须拥有一个良好的信息沟通平台,我们需要在原有企业拥有的 EDI 的基础上,重新整合原有的 EDI 资源来构建一个适合于供应商管理库存的信息沟通系统。

(二)供应商管理库存的工作流程设计

买方企业和供应商实施 VMI 后,必须进行针对 VMI 的工作流程来保证整个策略的实施。整个供应商管理库存的实施都是透明化的,买方企业和供应商随时都可以监控。主要分为以下两个部分:

(1)库存管理部分:其实是由销售预测和库存管理以及和供应商生产系统共同组成的,因为实施了供应商管理库存之后,这几个部分的工作主要由供应商和买方企业共同协调来完成,所以我们把它归为一种模块来处理。首先由买方企业那里获得产品的销售数据,然后和当时的库存水平相结合及时传送给供应商,再由供应商的库存管理系统作出决策:如果供应商现有的仓储系统能够满足库存管理系统作出决策所需的产品数量,就直接由仓储与运输配送系统将产品直接及时配送给买方企业;如果供应商现有的仓储系统不能够满足库存管理系统作出决策,就必须通知生产系统生产产品后再通过运输与配送系统及时将产品配送给买方企业。

其中,在正式订单生成前,还应该交由买方企业核对,调整后再得出最后订单。

(2)仓储与运输配送系统:一方面负责产品的仓储,产品的分拣入库以及产品的保存;另一方面负责产品的运输配送,产品按要求及时送达买方企业手中,同时负责编排尽量符合经济效益的运输配送计划,如批量运输和零担运输的选择、运输的线路和时间编排以及安排承载量等。

(三)供应商管理库存的组织结构调整

买方企业和供应商实施供应商管理库存后,为了适应新的管理模式,需要根据供应商管理库存的工作流程来对组织机构进行相应的调整。

因为供应商管理库存毕竟是对原有企业的管理策略的一种"否定",在双方企业之间肯定会有工作和职能上的合作和调整,所以为了保证供应商管理库存能够很好正常地运行,就有必要设立一个供应商管理库存协调与评估部门。其主要作用在于:

(1)原有企业之间的人员在实施供应商管理库存后,可能会因为工作上的合作而导致利益冲突,所以供应商管理库存协调与评估部门就可以制定一系列的工作标准来协调和解决这些问题,可以作为双方企业之间沟通的桥梁。

(2)因为实施供应商管理库存后,原有工作岗位就会适当合并和调整:如原有的买方企业库存和仓储人员的工作岗位再安排,他们可能会认为现有的供应商管理库存对他们来说会威胁到自己饭碗,所以供应商管理库存协调与评估部门就应该做好他们的工作,对他们的工作作出适当的安排和调整。

(3)对供应商管理库存的实施进行监控和评估,用以提供合理科学管理信息给企业高层,作为企业高层对企业调整的重要依据。

五、供应商库存管理实施过程中应注意的问题

(一)双方企业合作模式的发展方向问题

双方企业管理高层应该进一步加强企业之间的合作和信任,供应商库存管理原本由快速反应、有效客户反应等供应链管理策略发展而来,由于买方企业相对供应商来说是它产品的需求方,所以在整个VMI策略实施中占主导地位,但随着双方企业合作越来越紧密,双方企业谁也离不开谁,所以随着时间的推移,双方企业相互之间的地位也会趋于均衡,所以供应商库存管理也应当作出适当调整,一种新的供应商管理模式——CPFR——很可能是VMI的发展方向,它和供应商库存管理主要的区别在于:它所涉及的双方企业的涵盖面更加宽广,不像供应商管理库存那样主要只涉及双方企业的销售、库存等系统,而且双方企业的地位更加均衡,可以说它是买方企业和供应商在长期实施供应链策略的长期选择方向。

(二)产品采购数量和采购价格的调整问题

在实施供应商库存管理的期初阶段,由于客观市场环境的影响:终端市场产品的需求可能不会因为实施供应商库存管理后而发生比较大的影响,加上买方企业不会在刚刚实施供应商库存管理后,就对供应商的采购价格作出上升调整,所以期初阶段实施供应商库存管理所带来利益大部分被买方企业所攫取了,而在长期全面供应商库存管理后,买方企业会因为自己成本的下降,买方会利用自己的核心竞争力——市场营销能力来调整自己的产品销售价格来获得更多市场份额,获得更多的消费者,这样的话,那么,双方企业的采购价格和数量就会作出调

整,调整的方式主要通过事先双方企业签署协议来达成,但在长期实施 VMI 过程中,调整的频率可能会比较大,所以双方企业都应该对采购的数量和价格频繁变化作好充分的准备,以免在签署协议时产生矛盾和不信任。

(三)长期利益分配问题

长期实施供应商库存管理后,双方企业的利润相对于实施供应商库存管理之前,都会得到提高,但买方企业和供应商获得利益的上升却"不平等",从整个供应商库存管理实施的过程来看,供应商承担了大部分的工作,虽然双方企业在实施前达成协议对实施供应商库存管理所需要的投资共同分担,但大部分的好处仍然被买方企业所有,这主要是因为买方企业相对供应商来说是产品的需求方,在整个供应链中它属于上游企业,在整个供应链管理中占主导地位,在长期内,全面实施供应商库存管理的过程中,双方企业应该对整个利润的分配在责权对等的基础上分配。分配可以根据双方企业的会计财务系统,根据双方企业成本大小按比例通过签署协议来执行,分配的方式多种多样,可以通过实物如投资设备的分配、人员培训的分配或者直接现金的分配。

(四)实际工作的不断调整问题

因为供应商库存管理所带来的效益并非一朝一夕就显现出来(买方企业可能除外),所以一旦实施,必将是一个长期的过程,因此,在长期实施供应商库存管理时,双方企业的实际工作应该不断地调整来适应整个供应商库存管理的实施。这主要有以下几点:

(1)产品管理应该向标准化、一致化发展。比如产品的包装、规格及质量体系应该统一口径,这样不但可以减少双方企业之间的误会,同时对产品的售后也可有据可依。在员工交流和培训方面,因为本身供应商库存管理就是一个企业之间通过协议合作的模式,人员的交流和培训是必不可少的,双方企业可以定期互派员工到企业中参观和学习,进一步熟悉自己的合作伙伴,也可以通过员工之间的联谊来交流企业文化,以便更好增加双方企业之间的信任感,这些都可以通过企业之间的协调部门来执行。

(2)库存系统的进一步融合,真正做到 JIT 化的库存管理。如检查周期、库存维持水平、订货点水平、订单的处理和传送等一系列关于库存管理的内容,应该根据双方企业信息系统提供的准确信息不断调整。

(3)仓储和运输配送系统。刚开始实施时,仓储和运输配送可以通过第三方物流形式来执行,也可以通过自己原有仓储和配送资源来执行,但双方企业考虑长期实施供应商库存管理的话,可以考虑通过自己原有的资源来执行仓储和运输配送,因为这样和第三方物流的服务相比,双方企业的管理层可以更好地整合自己所有的资源,充分利用资源,减少资源的浪费和低效率。

六、VMI 策略的优势与不足

(一)VMI 策略的优势

VMI 策略可以降低供应链的库存水平,为其提供更高的水平服务,使双方达到共赢。总体来说,VMI 有以下四个方面的优势:

(1)销售商可以省去多余的订货部门和不必要的控制步骤,提高服务水平。

(2)供应商按照销售时点的数据对需求作出预测,可以减少预测的不确定性。

（3）供应商拥有库存，并进行有效管理，协调对多个生产商的生产和配送。

（4）供应商能更快速影响用户需求，提高服务水平，降低分销商（批发商）的库存水平。

（二）VMI 策略的不足

（1）在 VMI 中，供应商和零售商的协作水平是有限的。

（2）VMI 对于企业间的信任要求高。VMI 是跨企业边界的集成与协调，要求供需双方建立互信的合作伙伴关系。如果缺乏信任，双方都将对方视为竞争对手而不是合作伙伴，那么要想实现信息共享和企业间的集成和协调是不可能的。因此，供需双方需要互信和合作是 VMI 成功的必备条件。

（3）VMI 中的框架协议虽然是双方协定的，但供应商处于主导地位，决策过程中缺乏足够的协商，难免造成失误。

（4）VMI 的实施减少了库存总费用，但是在 VMI 系统中，库存费用、运输费用和意外损失不是由用户承担，而是由供应商承担。可见，VMI 实际上是对传统库存控制策略进行"责任倒置"后的一种库存管理策略，无疑加大了供应商风险。

第三节　联合库存

一、联合库存管理概述

联合库存管理（jointly managed inventory，JMI）是近年来在国外出现的一种新的具有代表性的库存管理思想，是一种上游企业和下游企业权力责任平衡和风险共担的库存管理模式。它把供应链系统管理集成为上游和下游链两个协调管理中心，库存连接的供需双方从供应链整体的观念出发，同时参与，共同制订库存计划，实现了供应链的同步化运作，从而部分消除了由于供应链环节之间的不确定性和需求信息扭曲现象导致的供应链的库存波动。

二、联合库存的优点

（一）减低原材料采购成本

因为各个供应商的物资直接进入公司的原材料库中，即各个供应商的分散库存为公司的集中库存，减少了供应商的库存保管费用，所以减低了原材料采购成本。

（二）降低分销商销售成本

分销商不建立自己的库存，所售出的商品由公司各区域分库直接从产成品发库到用户手中，分销商取消了自己建立仓库费用对所售商品的分摊，把所有的精力放到了销售上，从而提高了分销商的主动性、积极性，促进了公司的销售量的增加，提高公司的产销量。

（三）降低不确定性

联合库存管理系统把供应链系统管理进一步集成为上游和下游两个协调管理中心，从而部分消除了由于供应链环节之间不确定性和需求信息扭曲现象导致的库存波动。通过协调管理中心，供需双方共享需求信息，因而提高了供应链的稳定性。

(四)为其他管理模式提供条件

这种库存控制模式也为其他科学的供应链物流管理如连续补充货物、快速反应、准时供货等创造了条件。

(五)简化了供应链库存管理的运作程序

由于联合库存管理将传统的多级别、多库存点的库存管理模式转化成对核心制造企业的库存管理,核心企业通过对各种原材料和产成品实施有效控制,就能达到对整个供应链库存的优化管理,简化了供应链库存管理的运作程序。

(六)提高了供应链的整体工作效率

联合库存管理在减少物流环节、降低物流成本的同时,提高了供应链的整体工作效率。联合库存可使供应链库存层次简化和运输路线得到优化。在传统的库存管理模式下,供应链上各企业都设立自己的库存,随着核心企业的分厂数目的增加,库存物资的运输路线将呈几何级数增加,而且重复交错,这显然会使物资的运输距离和在途车辆数目的增加,其运输成本也会大大增加。

供应商的库存直接存放在核心企业的仓库中,不但保障核心企业原材料、零部件供应、取用方便,而且核心企业可以统一调度、统一管理、统一进行库存控制,为核心企业快速高效的生产运作提供了强有力的保障条件。

三、联合库存的缺点

JMI 这种方法以消费者为中心,着眼于计划和执行更详细的业务,供应链经常应用工作组技术进行关键问题处理,使其在了解对方的运作增强相互作用等方面得到改善,其结果有助于发展贸易伙伴的信任关系。JMI 在每个公司内增加了计划执行的集成,并在消费者服务水平、库存和成本管理方面取得了显著的效果。具体缺陷如下:

第一,JMI 的建立和维护成本高;

第二,企业合作联盟的建立较困难;

第三,建立的协调中心运作困难;

第四,联合库存的管理需要高度的监督。

四、供应链联合库存管理的两种模式

(一)集中库存模式

集中库存是把各个供应商的零部件都直接存入核心企业的原材料库中,就是变各个供应商的分散库存为核心企业的集中库存。集中库存要求供应商的运作方式是:按核心企业的订单或订货看板组织生产,产品完成时,立即实行小批量多频次的配送方式,直接送到核心企业的仓库中补充库存。在这种模式下,库存管理的重点在于核心企业根据生产的需要,保持合理的库存量,既能满足需要,又要使库存总成本最小。

(二)无库存模式

无库存模式是指供应商和核心企业都不设立库存,核心企业实行无库存的生产方式。此时供应商直接向核心企业的生产线上进行连续小批量多频次的补充货物,并与之实行同步生产、同步供货,从而实现"在需要的时候把所需要品种和数量的原材料送到需要的地点"的操作模式。这种准时化供货模式,由于完全取消了库存,所以效率最高、成本最低。但是对供应商和核心企业的运作标准化、配合程度、协作精神要求也高,操作过程要求也严格,而且二者的空间距离不能太远。

五、联合库存管理与供应商管理库存的区别

联合库存管理是解决供应链系统中由于各节点企业的相互独立库存运作模式导致的需求放大现象,提高供应链的同步化程度的一种有效方法。联合库存管理和供应商管理库存不同,它强调双方同时参与,共同制订库存计划,使供应链过程中的每个库存管理者(供应商、制造商、分销商)都从相互之间的协调性考虑,保持供应链相邻的两个节点之间的库存管理者对需求的预期保持一致,从而消除了需求变异放大现象。任何相邻节点需求的确定都是供需双方协调的结果,库存管理不再是各自为政的独立运作过程,而是供需连接的纽带和协调中心。

六、联合库存管理的实施策略

(一)建立供需协调管理机制

为了发挥联合库存管理的作用,供需双方应从合作的精神出发,建立供需协调管理的机制,明确各自的目标和责任,建立合作沟通的渠道,为供应链的联合库存管理提供有效的机制。没有一个协调的管理机制,就不可能进行有效的联合库存管理。建立供需协调管理机制,要从以下几个方面着手:

(1)建立共同合作目标。要建立联合库存管理模式,首先供需双方必须本着互惠互利的原则,建立共同的合作目标。为此,要理解供需双方在市场目标中的共同之处和冲突点,通过协商形成共同的目标,如用户满意度、利润的共同增长和风险的减少等。

(2)建立联合库存的协调控制方法。联合库存管理中心担负着协调供需双方利益的角色,起协调控制器的作用。因此需要对库存优化的方法进行明确确定。这些内容包括库存如何在多个需求商之间调节与分配,库存的最大量和最低库存水平、安全库存的确定,需求的预测等。

(3)建立一种信息沟通的渠道或系统信息共享是供应链管理的特色之一。为了提高整个供应链的需求信息的一致性和稳定性,减少由于多重预测导致的需求信息扭曲,应增加供应链各方对需求信息获得的及时性和透明性。为此应建立一种信息沟通的渠道或系统,以保证需求信息在供应链中的畅通和准确性。要将条码技术、扫描技术、POS 系统和 EDI 集成起来,并且要充分利用因特网的优势,在供需双方之间建立一个畅通的信息沟通桥梁和联系纽带。

(4)建立利益的分配、激励机制要有效运行基于协调中心的库存管理,必须建立一种公平的利益分配制度,并对参与协调库存管理中心的各个企业(供应商、制造商、分销商或批发商)进行有效的激励,防止机会主义行为,增加协作性和协调性。

(二)发挥两种资源计划系统的作用

为了发挥联合库存管理的作用,在供应链库存管理中应充分利用目前比较成熟的两种资源管理系统:MRPⅡ和 DRP。原材料库存协调管理中心应采用制造资源计划系统 MRPⅡ,而在产品联合库存协调管理中心则应采用物资资源配送计划 DRP。这样在供应链系统中把两种资源计划系统很好地结合起来。

(三)建立快速响应系统

快速响应系统是在 20 世纪 80 年代末由美国服装行业发展起来的一种供应链管理策略,目的在于减少供应链中从原材料到用户过程的时间和库存,最大限度地提高供应链的运作效率。

快速响应系统在美国等西方国家的供应链管理中被认为是一种有效的管理策略,经历了三个发展阶段。第一阶段为商品条码化,通过对商品的标准化识别处理加快订单的传输速度;第二阶段是内部业务处理的自动化,采用自动补库与 EDI 数据交换系统提高业务自动化水平;第三阶段是采用更有效的企业间的合作,消除供应链组织之间的障碍,提高供应链的整体效率,如通过供需双方合作,确定库存水平和销售策略等。

目前在欧美等西方国家,快速响应系统应用已到达第三阶段,通过联合计划、预测与补货等策略进行有效的用户需求反应。美国的 Kurt Salmon 公司调查分析认为,实施快速响应系统后供应链效率大有提高:缺货大大减少,通过供应商与零售商的联合协作保证 24 小时供货;库存周转速度提高 1～2 倍;通过敏捷制造技术,企业的产品中有 20%～30% 是根据用户的需求而制造的。快速响应系统需要供需双方的密切合作,因此协调库存管理中心的建立为快速响应系统发挥更大的作用创造了有利的条件。

(四)发挥第三方物流系统的作用

第三方物流系统(TPL)是供应链集成的一种技术手段。TPL 也叫做物流服务提供者(logistics service provider,LSP),它为用户提供各种服务,如产品运输、订单选择、库存管理等。第三方物流系统的产生是由一些大的公共仓储公司通过提供更多的附加服务演变而来,另外一种产生形式是由一些制造企业的运输和分销部门演变而来。

第四节 CPFR(合作计划、预测与补给)

一、CPFR 的主要思想

CPFR 最大的优势是能及时准确地预测由各项促销措施或异常变化带来的销售高峰和波动,从而使销售商和供应商都能作好充分的准备,赢得主动。同时 CPFR 采取了一种"双赢"的原则,始终从全局的观点出发,制定统一的管理目标以及方案实施办法,以库存管理为核心,兼顾供应链上的其他方面的管理。因此,CPFR 能实现伙伴间更广泛深入的合作,它主要体现了以下思想:

(一)销售商和制造商对市场有着不同的认识

合作伙伴构成的框架及其运行规则主要基于消费者的需求和整个价值链的增值。销售商直接接触最终消费者,他们可根据 POS 数据来预测消费者的需求,并反馈给他们的上游供应商,即制造商,而一个销售商同时与若干个制造商联系,同样的,一个制造商也会拥有若干个销售商,他们彼此相互了解各自的计划。根据这些不同,在不泄露各自商业秘密的前提下,销售商和制造商可交换信息和数据,来改善他们的市场预测能力,使最终的预测报告更为准确、可信。供应商节点企业可根据这个预测报告来制订各自的生产计划,从而使供应链的管理得到集成。

(二)供应链上企业的生产计划基于同一销售预测报告

销售商和制造商对市场有不同的认识,在不泄露各自商业机密的前提下,销售商和制造商可交换他们的信息和数据,来改善他们的市场预测能力,使最终的预测报告更为准确、可信。供应链上的各公司则根据这个预测报告来制订各自的生产计划,从而使供应链的管理得到集成。

(三)消除供应过程的约束限制

这个限制主要就是企业的生产柔性不够。一般来说,销售商的订单所规定的交货日期比制造商生产这些产品的时间要短。在这种情况下,制造商不得不保持一定的产品库存,但是如果能延长订单周期,使之与制造商的生产周期相一致,那么生产商就可真正做到按订单生产及零库存管理。这样制造商就可减少甚至去掉库存,大大提高企业的经济效益。

随着经济的发展、社会的进步,供应链也得到更进一步的发展,原有的库存管理模式也逐渐显示出其缺点和不足。在充分认识原有库存管理技术弊端的同时,有针对性地提出相关的改进措施,不断完善和改进供应链中的库存管理技术。

CPFR 模式弥补了 VMI 和 JMI 的不足,成为新的库存管理技术。当然 CPFR 模式也不是任何场所都可以使用的,它的建立和运行离不开现代信息技术的支持。CPFR 信息应用系统的形式有多种,但应遵循以下设计原则:现行的信息标准尽量不变,信息系统尽量做到具有可缩放性、安全、开放性、易管理和维护、容错性、鲁棒性等特点。

CPFR 是一种协同式的供应链库存管理技术,它在降低销售商的存货量的同时,也增加了供应商的销售额。

二、CPFR 的主要特征

(一)协同

从 CPFR 的基本思想看,供应链上下游企业只有确立起共同的目标,才能使双方的绩效都得到提升,取得综合性的效益。CPFR 这种新型的合作关系要求双方长期承诺公开沟通、信息分享,从而确立其协同性的经营战略,尽管这种战略的实施必须建立在信任和承诺的基础上,但是这是买卖双方取得长远发展和良好绩效的唯一途径。正是因为如此,所以协同的第一步就是保密协议的签署、纠纷机制的建立、供应链计分卡的确立以及共同激励目标的形成(例如不仅包括销量,也同时确立双方的盈利率)。应当注意的是,在确立这种协同性目标时,不仅要建立起双方的效益目标,更要确立协同的盈利驱动性目标,只有这样,才能使协同性能体现在流程控制和价值创造的基础之上。

(二)规划

1995 年沃尔玛与 Warner-Lambert 的 CFAR 为消费品行业推动双赢的供应链管理奠定了基础,此后当 VICS 定义项目公共标准时,认为需要在已有的结构上增加"P",即合作规划(品类、品牌、分类、关键品种等)以及合作财务(销量、订单满足率、定价、库存、安全库存、毛利等)。此外,为了实现共同的目标,还需要双方协同制订促销计划、库存政策变化计划、产品导入和中止计划以及仓储分类计划。

(三)预测

任何一个企业或双方都能作出预测,但是 CPFR 强调买卖双方必须作出最终的协同预测,像季节因素和趋势管理信息等无论是对服装或相关品类的供应方还是销售方都是十分重要的,基于这类信息的共同预测能大大减少整个价值链体系的低效率、死库存,促进更好的产品销售、节约使用整个供应链的资源。与此同时，最终实现协同促销计划是实现预测精度提高的关键。CPFR 所推动的协同预测还有一个特点是它不仅关注供应链双方共同作出最终预测，同时也强调双方都应参与预测反馈信息的处理和预测模型的制定和修正，特别是如何处理预测数据的波动等问题，只有把数据集成、预测和处理的所有方面都考虑清楚，才有可能真正实现共同的目标，使协同预测落在实处。

（四）补货

销售预测必须利用时间序列预测和需求规划系统转化为订单预测，并且供应方约束条件，如订单处理周期、前置时间、订单最小量、商品单元以及零售方长期形成的购买习惯等都需要供应链双方加以协商解决。根据 VICS 的 CPFR 指导原则，协同运输计划也被认为是补货的主要因素。此外，例外状况的出现也需要转化为存货的百分比、预测精度、安全库存水准、订单实现的比例、前置时间以及订单批准的比例，所有这些都需要在双方公认的计分卡基础上定期协同审核。潜在的分歧，如基本供应量、过度承诺等双方事先应及时加以解决。

三、CPFR 供应链的体系结构

（一）决策层

决策层是主要负责管理合作企业的领导层，包括企业联盟的目标和战略的制定、跨企业的业务流程的建立、企业联盟的信息交换和共同决策。

（二）运作层

运作层主要负责合作业务的运作，包括制订联合业务计划、建立单一共享需求信息、共担风险和平衡合作企业能力。

（三）内部管理层

内部管理层主要负责企业内部的运作和管理，包括商品或分类管理、库存管理、商店运营、物流、顾客服务、市场营销、制造、销售和分销等。

（四）系统管理层

系统管理层主要负责供应链运营的支撑系统和环境管理及维护。

四、CPFR 实施的框架和步骤

（一）识别可比较的机遇

CPFR 有赖于数据间的比较，这既包括企业间计划的比较，又包括一个组织内部新计划与旧计划以及计划与实际绩效之间的比较，这种比较越详细，CPFR 的潜在收益越大。

在识别可比较的机遇方面，关键在于订单预测的整合：CPFR 为补货订单预测和促销订单提供了整合、比较的平台，CPFR 参与者应该搜集所有的数据资源和拥有者，寻求一对一的比较。CPFR 的实施要求 CPFR 与其他供应和需求系统相整合，对于零售商，CPFR 要求整合比较的资源有商品销售规划、分销系统、店铺运作系统；对于供应商而言，CPFR 需要整合比较的资源有 CRM、APS 以及 ERP。CPFR 的资源整合和比较，不一定都要求 CPFR 系统与其他应用系统的直接相连，但是这种比较的基础至少是形成共同的企业数据库，即这种数据库的形成是来源于不同企业计划系统在时间整合以及共同的数据处理基础上产生。

(二)数据资源的整合运用

1.CPFR 要求协同团队寻求到不同层面的信息，并确定可比较的层次

例如，一个供应商提供四种不同水果香味的香水，但是零售商不可能对每一种香味的香水进行预测，这时供应商可以输入每种香味的预测数据，CPFR 解决方案将这些数据搜集起来，并与零售商的品类预测相比较。

2.商品展示与促销包装的计划

CPFR 系统在数据整合运用方面一个最大的突破在于它对每一个产品进行追踪，直到店铺，并且销售报告以包含展示信息的形式反映出来，这样预测和订单的形式不再是需要多少产品，而且包含了不同品类、颜色及形状等特定展示信息的东西，这样数据之间的比较不再是预测与实际绩效的比较，而是建立在单品基础上、包含商品展示信息的比较。

3.时间段的规定

CPFR 在整合利用数据资源时，非常强调时间段的统一，由于预测、计划等行为都是建立在一定时间段基础上，所以如果交易双方对时间段的规定不统一，就必然造成交易双方的计划和预测很难协调。供应链参与者需要就管理时间段的规定进行协商统一，诸如预测周期、计划起始时间、补货周期等。

(三)组织评判

一旦供应链参与方有了可比较的数据资源，他们必须建立一个企业特定的组织框架体系以反映产品和地点层次、分销地区及其他品类计划的特征。

(四)商业规则界定

当所有的业务规范和支持资源的整合以及组织框架确立后，最后在实施 CPFR 的过程中要确定供应链参与方的商业行为规则。

五、CPFR 的价值

(一)收入机会

通过确实执行 CPFR 流程步骤，除非有重大的外界变化，可以预见销售点的缺货状况将减少，这意味着顾客更能顺利地购得产品，而提升营业收入。VICS 委员会估计零售业界库存缺货的比率平均为 6.5010。零售业者平均可通过替代销售弥补 3.4010，其余的 3.1010 则代表销售损失。另一方面，制造业者平均只能取回 1.5010，其余的则为收入损失。单就美国零售业界来说，这代表损失超过 8000 亿美元(根据 1997 年美国商业部的销售预测报告)。根据 CPFR 推荐的方针所建立的商业流程，可让许多零售业者与制造业者减少这种损失。一个成熟的协同商业流程，其预测的精确度如果够准够高，应该能够减少消费市场上产销失调的情况。

(二)降低存货

传统上，供应链的成员为了因应营运上供给、需求两端的可能变化状况，会倾向自行维持保险的存货缓冲量。举例来说，制造商可能维持 1～2 周生产原料的缓冲量，同时也维持 1～2 周需求量的成品库存。而在信息不透明与"交易对象"关系架构下，零售业者可能也同时保有相当水准的库存,整个供应链中为保险起见所准备的库存可能远超过顾客的需求量,其结果终会造成降价求售的压力,进而削弱毛利。而在 CPFR 的"商务伙伴"关系架构下,通过销售与订单预测流程以及冻结阶段的配置作业,成员所需面临的状况变量,因为严谨的程序与透明的信息而大幅减少。因此可以降低不必要的库存缓冲量,而释出现金流量。其次则可降低"长鞭"(bull-whip,即库存压力)效应。

(三)提高总资产报酬率

提高总收入、降低库存量意味着以更小的资产投资而获取较高利润,总资产报酬率因而提高。

📝 项目小结

1. 在库存理论中,一般根据物品需求的重复程度分为单周期需求问题和多周期需求问题。单周期需求也叫一次性订货问题,多周期需求问题是在长时间内需求反复发生。多周期需求又分为独立需求与相关需求。

2. 供应链管理下库存控制的目标为:库存成本最低、库存保证程度最高、不允许缺货、限定资金、快捷。

3. VMI 的主要思想是供应商在用户的允许下设立库存,确定库存水平和补给策略,拥有库存控制权。VIM 不仅可以降低供应链的库存水平,降低成本,用户还可获得高水平服务,改善资金流,与供应商共享需求变化的透明性和获得用户的高信誉。

4. 联合库存管理是一种风险分担的库存管理模式,它强调双方同时参与,共同制订库存计划,是供应链过程中的每个库存管理者(供应商、制造商、分销商)都从相互之间的协调性考虑,是供应链相邻的两个节点之间的库存管理者对需求的预期保持一致,从而消除了需求变异放大现象。

5. CPFR 的主要特征包括:协同;规划;预测;补货。

6. 联合库存具有以下缺点:JMI 的建立和维护成本高;企业合作联盟的建立较困难;建立的协调中心运作困难;联合库存的管理需要高度的监督。

📖 思考题

1. 供应链管理环境下的库存控制中存在的主要问题有哪些?
2. VIM 的含义与原则是什么?
3. VIM 主要有哪几种形式?
4. 联合库存的基本思想是什么?

📚 案例分析

联想重组供应链

目前联想集团年销量达 300 多万台,名列全世界电脑生产厂商第八位,其业务规模已完全达到了 VMI 模式的要求,并已经引起了供应商的重视。在国内 IT 企业中,联想是第一个开始品尝 VMI 滋味的,其在北京、上海、惠阳三地的 PC 生产厂的原材料供应均在项目之中,涉及的国外供应商的数目也相当大。联想集团最终选择了伯灵顿全球货运物流有限公司作为第三方物流企业,这家 1994 年就进入中国的美国物流公司目前在上海、厦门为戴尔、惠普等知名 IT 企业作第三方物流服务。联想以往运作模式是国际上供应链管理通常使用的看板式管理,即由香港联想对外定购货物,库存都放在香港联想仓库,当内地生产需要时再由香港公司销售给内地公司,再根据生产计划调拨到各工厂,这样可以最大限度地减少内地材料库存。但是此模式经过 11 个物流环节,涉及多达 18 个内外部单位,运作流程复杂,不可控因素增大。同时,由于订单都是从香港联想发给供应商,所以大部分供应商在香港交货,而联想的生产信息系统只在内地的公司上使用,所以生产厂统计的到货准时率不能真实反映供应商的供货水平,导致不能及时调整对供应商的考核。

按照联想 VMI 项目要求,联想将在北京、上海、惠阳三地工厂附近设立供应商管理库存,联想根据生产要求定期向库存管理者即作为第三方物流的伯灵顿全球货运物流有限公司发送发货指令,由第三方物流公司完成对生产线的配送。从其收到通知,进行确认、分拣、海关申报及配送到生产线时间时效要求为 2.5 小时。该项目将实现供应商、第三方物流、联想之间货物信息的共享与及时传递,保证生产所需物料的及时配送。实行 VMI 模式后,将使联想的供应链大大缩短,成本降低,灵活性增强。

VMI 项目启动后,将为联想的生产与发展带来可观的效益。一是联想内部业务流程将得到精简;二是使库存更接近生产地,增强供应弹性,更好地响应市场需求变动;三是改善库存回转,进而保持库存量的最佳化,因库存量降低,减少了企业占压资金;四是通过可视化库存管理,能够在线上监察供应商的交货能力。

讨论题:

1. VMI 项目启动后,将为联想的生产与发展带来哪些可观的利益?

2. 联想是如何实施 VMI 的?

实训项目

1. 实训目的

(1)了解供应链上库存的概念,区分生产制造过程中的库存和物流过程中的库存,对在库库存和在途库存有基本的了解。

(2)了解库存控制的方法,并能进一步对其提出优化建议。

2. 实训内容

(1)通过实地了解,请你说说每级库存的库存控制目标和方法是什么?

(2)针对你所了解的产品,谈一谈其在供应链上是否存在需求放大现象。

(3)结合学过的知识,你认为它们在哪些地方还可以改进?你觉得如何改进?

3. 实训组织

(1)把学生分成若干小组,由每个小组讨论决定他们想要了解的产品和需要深入的商家或企业。

(2)对设想的产品和商家先期进行资料收集,根据商家的具体情况制订考察计划,讨论并设计数据表格和提问大纲,然后进行实地调查。

(3)针对某个品牌的产品,深入其代理商、分销商及大卖场(如果有条件还可以深入到制造商企业了解更多素材),分别了解其各级库存的大体数量和平均在库时间。

(4)了解每级库存向上级代理或企业订购数量是如何确定的,它们的采购提前期是多少天。

项目七 供应链管理方法

学习目的与要求

1. 掌握快速反应(QR)方法的含义、实施条件。
2. 掌握 ECR 方法特征及战略。
3. 理解基于活动的成本控制——ABC 成本法的步骤。
4. 了解价值链分析法的内容。

导入案例

沃尔玛的快速反应

沃尔玛把零售店商品的进货和库存管理的职能转移给供应方(生产厂家),由生产厂家对沃尔玛的流通库存进行管理和控制,即 VMI。沃尔玛让供应方与之共同管理营运沃尔玛的流通中心。在流通中心保管的商品所有权属于供应方。供应方对 POS 信息和 ASN 信息进行分析,把握商品的销售和沃尔玛的库存方向。在此基础上,决定什么时间,把什么类型商品,以什么方式向什么店铺发货。发货的信息预先以 ASN 形式传送给沃尔玛,以多频度小数量进行连续库存补充,即采用连续补充库存方式(continuous replenishment program,CRP)。

由于采用 VMI 和 CRP,供应方不仅能减少本企业的库存,还能减少沃尔玛的库存,实现整个供应链的库存水平最小化。另外,对沃尔玛来说,省去了商品进货的业务,节约了成本,同时能集中精力于销售活动。并且,事先能得知供应方的商品促销计划和商品生产计划,能够以较低的价格进货,提高客户响应时间,这些为沃尔玛进行价格竞争提供了条件。

第一节 快速反应(QR)方法

一、QR 的产生背景及含义

(一)QR 的产生背景

20 世纪六七十年代,美国的纺织行业出现了大幅度萎缩的趋势,纺织品进口大幅度上升,到 80 年代,进口产品几乎占据美国纺织品市场的 40%。

1984 年,美国 84 家大型企业结成"爱国货运动协会",该协会在积极宣传美国产品的同时,委托托克·特萨尔蒙公司调查研究提升美国纤维产业竞争力的方法。研究报告表明,美国纤维业的主要问题是,尽管在整个产业链的某些环节存在生产效率较高的现象,但是整个产业链的效率却非常低。从原材料到消费者购买,总时间为 66 周,这样长的供应链不仅各种费用大,更重要的是,建立在不精确需求预测上的生产和分销,因数量过多或过少造成的损失非常大。于是纤维、纺织、服装以及零售业开始寻找那些在供应链上导致高成本的活动,发现供应链的长度是影响其高效运作的主要因素。

随着社会经济的发展,人们的生活水平快速提高,个性化的消费倾向凸现出来,服装行业的表现尤为突出:市场竞争更加激烈,客户需求复杂而变化频繁,依赖于对客户需求快速作出反应。在此背景下,根据用户需求,快速反应的战略应运而生。

(二)QR 的含义

快速反应(quick response,QR)是指在供应链中供应链成员企业之间建立战略合作伙伴关系,利用 EDI 等信息技术进行信息交换与信息共享,用高频率、小数量配送方式补充商品,以实现缩短交货周期,减少库存,提高顾客服务水平和企业竞争力为目的的一种供应链管理策略。也就是为了实现共同的目标,零售商、制造商和供应商之间相互配合,以最快的方式、在适当的时间与地点为消费者提供适当的产品和服务,即以最快的速度、最好地满足消费者需要。

信息技术提高了在最近的可能时间内完成物流作业和尽快地交付所需存货的能力。这样就可减少传统上按预期的顾客需求过度地储备存货的情况。快速反应的能力把作业的重点从根据预测和对存货储备的预期,转移到以从装运到装运的方式对顾客需求作出反应方面上来。不过,由于在还不知道货主需求和尚未承担任务之前,存货实际上并没有发生移动,因此,必须仔细安排作业,不能存在任何缺陷。

这里需要指出的是,虽然应用 QR 的初衷是为了对抗进口商品,但是实际上并没有出现这样的结果。相反,随着竞争的全球化和企业经营全球化,QR 系统管理迅速在各国企业界扩展,航空运输为国际间的快速供应提供了保证。现在,QR 方法成为零售商实现竞争优势的工具。同时随着零售商和供应商结成战略联盟,竞争方式也从企业与企业间的竞争转变为战略联盟与战略联盟之间的竞争。

二、QR 成功的条件

布莱克·伯恩(Black Burn)在对美国纺织服装业 QR 研究的基础上,认为 QR 成功的五项条件是:

(一)改变传统的经营方式、经营意识和组织结构

(1)企业不能局限于依靠本企业独自的力量来提高经营效率的传统经营意识,要树立通过与供应链各方建立合作伙伴关系,努力利用各方资源来提高经营效率的现代经营意识。

(2)零售商在垂直型 QR 系统中起主导作用,零售店铺是垂直型 QR 系统的起始点。

(3)在垂直型 QR 系统内部,通过 POS 数据等销售信息和成本信息的相互公开和交换,来提高各个企业的经营效率。

(4)明确垂直型 QR 系统内各个企业之间的分工协作范围和形式,消除重复作业,建立有效的分工协作框架。

(5)必须改变传统的事务作业方式,通过利用信息技术实现事务作业的无纸化和自动化。

(二)开发和应用现代信息处理技术

现代信息技术有:商品条形码技术,电子订货系统(EOS),POS 数据读取系统,EDI 系统,预先发货清单技术(ASN),电子支付系统(EFT),供应商管理库存(VMI),连续补充库存计划(CRP)等。

(三)与供应链各方建立战略伙伴关系

积极寻找和发现战略合作伙伴,在合作伙伴之间建立分工和协作关系。合作的目标为消减库存,避免缺货现象发生,降低商品风险,避免大幅降件,减少作业人员和简化事务性作业等。

(四)信息充分共享

将销售信息、库存信息、生产信息、成本信息等与合作伙伴交流共享,并在此基础上,要求各方在一起发现问题、分析问题和解决问题。

(五)供应方必须缩短生产周期,降低商品库存

供应方应努力做到:缩短商品的生产周期;进行多品种、少批量生产和多频度、少数量配送,降低零售商的库存水平,提高顾客服务水平;在商品实际需要将要发生时采用JIT方式组织生产,减少供应商自身的库存水平。

三、QR 的实施步骤

(一)安装条形码和 EDI

零售商首先必须安装条形码(UPC 码)、POS 扫描和 EDI 等技术设备,以加快 POS 机收款速度、获得更准确的销售数据并使信息沟通更加流畅。POS 扫描用于数据输入和数据采集,即在收款检查时用光学方式阅读条形码,获取信息。

(二)固定周期补货

QR 的自动补货要求供应商更快更频繁地运输新订购的商品,以保证店铺不缺货,从而提高销售额。自动补货是指基本商品销售预测的自动化。自动补货使用基于过去和目前销售数据及其可能变化的软件进行定期预测,同时考虑目前的存货情况和其他一些因素,以确定订货量。自动补货是由零售商、批发商在仓库内或店内进行的。

(三)成立先进的补货联盟

成立先进的补货联盟是为了保证补货业务的流畅。零售商和消费品制造商联合起来检查销售数据,制订关于未来需求的计划和预测,在保证有货或减少缺货的情况下降低库存水平。还可以进一步由消费品制造商管理零售商的存货和补货,以加快库存周转速度,提高投资毛利润。

(四)零售空间管理

零售空间管理是指根据每个店铺的需求模式来规定其经营商品的花色品种和补货业务。一般来说,对于花色品种、数量、店内陈列及培训或激励售货员等决策,消费品制造商也可以参与甚至决定决策。

(五)联合产品开发

这一步的重点不再是一般商品和季节商品,而是服装等生命周期很短的商品。厂商和零售商联合开发新产品,其关系的密切超过了购买与销售和业务关系,缩短从新产品概念到新产

品上市的时间,而且经常在店内对新产品进行试销。

(六)快速反应的集成

通过重新设计业务流程,将前五步的工作和公司的整体业务集成起来,以支持公司的整体战略。这一步要求零售商和消费品制造商重新设计其整个组织、业绩评估系统、业务流程和信息系统,设计的中心围绕着消费者而不是传统的公司职能。

四、QR 的优点

(一)QR 对厂商的优点

1.更好的顾客服务

快速反应零售商可为店铺提供更好的服务,最终为顾客提供更好的店内服务水平。由于厂商送来的货物与承诺的货物是相符的,厂商能够很好地协调与零售商间的关系。长期的良好顾客服务会增加市场份额。

2.降低了流通费用

由于集成了对顾客消费水平的预测和生产规划,就可以提高库存周转速度,需要处理和盘点的库存量减少了,从而降低了流通费用。

3.降低了管理费用

因为不需要手工输入订单,所以采购订单的准确率提高了。额外发货的减少也降低了管理费用。货物发出之前,仓库对运输标签进行扫描并向零售商发出提前运输通知,这些措施都降低了管理费用。

4.更好的生产计划

因可以对销售进行预测并能得到准确的销售信息,厂商可以准确地安排生产计划。

(二)QR 对零售商的优点

(1)提高了销售额。
(2)减少了削价的损失。
(3)降低了采购成本。
(4)降低了流通费用。
(5)加快了库存周转。
(6)降低了管理成本。

五、QR 战略的再造

(一)同步生产

(1)生产设备的投资是灵活的;
(2)以能扩大生产能力的"拉"模式为指导,重新设计企业流程;
(3)转变强调的重点,生产顺序从固定物、质量、可变物转变到可变物、质量、固定物;
(4)在生产线之外采取行动以增强流程的可靠性;
(5)规定工作效率的下限和废品率的上限;
(6)维修、妥善保管在流程中要使用的原材料和零部件;

(7)利用生产改进小组进行流程分析,确定病症所在,并对此加强管理。

(二)供应商合理化

供应商合理化要考虑以下因素:

(1)企业与供应商关系的密切程度;

(2)信息技术的应用;

(3)在单独、双方和多方投资的情况下,各自的投资成本;

(4)评价未来供应商的能力;

(5)具有能够建立和管理与供应商的合作关系的人力资源;

(6)在没有绩效时,维持该战略需要的时间和成本;

(7)市场渠道、技术和财务的风险估计;

(8)为维持技术和竞争优势而投资,存在有失败的可能性;

(9)从合并而扩大规模中得到的成本、价格优势;

(10)竞争程度的削弱对企业的影响。

(三)自动库存补给

自动库存补给管理的方法主要用于制造业和工程中的有多种用途、低价值的商品。它的目的是在订货和补给流程中增加效率,并给供应商更多的自由空间去直接对采购商的要求作出反应。

(四)货物交付

供应商和采购商在交付货物时,需要用合适的协议。这个协议要反映双方的能力、合作关系的性质和各种支出的种类。具体说,要在协议中体现以下方面:

(1)仓储水平的最低和最高限度;

(2)补给的周期;

(3)明确要生产的产品,考虑健康、安全和环境保护问题;

(4)对数据的提供、预测、补给和仓储负责;

(5)库存财产权的分割和转移的原则。

(五)供应商管理库存

供应商管理库存是以通过双方密切合作形成的交付货物的方式为基础的。供应商管理库存可用的方法包括:

(1)使用第三方的资源,由采购商组织的第三方进行经营管理;

(2)使用供应商拥有所有权的车辆、设备,由第三方管理;

(3)使用采购商拥有所有权的车辆、设备,由第三方管理;

(4)由供应商组织的第三方管理;

(5)供应商通过拥有股权实行管理;

(6)采购商通过拥有股权实行管理。

(六)供应链的能力开发

(1)回顾供应商选择的标准,以查明供应商在哪些方面需要改进和是否需要清除水平很差的供应商。

(2)确定选择供应商的标准,以使企业在产品生产和关联关系的管理上获得能力。

(3)通过与供应商的日常联系、供应商俱乐部、技术训练、讨论会等形式收集反馈意见。

(4)供应商越来越多地涉入产品设计和新产品开发中。

(七)QR 的未来发展

目前在欧美,QR 的发展已跨入第三个阶段,即 CPFR 阶段。

第二节　ECR 方法

一、ECR 产生的背景及含义

(一)ECR 产生的背景

1.零售业态间的竞争激化

20 世纪 80 年代末,美国食品杂货产业中出现了一些新型的零售业态,即批发俱乐部和仓储式商店,对原有的超市构成了巨大的威胁,成为食品零售市场中的主要竞争者。作为零售企业,亟待提高的能力首先就是:如何在短时间内,能对顾客的需求作出响应,从而实现快速、差异化的服务,同时借助于单品管理,提高零售企业的作业效率。在这种要求和发展目标的引导下,美国食品杂货行业开始了 ERC 的实践和探索,并最终形成了供应链构筑的高潮。

2.日益膨胀的促销费用和大量进货造成成本高昂、消耗增加的压力

由于市场竞争加剧,生产企业被迫降低商品价格以促销,结果生产商的负担加重,各种促销活动日益损坏了生产企业的利益。生产企业为了将损失降低到最低程度,并保持持续不断增长的销售,只有不断扩大新产品的生产,通过广泛的产品线来弥补大量促销造成的损失,而又造成企业之间无差异竞争情况加剧,同时使零售企业的进货和商品管理成本加大。由于ECR 实践的推行能够有效地解决上述问题,可以避免无效产品的生产、经营,通过确定商品的培育、经营,提高产销双方的效率,所以,美国的 ECR 的推行吸引了大量生产企业的加入。

3.构建新型的供应链管理体系的需要

ECR 在美国推行过程中还有一个背景和特点是值得人们注意的,即当时随着产销合作或供应链构筑的呼声越来越高,特别是 QR 和战略联盟的日益发展,生产企业与零售商直接交易的现象越来越普遍,与此同时,批发业则日益萎缩,产销之间都开始在交易中排除批发商环节。但是在 ECR 的推行过程中,并不是盲目地排斥批发商,而是在重新认识批发商重要性的同时,通过批发商经营体系的改造和现代经营制度的建立,将其有机地纳入供应链体系的构筑中。

(二)ECR 的含义

ECR(efficient customer responses),即高效消费者回应。ECR 欧洲执行董事会的定义是:"ECR 是一种通过制造商、批发商和零售商各自经济活动的整合,以最低的成本,最快、最好地实现消费者需求的流通模式。"它是 1992 年从美国的食品杂货业发展起来的一种供应链管理战略。这是一种分销商与供应商为消除系统中不必要的成本和费用并给客户带来更大效益而进行密切合作的一种供应链管理战略。

(三)ECR 系统的特点

1. ECR 系统重视采用新技术、新方法

首先,ECR 系统采用了先进的信息技术,在生产企业与流通企业之间开发了一种利用计算机技术的自动订货系统(CAO)。CAO 系统通常与电子收款系统(POS)结合使用,利用POS 系统提供的商品销售信息把有关订货要求自动传向配送中心,由该中心自动发货,这样就可能使零售企业的库存降至为零状态,并减少了从订货至交货的周期,提高了商品鲜度,减少了商品破损率。还可使生产商以最快捷的方式得到自己的商品在市场是否适销对路的信息。

其次,ECR 系统还采用了两种新的管理技术和方法,即种类管理和空间管理。种类管理的基本思想是不从特定品种的商品出发,而是从某一种类的总体上考虑收益率最大化。就软饮料而言,不考虑其品牌,而是从软饮料这一大类上考虑库存、柜台面积等要素,按照投资收益率最大比原则去安排品种结构。其中有些品种能赢得购买力,另一些品种能保证商品收益,通过相互组合既满足了顾客需要,又提高了店铺的经营效益。空间管理指促使商品布局,柜台设置最优化。过去许多零售商也注意此类问题,不同点在于 ECR 系统的空间管理是与种类管理相结合的,通过两者的结合实现单位销售面积的销售额和毛利额的提高,因而可以取得更大的效果。

2. ECR 系统建立了稳定的伙伴关系

在传统的商品供应体制上,生产者、批发商、零售商联系不紧密或相互间较为紧密,发生的每一次订货都有很大的随机性,这就造成生产与销售之间商品流动的极不稳定性,增加了商品的供应成本。而 ECR 系统恰恰克服了这些缺点,在生产者、批发商、零售商之间建立了一个连续的、闭合式的供应体系,改变了相互敌视的心理,使他们结成了相对稳定的伙伴关系,克服了商业交易中的钩心斗角,实现了共存共荣,是一种新型的产销同盟和产销合作形式。

3. ECR 系统实现了非文书化

ECR 系统充分利用了信息处理技术,使产购销各环节的信息传递实现了非文书化。无论是企业内部的传票处理,还是企业之间的订货单、价格变更、出产通知等文书都通过计算机间的数字交换进行自动处理。由于利用了电子数据交换,生产企业在出产的同时,就可以把出产的内容电传给进货方,作为进货方的零售企业只要在货物运到后扫描集运架或商品上的电码就可以完成入库验收等处理工作。由于全面采用了电子数据交换,可以根据出产明细自动地处理入库,从而使处理时间近似为 0,这对于迅速补充商品、提高预测精度、大幅度降低成本起了很大作用。

二、ECR 系统的构建及实施原则

(一)ECR 系统的构建

1. 营销技术

(1)商品类别管理(category management)。

商品类别管理是以商品类别为管理单位,寻求整个商品类别全体收益最大化。企业对经营的所有商品按类别进行分类,确定或评价每一个类别商品的功能、作用、收益性、成长性等指标。在此基础上,结合考虑各种商品的库存水平和货架展示等因素,制订商品品种计划,对整

个商品类别进行管理,以便在提高消费者服务水平的同时增加企业的销售额和收益水平。商品类别管理的基础是对商品进行分类。

(2)店铺空间管理(space management)。

店铺空间管理是对店铺的空间安排,对各类商品的展示比例、商品在货架上的布置等进行最优化管理。在ECR系统中,店铺空间管理和商品类别管理同时进行,相互作用。在综合店铺管理中,对于该店铺的所有类别的商品进行货架展示面积的分配,对于每个类别下的不同品种的商品进行货架展示面积分配和展示布置,以便提高单位营业面积的销售额和单位营业面积的收益率。

2.物流技术

物流技术是指物流活动中所采用的自然科学与社会科学方面的理论、方法,以及设施、设备、装置与工艺的总称。物流技术概括为硬技术和软技术两个方面。物流硬技术是指组织物资实物流动所涉及的各种机械设备、运输工具、站场设施及服务于物流的电子计算机、通信网络设备等方面的技术。物流软技术是指组成高效率的物流系统而使用的系统工程技术、价值工程技术、配送技术等。

ECR系统要求及时配送和顺畅流动,实现这一要求的方法有连续库存补充计划(CRP)、自动订货(CAO)、预先发货清单(ASN)、供应商管理系统(VMI)、直接转运(cross-docking)、店铺直送(DSD)。

3.信息技术

信息技术包括电子数据交换(EDI)和销售时点信息(POS)等。

4.组织革新技术

在企业内部的组织革新方面,需要把采购、生产、物流、销售等按职能划分的组织形式改变为以商品流程为基本职能的横向组织形式。在供应链企业间要建立双赢型的合作伙伴关系。

(二)ECR的实施原则

要实施ECR,首先应联合整个供应链所涉及的供应商、分销商以及零售商,改善供应链中的业务流程,使其最合理有效;然后,再以较低的成本,使这些业务流程自动化,以进一步降低供应链的成本和时间。这样,才能满足客户对产品和信息的需求,既给客户提供最优质的产品和适时准确的信息。ECR的实施原则包括如下五个方面:

(1)以较少的成本,不断致力于向食品杂货供应链客户提供产品性能更优、质量更好、花色品种更多、现货服务更好以及更加便利的服务。

(2)ECR必须有相关的商业巨头的带动。该商业巨头决心通过互利双赢的经营联盟来代替传统的输赢关系,达到获利之目的。

(3)必须利用准确、适时的信息以支持有效的市场、生产及后勤决策。这些信息将以EDI的方式在贸易伙伴间自由流动,它将影响以计算机信息为基础的系统信息的有效利用。

(4)产品必须随其不断增值的过程,从生产至包装,直至流动至最终客户的购物篮中,以确保客户能随时获得所需产品。

(5)必须采用共同、一致的工作业绩考核和奖励机制,它着眼于系统整体的效益(即通过减少开支、降低库存以及更好的资产利用来创造更高的价值),明确地确定可能的收益(例如,增加收入和利润)并且公平地分配这些收益。

由于在流通环节中缩减了不必要的成本,零售商和批发商之间的价格差异也随之降低,这些节约了的成本最终将体现在消费者身上,各贸易商也将在激烈的市场竞争中赢得一定的市场份额。

(三)ECR 系统的四大要素

(1)快速产品引进(efficient product introductions)。最有效地开发新产品,进行产品的生产计划,以降低成本。

(2)快速商店分类(efficient store assortment)。通过第二次包装等手段,提高货物的分销效率,使库存及商店空间的使用率最优化。

(3)快速促销(efficient promotion)。提高仓储、运输、管理和生产效率,减少预先购买、供应商库存及仓储费用,使贸易和促销的整个系统效率最高。

(4)快速补充(efficient replenishment)。包括电子数据交换、以需求为导向的自动连续补充和计算机辅助订货,使补充系统的时间和成本最优化。

三、ECR 的战略及主要策略

(一)ECR 的战略

ECR 包括零售业的三个重要战略:顾客导向的零售模式(消费者价值模型)、品类管理和供应链管理。

1.顾客导向的零售模式

通过商圈购买者调查、竞争对手调查、市场消费趋势研究,确定目标顾客群,了解自己的强项、弱项和机会,确定自己的定位和特色,构建核心竞争力;围绕顾客群选择商品组合、经营的品类,确定品类的定义和品类在商店经营承担的不同角色;确定商店的经营策略和战术(定价、促销、新品引进、补货等),制定业务指标衡量标准、业务发展计划。

2.品类管理

品类管理是把品类作为战略业务单位来管理,着重于通过满足消费者需求来提高生意结果的流程。品类管理是以数据为决策依据,不断满足消费者的过程。品类管理是零售业精细化管理之本。主要战术是高效的商品组合、高效的货架管理、高效的新品引进、高效定价和促销、高效的补货。

3.供应链管理

建立全程供应链管理的流程和规范,制订供应链管理指标;利用先进的信息技术和物流技术缩短供应链,减少人工失误,提高供应链的可靠性和快速反应能力;通过规范化、标准化管理,提高供应链的数据准确率和及时性;建立零售商与供应商数据交换机制,共同管理供应链,最大程度地减低库存和缺货率,降低物流成本。

只有全面实施品类管理和供应链管理,才能实现 ECR,给消费者带来更多的价值,取得竞争优势。ECR 的最终目标是分销商与供应商组成联盟,建立一个敏捷的、消费者驱动的系统,实现精确的信息系统和高效的实务流,在整个供应链内部有序流动。

(二)实施 ECR 的主要策略

(1)计算机辅助订货。

(2)连续补库程序。

(3)交接运输。

（4）产品、价格和促销数据库。

四、ECR 系统实施过程中应注意的问题

ECR 系统自提出以来，在美国得到较为广泛的采用。欧洲、日本等许多国家也纷纷引用该系统的技术，来改变本国陈旧的商品供应系统，并已出现了许多成功事例。因此利用 ECR 系统使流通过程合理化是今后不容回避的课题。但在实施过程中应注意以下问题：

（一）高层决策者的作用至关重要

ECR 系统是改善企业经营管理工作的大工程，系统涉及产、供、销多个企业部门，任何部门出现错误都会对整个系统的启动产生很大影响。因此，各部门的高层决策者的热情和决心对于推动这项工作非常重要，其积极支持和倡导有利于明确目标，提高业务改革速度，排除浪费，增强 ECR 系统的应用质量。

（二）正确地把握顾客的价值和需求

ECR 系统自始至终把增加消费者的利益和满足消费者的需求作为根本宗旨，所有的业务改善和效率提高都是围绕这一宗旨展开的。只有正确地把握顾客价值和需求，才能制定出 ECR 系统的工作目标，增强对顾客的适应能力。正确判断消费者的利益追求，把消费者的利益放在何种位置是开展 ECR 工作的第一步。当前超市消费趋向于商品品质、鲜度、营养、包装、价格等方面，在品种结构上，顾客大多带有一次购妥的愿望。掌握了这些信息，ECR 系统才能真正发挥他的优越性。

（三）制定明确的目标和标准

作为一项系统改善工作，ECR 要有明确的目标和工作标准。通过这些目标和标准，可以对照成果进行正确的评价。同时，有了目标和标准，员工才能明确需要完成的任务和达成的尺度。

（四）积极改革组织机构

ECR 系统的有效开展必须获得相应的组织和机构保障。ECR 系统的基本思想是从流通过程和业务活动中寻求改革方案，因而传统职能划分的组织形式是不适应的，应构筑起新型的组织形式。ECR 系统可视为一种广泛的连锁系统，因而可按照连锁的模式来建立组织机构。

五、实施 ECR 的效果分析

（一）ECR 的适用性

ECR 经营理念不但适合大中型的零售商和制造商，也适合小型零售商和供应商。随着零售行业的发展，ECR 将促使整个行业内各方面进行合作，制定行业标准，推动行业高效、良性地发展。

（二）实施 ECR 的好处

根据欧洲供应链管理委员会的调查报告，接受调查的 392 家公司，其中制造商实施 ECR 后，预期销售额增加 5.3%，制造费用减少 2.3%，销售费用减少 1.1%，仓储费用减少 1.3%；总盈利增加 5.5%。而批发商及零售商业也有相似的获益，销售额增加 5.4%，毛利增加

3.4％,仓储费用减少 5.9％,平均库存减少 13.1％,每平方米的销售额增加 5.3％。

由于在流通环节中缩减了不必要的成本,零售商和批发商之间的价格差异也随之降低,这些节约了的成本最终将使消费者受益。除了这些有形的好处以外,还有一些对消费者、分销商和供应商重要的无形的利益。

(1)消费者:增加选择和购物的方便,减少缺货单品,产品更新鲜。

(2)分销商:增加消费者的信任,对顾客更加了解,改善了和供应商的关系。

(3)供应商:减少缺货,增加品牌信誉,改善了和分销商的关系。

(三)ECR 对企业的影响

1.ECR 对企业组织结构的影响

(1)扩大采购经理(品类经理)的职责。领导零售集团经营的相关品类,实现品类的经营目标。领导各商店对品类计划的实施工作,使品类策略及计划得到很好的贯彻和实施。

(2)扩大供应链经理(全程物流经理)的职责,使其负责协调整个供应链,即供应商—配送中心—门店—货架—顾客,使供应链达到最优化,物流成本最低、缺货率最低。

(3)把 ECR 的核心原则融入企业文化中,增强可持续发展能力。

2.ECR 对零售业的意义

了解顾客需求,成为品类专家,把顾客服务做精、做细;为客户创造价值,实现顾客需求的解决方案,提高忠诚度;强化总部职能,提高对门店运作的指导、服务和控制;优化供应链,降低整体成本;优化组织结构,职权清晰,管理科学;实现规模优势;提高快速反应能力,进行有效扩张。

六、QR 与 ECR 的异同

ECR 主要以食品行业为对象,其主要目标是降低供应链各环节的成本,提高效率。QR 主要集中在一般商品和纺织行业,其主要目标是对客户的需求作出快速反应,并快速补货。这是因为食品杂货业与纺织服装行业经营的产品的特点不同:杂货业经营的产品多数是一些功能型产品,每一种产品的寿命相对较长(生鲜食品除外),因此,订购数量过多(或过少)的损失相对较小。纺织服装业经营的产品多属创新型产品,每一种产品的寿命相对较短,因此,订购数量过多(或过少)造成的损失相对较大。

(一)不同特征

1.侧重点不同

QR 侧重于缩短交货提前期,快速响应客户需求;ECR 侧重于减少和消除供应链的浪费,提高供应链运行的有效性。

2.管理方法的差别

QR 主要借助信息技术实现快速补发,通过联合产品开发缩短产品上市时间;ECR 除新产品快速有效引入外,还实行有效商品管理。

3.适用的行业不同

QR 适用于单位价值高,季节性强,可替代性差,购买频率低的行业;ECR 适用于产品单位价值低,库存周转率高,毛利少,可替代性强,购买频率高的行业。

4. 改革的重点不同

QR 改革的重点是补货和订货的速度,目的是最大程度地消除缺货,并且只在商品需求时才去采购。ECR 改革的重点是效率和成本。

(二)共同特征

共同特征表现为超越企业之间的界限,通过合作追求物流效率化。具体表现在如下三个方面:

(1)贸易伙伴间商业信息的共享。

(2)商品供应方进一步涉足零售业,提供高质量的物流服务。

(3)企业间订货、发货业务全部通过 EDI 来进行,实现订货数据或出货数据的传送无纸化。

第三节　基于活动的成本控制——ABC 成本法

一、ABC 成本法的产生背景及含义

(一)ABC 成本法的产生背景

ABC 成本法的产生,最早可以追溯到 20 世纪杰出的会计大师美国人埃里克·科勒(Eric Kohler)教授。科勒教授在 1952 年编著的《会计师词典》中,首次提出了作业、作业账户、作业会计等概念。1971 年,乔治·斯托布斯(George Staubus)教授在《作业成本计算和投入产出会计》(Activity Costing and Input Output Accounting)中对"作业""成本""作业会计""作业投入产出系统"等概念作了全面系统的讨论。这是理论上研究作业会计的第一部宝贵著作,但是当时作业成本法却未能在理论界和实业界引起足够的重视。

近些年来,在电子技术革命的基础上产生了高度自动化的先进制造企业,带来了管理观念和管理技术的巨大变革,适时制采购与制造系统,以及与其密切相关的零库存、单元制造、全面质量管理等崭新的管理观念与技术应运而生。高度自动化的先进制造企业,能够及时满足客户多样化、小批量的商品需求,快速地、高质量地生产出多品种少批量的产品。在这种崭新的制造环境下,企业传统采购与制造过程将发生深刻的变化。相应地,原来为传统采购与制造乃至企业决策服务的产品成本计量与控制、会计决策、业绩评价等会计理论和方法也将发生相应变革。例如,在先进制造环境下,许多人工已被机器取代,因此直接人工成本比例大大下降,固定制造费用大比例上升。ABC 成本法在精确成本信息、改善经营过程、为资源决策和产品定价及组合决策提供完善的信息方面都受到了广泛的关注。

(二)ABC 成本法的含义

ABC 成本法是一个过程,同时也是进行价值链分析的前提。它的重要特点在于它不仅是成本论及成本,它超越了传统成本会计的界限。ABC 成本法不仅能提供相对精确的产品成本信息,而且能对所有作业活动进行追踪动态反映,将企业的直接成本与间接成本分配到各个主要活动中去,然后将这些活动分配给相关的产品和服务。通过把企业主要活动和特定产品或服务联系起来,帮助管理者了解耗费资源的真正原因和每项产品与服务的真实成本。

目前,世界上许多先进的公司已经实施 ABC 成本法以改善原有的会计系统,增强企业竞争力。美国芝加哥大学的学者罗宾·库伯(Robin Cooper)和哈佛大学教授罗伯特·开普兰(Rober Kaplan)注意到这种情况,在对美国公司调查研究之后,发展了斯托布斯的思想,提出了以作业为基础的成本计算(1988)——ABC 成本法(activity-based costing),即作业成本法,是以作业为核心,确认和计量耗用企业资源的所有作业,将耗用的资源成本准确地计入作业,然后选择成本动因,将所有作业成本分配给成本计算对象(产品或服务)的一种成本计算方法。

(三)成本分配的过程

作业成本计算法不仅是一种成本计算方法,更是成本计算与成本管理的有机结合。作业成本计算法基于资源耗用的因果关系进行成本分配:根据作业活动耗用资源的情况,将资源耗费分配给作业;再依照成本对象消耗作业的情况,把作业成本分配给成本对象。

(1)资源。

资源是企业生产耗费的原始形态,是成本产生的源泉。企业作业活动系统所涉及的人力、物力、财力都属于资源。一个企业的资源包括直接人工、直接材料、间接制造费用等。

(2)作业。

作业,是指在一个组织内为了某一目的而进行的耗费资源动作,它是作业成本计算系统中最小的成本归集单元。作业贯穿产品生产经营的全过程,从产品设计、原料采购、生产加工,直至产品的发运销售。在这一过程中,每个环节、每道工序都可以视为一项作业。

(3)成本动因。

成本动因,亦称成本驱动因素,是指导致成本发生的因素,即成本的诱因。成本动因通常以作业活动耗费的资源来进行度量,如质量检查次数、用电度数等。在作业成本法下,成本动因是成本分配的依据。成本动因又可以分为资源动因和作业动因。

(4)作业中心。

作业中心又称成本库,是指构成一个业务过程的相互联系的作业集合,用来汇集业务过程及其产出的成本。换言之,按照统一的作业动因,将各种资源耗费项目归结在一起,便形成作业中心。作业中心有助于企业更明晰地分析一组相关的作业,以便进行作业管理以及企业组织机构和责任中心的设计与考核。

二、应用 ABC 成本法的理论基础及步骤

ABC 成本法应用于物流成本核算。其理论基础是:产品消耗作业,作业消耗资源并导致成本的发生。它突破了产品这个界限,而把成本核算深入到作业层次;它以作业为单位收集成本,并把"作业"或"作业成本池"的成本按作业动因分配到产品。因此,应用 ABC 成本法核算企业物流并进而进行管理可分为如下四个步骤:

(一)界定企业物流系统中涉及的各个作业

作业是工作的各个单位,作业的类型和数量会随着企业的不同而不同。例如,在一个顾客服务部门,作业包括处理顾客订单、解决产品问题以及提供顾客报告三项作业。

(二)确认企业物流系统中涉及的资源

资源是成本的源泉,一个企业的资源包括有直接人工、直接材料、生产维持成本(如采购人员的工资成本)、间接制造费用以及生产过程以外的成本(如广告费用)。资源的界定是在作业

界定的基础上进行的,每项作业必涉及相关的资源,与作业无关的资源应从物流核算中剔除。

(三)确认资源动因,将资源分配到作业

作业决定着资源的耗用量,这种关系称作资源动因。资源动因联系着资源和作业,它把总分类账上的资源成本分配到作业。

(四)确认成本动因,将作业成本分配到产品或服务中

作业动因反映了成本物件对作业消耗的逻辑关系,例如,问题最多的产品会产生最多顾客服务的电话,故按照电话数的多少(此处的作业动因)把解决顾客问题的作业成本分配到相应的产品中去。

第四节 价值链分析法(VCA 法)

一、VCA 方法的产生背景及含义

(一)VCA 的产生背景

为了提升企业战略,美国战略管理学家迈克尔·波特(1985)第一次提出价值链分析的方法。价值链是一种高层次的物流模式,由原材料作为投入资产开始,直至原料通过不同过程售给顾客为止,其中做出的所有价值增值活动都可作为价值链的组成部分。价值链的范畴从核心企业内部向前延伸到了供应商,向后延伸到了分销商、服务商和客户。这也形成了价值链中的作业之间、公司内部各部门之间、公司和客户以及公司和供应商之间的各种关联,使价值链中作业之间、核心企业内部部门之间、核心企业与节点企业之间以及节点企业之间存在着相互依赖关系,进而影响价值链的业绩。因此,协调、管理和控制价值链中节点企业之间的相互依赖关系,提高价值链中各节点企业的作业效率和绩效非常重要(汤普森(Thompson),1967)。汤普森还认为,价值链中作业之间的依赖程度越高(即它们的联系越强),就越需要协调和管理价值链中节点企业之间的关系。协调价值链中各节点企业之间的关系,就是要在各方相互信任的基础上,利用共享的有关信息,对整个价值链中相互依赖的作业进行定位、协调和优化,把生产资源的分工协作和物流过程组织成为总成本最低、效率最高的供应链,使处在价值链上的各节点企业具有共同的价值取向,取得最大的价值增值,从而实现"多赢"的目的。

(二)VCA 的含义

价值链分析方法(value chain analysis,VCA)是企业为一系列的输入、转换与输出的活动序列集合,每个活动都有可能相对于最终产品产生增值行为,从而增强企业的竞争地位。企业通过在价值链过程中灵活应用信息技术,发挥信息技术的使能作用、杠杆作用和乘数效应,可以增强企业的竞争能力。

二、VCA 分析方法的内容

(一)识别价值

识别价值活动要求在技术上和战略上有显著差别的多种活动相互独立。价值活动有两类:基本活动和辅助活动。

(二)确立类型

在每类基本和辅助活动中,都有三种不同类型。

(1)直接活动:涉及直接为买方创造价值的各种活动,例如零部件加工、安装、产品设计、销售、人员招聘等。

(2)间接活动:指那些使直接活动持续进行成为可能的各种活动,如设备维修与管理,工具制造,原材料供应与储存,新产品开发等。

(3)质量保证:指确保其他活动质量的各种活动,例如监督、视察、检测、核对、调整和返工等。

这些活动有着完全不同的经济效果,对竞争优势的确立起着不同的作用,应该加以区分,权衡取舍,以确定核心和非核心活动。

(三)价值链分析

每一种最终产品从其最初的原材料投入到达最终的消费者手中,都要经过无数个相互联系的作业环节,这就是作业链。价值链分析法将基本的原材料到最终用户之间的价值链分解成与战略相关的活动,以便理解成本的性质和差异产生的原因,是确定竞争对手成本的工具,也是在供应链管理中制定本公司竞争策略的基础。我们可以从内部、纵向和横向三个角度展开分析。

1.内部价值链分析

这是企业进行价值链分析的起点。企业内部可分解为许多单元价值链,商品在企业内部价值链上的转移完成了价值的逐步积累与转移。每个单元链上都要消耗成本并产生价值,而且它们有着广泛的联系,如生产作业和内部后勤的联系、质量控制与售后服务的联系、基本生产与维修活动的联系等。深入分析这些联系可减少那些不增加价值的作业,并通过协调和最优化两种策略的融洽配合,提高运作效率、降低成本,同时也为纵向和横向价值链分析奠定基础。

2.纵向价值链分析

它反映了企业与供应商、销售商之间的相互依存关系,这为企业增强其竞争优势提供了机会。企业通过分析上游企业的产品或服务特点及其与本企业价值链的其他连接点,往往可以十分显著地影响自身成本,甚至使企业与其上下游共同降低成本,提高这些相关企业的整体竞争优势。例如,施乐公司通过向供应商提供其生产进度表,使供应商能将生产所需的元器件及时运过来,同时降低了双方的库存成本。在对各类联系进行了分析的基础上,企业可求出各作业活动的成本、收入及资产报酬率等,从而看出哪一活动较具竞争力、哪一活动价值较低,由此再决定往其上游或下游并购的策略或将自身价值链中一些价值较低的作业活动出售或实行外包,逐步调整企业在行业价值链中的位置及其范围,从而实现价值链的重构,从根本上改变成本地位,提高企业竞争力。四川峨铁的重组便是个典型的例子。川投集团整体兼并峨铁厂、嘉阳电厂和嘉阳煤矿,重组后占峨铁生产成本60%的电价将大幅降低,每年可节约成本几千万元。通过调整,峨铁的产量可以上一个台阶,实现规模经济,又可降低单位固定成本。而对嘉阳电厂和嘉阳煤矿而言,则有了一个稳定的销售市场,其销售费用亦大幅降低。同时川投集团还并购了长钢股份,为峨铁打开了销路。这一重组并购搞活了三家劣势国有企业。

如果从更广阔的视野进行纵向价值链分析,就是产业结构的分析,这对企业进入某一市场时如何选择入口及占有哪些部分,以及在现有市场中外包、并购、整合等策略的制定都有极其重大的指导作用。

3. 横向价值链分析

这是企业确定竞争对手成本的基本工具,也是公司进行战略定位的基础。比如通过对企业自身各经营环节的成本测算,不同成本额的公司可采用不同的竞争方式,面对成本较高但实力雄厚的竞争对手,可采用低成本策略,扬长避短,争取成本优势,使得规模小、资金实力相对较弱的小公司在主干公司的压力下能够求得生存与发展;而相对于成本较低的竞争对手,可运用差异性战略,注重提高质量,以优质服务吸引顾客,而非盲目地进行价格战,使自身在面临价格低廉的小公司挑战时,仍能立于不败之地,保持自己的竞争优势。

三、价值链分析的实施

公司的完整价值链是一个跨越公司边界的供应链中顾客、供应商亦即价值链上节点企业所有相关作业的一系列组合。因此需要充分考虑价值链上顾客和供应商之间相互依赖关系,使价值链上所有节点企业具有共同的价值取向,共同进行完整价值链分析。

第一步:把整个价值链分解为与战略相关的作业、成本、收入和资产,并把它们分配到"有价值的作业"中;

第二步:确定引起价值变动的各项作业,并根据这些作业,分析形成成本及其差异的原因;

第三步:分析跨越整个价值链上的多个节点企业之间的关系,确定与顾客和供应商之间作业的相关性;

第四步:利用分析结果,重新组合或改进价值链,以更好地控制成本动因,产生可持续的竞争优势,使企业在激烈的市场竞争中获得优势。

另外,公司是否能进行完整价值链分析,在于价值链中节点企业的自愿参与。而参与的前提就是要使这些节点企业相信,与节点企业自己通过个别行为和权威的力量追求企业自身最优化相比,公司进行整个供应链的合作管理会更加有效,便会增加顾客和供应商的合作意向,从而使公司的完整价值链分析成为可能。事实上,价值链中的节点企业一旦参与公司完整价值链分析项目,便与公司形成战略联盟,可以和其他伙伴公司共享与价值链有关的成本和业绩信息,比公司从外部角度对这些企业的作业和成本进行假设而进行分析的精确性要高,范围更广。另外,参与完整价值链分析的节点企业具有共同的价值取向,它们互相之间的敏感信息共享,可以有效地协调和管理供应链上节点企业之间的关系,不仅能够增加合作者的互相信任,提高购货方的收货效率,减少存货滞留,降低供应链成本,还可以使供应链上节点企业中相同类型的作业更加有效率,从而提高公司整个价值链的运营效率,并在未来吸引价值链中更多的企业加入企业联盟,使公司在更大范围内进行完整价值链分析。因此,公司与节点企业之间以及节点企业之间的合作、协调,共享与价值链有关的成本和业绩的信息非常重要。

四、VCA 方法的作用

VCA 方法是将实际结果与目标及期望进行比较的审计办法。

(1)当企业利用 VCA 确定其战略方向时,VCA 可帮助企业观察最重要的产品项目、产品品种和服务,并确定如何运用 ECR,在以顾客价值为主要标准的情况下,最大限度地降低成本,并为贸易伙伴提供最有效的服务。

(2)作为一种审计工具,VCA 可以对企业的业绩作周期性的评估,从而判断在实施计划时其实际结果与目标是否吻合,这些目标既包括财务目标,也包括企业总的业绩改进目标。

(3)企业实施 ECR 计划时,使用 ECR 来确定工作重点和战略方向,其原因在于 VCA 可以为企业解决下面几个十分棘手的问题:

①企业当前的业绩如何,ECR 对企业的经营和生产产生哪些影响?

②在特定的业务目标和品种战略下,哪些 ECR 的概念最重要,应如何实施?哪些产品品种能提供最好的机会?应与哪些贸易伙伴合作?

③在认识到企业应付和管理环境变化的能力的前提下,如何进行试验并筛选 ECR 概念?相关联的工作计划和现金流又怎样?

a.不管是零售商、批发商、经纪人还是制造商都可以开展研究,来评估实施 ECR 对企业当前的经营和业绩的潜在影响。

b.上述研究内容包括 VCA 模型中的 ECR 改进方法组合的影响。

c.第一次使用 VCA,其范围通常局限在对企业最为重要的产品品种上。

d.对于所选的每个品种,VCA 都要分析处理其在整个供应链的所有产品流——从原材料开始经过所有贸易伙伴到消费者付款台的整个过程。

e.依靠贸易伙伴所扮演的不同角色,供应渠道可以包括自我配送零售连锁、需送货批发商供应系统、自提货批发商供应系统、只送货直接店铺送货、全面服务直接店铺送货五种基本分销渠道的任何组合,以确保在合适的时间、合适的地点、把合适数量的产品以合适的价格送到合适的地点。

五、完整价值链分析中的不确定因素

虽然参与公司完整价值链分析项目的节点企业可以通过它们之间的协调获得潜在利益,但也增加了合作企业的不确定因素而产生风险。因此,设计一个合适的治理结构,使其既适应本企业业务特点,又可以管理价值链中企业之间关系,并能够处理和控制企业之间可能的投机行为而引起的交易风险,管理和协调价值链中公司之间的关系很有必要。而参与公司完整价值链分析项目的节点企业可能面对的特殊风险及其对企业业绩的影响有如下三个方面:

(一)敏感信息的交换

价值链中的节点企业进行信息共享的意愿是公司能否进行完整价值链分析的第一个不确定因素。当客户和供应商互相交换对方的成本和绩效信息时,会存在企业的谈判状况和机密信息泄露给竞争者的顾虑。客户通过供应商提供的成本信息,可以利用对自己有利的信息进行投机行为,并为将来的谈判价格提供潜在优势。尤其是早期参与价值链分析、改进供应链项目的供应商,特别担心公司会利用它们所提供的信息直接比较其运营效率,而被要求提高效率直至网络平均水平,否则会被淘汰出局。因此,如果公司不能确认这些秘密信息不会被用来打击参与合作的节点企业本身,就不会参与信息共享,进行共同分析改善价值链的合作。

为了减少供应商关于信息被滥用的顾虑,公司需要对供应商明确说明利用敏感信息只是有助于开发公司供应链,而不是分类比较供应商效率,迫使供应商的效率增加到网络平均水平;除此,公司还需利用完整价值链分析的结果与有关供应商共同改进供应链中一些效率低下的作业。而相反,如果公司用投机方式利用供应商所提供的敏感信息,则会在整个供应商网络内产生强烈的负面影响,从而严重降低公司声誉,对公司缺少信任,也破坏公司与供应商之间的关系,大大降低供应商与其合作的意向,最终恶化供应链上所有各方的关系,更不可能实现供应链中潜在成本的降低。事实上,实现供应商敏感信息共享的基础就是供应商对公司的信任(如商誉)。当公司反复利用敏感信息进行完整价值链分析(而没有投机地利用信息)时,便进一步加强了公司与节点企业之间以及节点企业互相之间的信任。可见:公司在供应商网络的声誉以及供应商对公司商誉的信任,会对公司如何利用信息的承诺产生影响,也使其成为管理这些关系问题最有权威的机制。而产生第二和第三个议题的前提在于价值链中的企业愿意进行共同价值链分析,互享信息,并且相信因为价值链分析的改善而确实可以提高绩效。

(二)成本和利益的公平分配

公司进行完整价值链分析的第二个不确定因素在于成本、利益和投资水平之间的公平分配。解决了诚信问题,企业决定是否参与合作还必须就以下两点进行分析:第一,战略联盟所能取得的与此合作项目风险有关的收益率。第二,参与合作企业预期利益份额的分配是否公平。汤姆金斯(Tomkins,2001)认为当跨越组织边界有很多复杂问题需要反映时,可以利用会计技术在组织之间进行协商。只有当公司的合作者能取得与风险相当的收益率并有希望得到公平份额的利益时,才愿意投资并参与完整价值链的分析项目,进而提高供应链中有关作业效率,改进其中节点企业之间的关系。因此,基于价值链分析而改进和调整后的公司供应链在实现了成本控制、提高了作业业绩、增加了盈利能力以后,对供应链变化以后的盈利、成本和投资进行的公平分配问题非常重要。特别地,如果公司为了提高供应链的整体业绩,需要价值链中的节点企业对某项新技术投资,节点企业在参与项目之前必须对投资项目进行评价,通过作业成本模型与公司作进一步协商,解决成本、利益和投资的共享问题。例如,公司与供应商进行谈判,采用上调供应商商品价格的方式,分担供应商投资,以实现利益的公平分配。

(三)对特殊资产投资的使用

除了实现合适的收益率,如果完整价值链分析的合作项目需要参与公司共同投资某特定资产改进供应链,这时参与投资的公司必须确信此项投资不会被公司挪作其他用处,并且该资产在此项目之外对公司来说价值很低(威廉姆森(Williamson),1985)。

在考虑上述三项不确定因素以后,如果以往的业务往来关系已经使合作公司之间建立了某种信任,这时可以假设合作公司之间不会因进行共同的价值链分析、互换敏感信息发生互相投机的行为。然而,如果某节点企业与公司之间虽然还没有足够的信任,但愿意加入完整价值链分析的合作联盟,这时公司需要对新加盟企业采用一系列正式的控制机制维持各企业互相之间的信任,如签订关于利益和成本共摊的契约协议、采购量和合作关系的长短、信息交换的保密协议、设备的联合投资以及互相抵押等不同的形式协议,直至由于改进价值链而使企业业绩发生变化。

六、公司完整价值链分析对节点企业的影响

公司通过实施完整价值链的分析,关注供应链的分布网络进入公司不同成本库时的资源要素即作业成本,不仅可以及时取得供应链中有关作业成本和成本动因的信息,还可以利用该数据对不同类型、不同网络的成本库进行作业成本分析。

公司对参与价值链分析项目的供应商,提供包括公司作业成本在内的部分成本分析结果,如公司与某供应商作业有关的作业成本、它所在供应商网络的平均作业成本等。依此,供应商可以进行基准分析,用自己的成本加上网络平均费用与网络内平均成本进行对比,了解自己在整个供应链中所处的位置,知道自己是否需要改进作业,控制成本。另外,公司储运部门也可以利用供应链中节点企业成本信息的分析结果,与有关供应商就供应链成本业绩及其过程中可能存在的问题进行讨论,寻找改进作业、降低成本的方法,最终提高整个供应链运营效率,实现价值链的增值。

因此,公司完整价值链分析可以优化、协调供应链上的作业,改善供应链业绩。对公司和供应商之间关系的影响可以从以下方面表现出来:

公司将提供适当的数据给供应商,与供应商就模型结果分析其与网络平均数的差异,供应商可能的作业过程以及如何改善,以及改进后预期结果的讨论增加了各方之间的相互影响。广泛的联系加强了公司之间的凝聚力,增加了对供应商互相之间意图、需要和过程的了解。

客观的成本信息容易使公司和节点企业之间进行联系、决策和协商。当供应链运营成本的变化结果变得透明时,节点企业就可以自己判断实现价值链增值的可能性,并且它们可以对提高的利润进行正常的利润分成。

项目小结

1.快速反应是指在供应链中供应链成员企业之间建立战略合作伙伴关系,利用 EDI 等信息技术进行信息交换与信息共享,用高频率小数量配送方式补充商品,以实现缩短交货周期,减少库存,提高顾客服务水平和企业竞争力为目的的一种供应链管理策略。

2.QR 的实施步骤如下:安装条形码和 EDI;固定周期补货;成立先进的补货联盟;零售空间管理;联合产品开发;快速反应的集成。

3.ECR 是一种通过制造商、批发商和零售商各自经济活动的整合,以最低的成本,最快、最好地实现消费者需求的流通模式。

4.ECR 系统的四大要素包括:快速产品引进;快速商店分类;快速促销;快速补充。

5.QR 与 ECR 的不同点有:侧重点不同;管理方法的差别;适用的行业不同;改革的重点不同。

6.QR 与 ECR 的相同点有:贸易伙伴间商业信息的共享;商品供应方进一步涉足零售业,提供高质量的物流服务;企业间订货、发货业务全部通过 EDI 来进行,实现订货数据或出货数据的传送无纸化。

7.ABC 成本法,是以作业为核心,确认和计量耗用企业资源的所有作业,将耗用的资源成本准确地计入作业,然后选择成本动因,将所有作业成本分配给成本计算对象(产品或服务)的一种成本计算方法。

8.价值链分析法是一种高层次的物流模式,由原材料作为投入资产开始,直至原料通过不同过程售给顾客为止,其中做出的所有价值增值活动都可作为价值链的组成部分。

思考题

1.QR 的主要特征是什么?

2.ECR 的主要特征是什么?

3.QR 和 ECR 的异同点是什么?

4. VCA 方法的作用是什么？

案例分析

宝洁公司的 ECR 战略

宝洁(中国)公司在供应链上的卓越表现的主要原因之一就在于宝洁对 ECR 的贯彻执行。最值得一提的有两个方面：

一是保证基本环节正常运作。宝洁公司拥有完善的订单管理系统，能完全按时按量交货，负责损失赔偿，并正确开具发票。自从宝洁公司启动了 ECR 以后，在上述各方面的效率从起初的 65% 提高到 90% 以上。

在这之前，宝洁公司每个月需要人工处理 27000 多份订单的错误。而现在，订单错误已经降低了 80%，每年节省 2000 万美元。

在宝洁公司看来，关注过程的基本环节不仅是制造商的事情，同时也涉及客户和与其共同工作的方式。每年，宝洁公司都会用成千上万的资金及大量的资源来和客户一起制订计划以挖掘消费者需求。由于宝洁公司认为得不到有力执行的计划往往会以失败而告终，所以一旦公司销量预测系统、产品推广模型不可靠，或者分销商没有选择正确的品类组合、客户的库存无法满足要求、确认计划执行的系统或活动遭到破坏，公司就会停下手头的工作直到所有的基本环节都各司其职。对宝洁公司而言，最重要的是大家要有这样的信念：确保基本环节的正常运行，这不是别人的事而是宝洁公司自己的事。

二是团结合作的精神。在宝洁公司，大家相信团结协作是 ECR 能够成功的关键。为了推进自己和零售商的事业共同前进，宝洁公司建立了一个彼此信任、责任和机会共享的环境。

为了创造团结协作的气氛，宝洁公司主要从以下三个方面着手：

(1)确定囊括各部分利益的共同目标(如快速发展、利润、投资回报、市场份额、成功导入新产品)；

(2)制订大家都认可的计划；

(3)在中肯而非挑剔的气氛中执行计划。

在良好的合作气氛中，宝洁公司的 ECR 利用 EDI 通信标准来帮助其从零售商的分销系统获取大量的信息，尤其是产品存储信息。

由于宝洁数年来一直坚持上述两条基本原则，ECR 无时无刻不在为宝洁公司、宝洁公司的客户及全球的消费者工作。自从宝洁公司采用了 ECR 后，产品减少了近 20%，通过提供更加透明的购买环境，简化了客户和消费者对产品的选择；而且使其单位产品成本平均节省 2 美元，使其和经销商的库存共降低了 10%，从而促进宝洁产品的销量和市场份额加速增长。

讨论题：

1. 宝洁公司的 ECR 战略是如何实施的？

2. 宝洁公司实施 ECR 的基本原则是什么？

3. 宝洁公司的 ECR 战略的实施效果如何？

实训项目

1. 实训目的

使学生了解某种商品在货架上的摆放位置及定价对另一种商品的销售量会产生什么样的

影响,从而体会品类管理在供应链终端的作用和重要性。

2.实训内容

(1)选择某一日用品品牌,连续记录若干天的销售量,并据此计算出平均日销售量。

(2)调整此日用品在商场的货架位置,记录其销售量的变化。

3.实训组织

(1)联系一家超市,将全体同学分成若干组,每组选取超市的一种日用品作为调研对象。

(2)各组记录好对象商品变换位置后销售趋势是如何变化的。

(3)集体分析每次变化的原因。

项目八

供应链管理中的绩效评价

学习目的与要求

1. 了解供应链绩效评价的内容与目的。
2. 理解供应链绩效评价指标体系的构建。
3. 掌握供应链绩效评价指标设置的要求。
4. 学会设计供应链绩效评价指标体系。

导入案例

Mopar 的供应链绩效管理

戴姆勒-克莱斯勒公司的 Mopar 零件集团年销售额 40 亿美元,是美国和加拿大地区经营汽车零件的分销商。Mopar 的供应链极为复杂,包含 3000 个供应商和 30 个分销中心,每天来自 4400 个北美经销商的订单就达 225000 份。然而,售后零配件销售极难预测,因为它不是直接为生产所驱使,相反是为如天气、车辆地点、车辆的磨损和破坏,以及顾客对经销商促销的反应等不可预测因素所决定。顾客不愿意为替换零件而花费等待的时间,因此零售商不得不寻求可替代的零配件资源以避免客户不满意和失去市场份额。为了使经销商不使用非 OEM 零件,汽车公司一般都因订货管理、库存平衡、供应奖励收费等导致高额的补货成本。Mopar 零件公司就面对着这样一个困境。戴姆勒-克莱斯勒公司意识到了它未来的竞争力在于它的甄别、理解、采取解决行动并防止昂贵的服务供应链问题的能力。因此,它开始投入到了供应链绩效管理(SCPM)系统的实施中。

Mopar 的 SCPM 系统通过监测未来需求、库存和与预先确定的目标相关的供应链绩效关键指标来甄别出绩效区别。然后,公司利用该系统探究问题,找到个别的或相互关联的可选方案。导致问题的潜在根本原因包括非季节性天气、竞争性促销、对预测模型的不准确假设。理解问题和确定可选方案后,公司就采取解决问题的行动了。Mopar 集团通过削减安全库存和不必要的"过期"(不可能被接受的)运输每年节约数百万美元成本。仅仅在第一年,戴姆勒-克莱斯勒公司就将它的决策周期从几个月缩短到几天,减少了超额运输成本,补货率增加了 1 个百分点,还节约了 1500 万存货费用。看来,戴姆勒-克莱斯勒公司从 SCPM 中获得了竞争力的巨大提升。

从中可以看出,Mopar 通过应用供应链绩效管理系统取得了可喜的成果。为了能够使供应链健康发展,科学、全面地分析和评价供应链的运营绩效,便成为了供应链管理中一个非常重要的问题。

第一节 绩效评价概述

一、绩效评价的含义

绩效是实践活动中所产生的、与劳动耗费有对比关系的可以度量的、对人们有益的结果，是指那些经过评价的工作行为、方式及其效果。

所谓评价，一般是指根据确定的目的来测定对象系统的属性，并将这种属性变为客观定量的计量或者主观效用（满足主体要求的程度）的行为，即明确价值的过程。

绩效评价是指运用一定的技术方法，采用特定的指标体系，依据统一的评价标准，按照一定的程序，通过定量、定性对比分析，对业绩和效益作出客观、标准的综合判断，真实反映现实状况，预测未来发展前景的管理控制系统。

二、传统的绩效评价方法

传统绩效评价方法形成于20世纪，随着社会经济的不断发展，传统绩效评价的局限性和不足日益显露出来。主要表现在以下几个方面：

(1)没有扣除股本资本的成本，导致成本的计算不完全，不能反映公司真正的赢利能力。

(2)根据会计准则编制的财务报表对公司真实情况的反映存在部分失真，主要表现在根据稳健性原则编制的财务报表低估了公司的利润与资本。

(3)传统的绩效评价系统偏重于对过去活动结果的财务评价，并针对这些结果作出战术性的反馈，控制短期经营活动，以维持短期的财务成果。

(4)传统的绩效评价系统注重企业内部管理，这在卖方市场的情况下的确有效。但在买方市场条件下，厂商之间存在着激烈的竞争。

(5)传统的单一财务评价体系偏重于有形资产的评价和管理，但在对无形资产和智力资产的确认、计量、记录、报告方面却显得很不足。这会导致传统的单一财务评价体系难以适应信息时代下快速变化的、不确定性和风险性日益增加的竞争环境。

传统的绩效评价方法主要有标准成本制度和责任会计系统两种。标准成本制度包括标准成本的制定、差异分析和差异处理三部分，它对成本的控制和绩效的评价是通过将实际成本与标准成本进行比较，找出差异，然后分析差异形成的原因和责任，并加以控制。责任会计系统过分侧重于对降低成本、提高产量两方面作出要求，注重的是取得短期效益的能力，这会妨碍企业长期目标的实现。

三、现代的绩效评价方法——BSC

为了全面、科学地解释企业运作各个方面的实际效果，国内外的有关学者将数学与管理科学相结合，提出了许多具有使用价值的现代的绩效评价方法，主要分为两大类：一类是定性评价方法（如调查表分析评价法）；一类是定量评价方法（杆杆法、平衡计分法、经济价值增量EVA法、数学方法等）。下面我们主要介绍平衡计分卡方法。

（一）平衡计分卡简介

平衡计分卡是 1992 年由哈佛大学商学院教授卡普兰和诺顿设计的,是一种全方位的、包括财务指标和非财务指标相结合的策略性评价指标体系。该方法最突出的特点是:将企业的远景、使命和发展战略与企业的业绩评价系统联系起来,它把企业的使命和战略转变为具体的目标和评测指标,以实现战略和绩效的有机结合。

自平衡计分卡方法提出之后,其对企业全方位的考核及关注企业长远发展的观念受到学术界与企业界的充分重视,许多企业尝试引入平衡计分卡作为企业管理的工具。

（二）平衡计分卡的原理

平衡计分卡(简称 BSC),是绩效管理中的新思路,适用于对部门的团队考核,它打破了传统的单一使用财务指标衡量业绩的方法,而是在财务指标的基础上加入了未来驱动因素,即客户因素、内部经营管理过程和员工的学习成长。平衡计分卡的核心思想就是通过"财务、客户、内部流程及学习与发展"这四个方面指标之间相互驱动的因果关系,来展现组织的战略路线,实现绩效考核与绩效改进以及战略实施与战略修正的战略目标过程。它把绩效考核的地位提升到了组织的战略层面,使之成为组织战略的实施工具。平衡计分卡的引入改变了企业以往只关注财务指标的考核体系的缺陷,仅关注财务指标会使企业过分关注一些短期行为而牺牲长期利益,比如员工的培养和开发、客户关系的开拓和维护等。平衡计分卡最大的优点在于它从企业的四个方面建立起衡量体系:财务、客户、业务管理和人员培养与开发。这四个方面是相互联系、相互影响的,后三类指标的实现,最终保证了财务指标的实现。

（三）平衡计分卡的基本内容

平衡计分卡中的目标和评估指标来源于组织战略,它把组织的使命和战略转化为有形的目标和衡量指标。

(1)BSC 中的客户方面。管理层确认了组织将要参与竞争的客户和市场部分,并将目标转换为一组指标,如市场份额、客户驻留率、客户获得率、顾客满意度、顾客获利水平等。

(2)BSC 中的内部经营过程方面。为吸引和留住目标市场上的客户,满足股东对财务回报的要求,管理者需要关注对顾客满意度和实现组织财务目标影响最大的那些内部过程,并为此设立衡量指标。在这一方面,BSC 重视的不是单纯的现有经营过程的改善,而是以确认客户和股东的要求为起点、满足客户和股东要求为终点的全新的内部经营过程。

(3)BSC 中的学习和成长方面。它确认了组织为实现长期的业绩而必须进行的对未来的投资,包括对员工的能力、组织的信息系统等方面的衡量。

组织在上述各方面的成功必须转化为财务上的最终成功,产品和服务质量、完成订单的时间、生产率、新产品开发和客户满意度等方面的改进只有转化为销售额的增加、经营费用的减少和资产周转率的提高,才能为组织带来利益。因此,BSC 的财务方面列出了组织的财务指标,并衡量战略的实施和执行是否在为最终的经营结果的改善作出贡献。

（四）实施 BSC 的管理方法的优点

(1)克服财务评估方法的短期行为;

(2)使整个组织行动一致,服务于战略目标;

(3)能有效地将组织的战略转化为组织各层的绩效指标和行动;

(4)有利于各级员工对组织目标和战略的沟通和理解;

(5)利于组织和员工的学习成长、核心能力的培养;

(6)实现组织长远发展;

(7)通过实施 BSC,提高组织整体管理水平。

第二节 供应链绩效评价

一、供应链绩效评价的含义及特点

(一)供应链绩效评价的含义

供应链绩效评价是指围绕供应链的目标,对供应链整体、各环节(尤其是核心企业运营状况以及各环节之间的运营关系等)所进行的事前、事中和事后分析评价。供应链的绩效评价,是运用数量统计和运筹学方法,通过定量和定性的分析对整个供应链的整体运行绩效、供应链节点企业、供应链上的节点企业之间的合作关系所作出的客观、公正和准确的综合评价。因此,供应链绩效评价是供应链管理的重要内容,对于衡量供应链目标的实现程度及提供经营决策支持都具有十分重要的意义。

供应链的运作过程就是通过有效协调供应链成员企业的活动,增加或创造供应链(包括所有成员)的价值。只有当材料、物品被加工、处理或者被送到下一个阶段以便进一步处理时,才会增加价值;物料在大多时间内处于库存状态,只会增加成本,不会增加价值。供应链上各成员企业通过信息协调和共享,可以大大降低供应链的运营成本,增加供应链价值。传统的供应链思想把物流看成是供应链各成员的关键因素,而新的供应链思想则注重成员企业在信息和知识方面的共享,为共同的利益一起努力,以达到理想的效果。

因此,供应链绩效是指供应链各成员通过信息协调和共享,在供应链基础设施、人力资源和技术开发等内外资源的支持下,通过物流管理、生产操作、客户服务、信息开发等活动增加和创造的价值总和,即为结果绩效;为达到上述目的,供应链各个成员采取的各种活动即为过程绩效。

(二)供应链绩效评价的特点

传统的企业绩效评价往往侧重局部、微观的考评,不能适应供应链管理的需要。供应链绩效评价指标应以非财务指标为主,包括反映供应链动态运营状况以及上下节点企业之间的运营关系的一系列评价指标。与传统企业绩效评价相比,供应链绩效评价具有以下特点:

1.评价指标更为集成化

供应链绩效评价既要从整个供应链的角度分析问题,反映整个供应链的运营情况,又要能反映整个节点的运营情况。

2.注重绩效管理的前馈性

供应链绩效评价应采用实时评价与分析的方法,把绩效评价范围扩大到能反映供应链实施运营的信息上去,这比传统的事后分析更有价值。

3.关注业务流程

供应链绩效评价强调的是实现两个目标之间的有效传递,是基于业务流程的绩效评价。

4.注重组织的关系性和未来的发展性

供应链绩效评价除了对企业内部运作的基本评价之外,还注重对外部链的测控,采用能反映供应商、制造商及用户之间关系的绩效评价指标。考虑到集结点企业很可能同时处于几条供应链中,并且一般供应链的建立、运行、解体周期要明显短于企业生命周期,供应链的评价周期相当复杂。

二、供应链绩效评价的内容

(一)供应链综合绩效评价

这主要考虑到从整体角度考虑不同供应链之间的竞争,为供应链在市场中的生存、组建、运行、撤销的决策提供依据。目的是通过绩效评价而获得对整个供应链运行状况的了解,找出供应链运营中的问题,及时予以纠正。

(二)供应链各企业评价

这主要考虑供应链对其企业的激励,吸收优秀企业加盟,剔除不良企业。这与现行企业绩效评价不同,虽然企业自身绩效的评价仍然是供应链内企业考核的重要内容,但是此处关注的焦点在于供应链带来的企业绩效的净提升(而非单纯的以货币计算的净损益),以及企业对供应链整体运营绩效的贡献。因此,进行供应链内企业绩效评价需要立足于供应链整体的角度,而不同于通常意义上的企业立足于自身对内部绩效的评价。

(三)供应链内各企业合作关系评价

这主要评价上游企业对下游企业提供的产品和服务质量,从用户满意度的角度评价上、下游企业之间的合作伙伴关系。因此,对供应链企业合作关系进行评价时,必须注意以下两个问题:

第一,即使是对于一种特定的商品或服务,一般企业都保持多条供应链关系,一方面保证供应链的可靠性,另一方面也增加了这种供应链关系分析的难度。相应的,企业在每条供应链上所投入的资源区分难度增加,甚至难以区分,这将导致进行绩效评价时相关数据的获取难度加大。

第二,由于同时有多条供应链存在,它们之间既有补充,又存在竞争的关系。相应的,企业为获取稳定的供应关系,通常上下游企业之间会形成类似于契约性的战略联盟关系。这种战略联盟关系的存在,对于供应链绩效评价的影响是时刻存在的,因为长期可靠、稳定的物流渠道在许多公司看来,比改变供应链所带来的效益增加更为可取,这显然将影响企业对绩效评价结论的态度和对之作出的决策。

(四)供应链内各企业激励关系评价

供应链内各企业激励关系评价包括核心企业对其他节点企业的激励,以及供应商、制造商、零售商之间的相互激励。因为供应链所增加的价值是通过其中各节点企业合作实现的,大家分享利益,因此合作成为节点企业的共识,但是供应链中各节点企业的地位、实力是不平等的,所分享的利益也很难真正均衡,这就需要企业之间采取其他形式的补偿或优惠作为激励,以保证所有成员发挥最大能动性,从而促进供应链绩效的提高与实现。

三、供应链绩效评价的目的

供应链绩效评价扮演着监督和改善的角色,一方面不仅需要随时检查供应链系统的运作是否符合既定的目标；另一方面又需要监视外在环境的变迁以检查绩效评价体系是否符合外在竞争环境的需求，准确地反映满足顾客需求的经营能力。供应链绩效评价是提升供应链整体绩效的前提，主要表现在以下几个方面：

（一）时间缩减

时间缩减意味着供应链中的信息和产品流能够十分迅速和流畅地传递，从而降低订货到发货的循环期，还可以提高现金的周转率。

（二）柔性提高

柔性提高意味着分销中心能够迅速根据客户对独特的包装和产品特性的需求进行客户化的操作，也意味着客户的需求能够在合理的成本效率下迅速得到满足，以及客户非计划需求的正常运作能力。

（三）减少浪费

供应链企业试图通过尽量减低功能重叠，协调运作系统以及提高质量来寻找降低整个供应链的浪费途径。只有在供应链运作成为一整体、库存尽可能地集中于链中分销过程的关键节点的时候，才可能得到较好的绩效。

（四）提高资本利润

供应链企业高效、准时地满足客户需求的最终目标就是获取供应链企业的资本利润。最常用的指标就是降低成本，以提高收益边际；供应链企业的集成和浪费减少将会使现金流得到改善，而柔性和时间绩效提高的同时为供应链赢得和保持住客户群、保证供应链长期盈利创造了可能。

四、供应链绩效评价的原则

在实际操作上，为了建立能有效评价供应链绩效的指标体系，在衡量供应链绩效评价时应遵循以下五条原则：

（一）物流与供应链绩效优先，兼顾企业绩效原则

在传统企业管理环境下，人们更关注企业绩效，如企业的盈利能力、资产运营水平、偿还债务能力和后续发展能力等。当竞争由企业之间的竞争转向供应链之间的竞争时，供应链绩效必然代替企业绩效而上升到主要地位，并日益受到更多的关注。另外，尽管供应链由上下游企业构成，物流与供应链绩效本身体现了企业绩效，但在管理实践中，却难以避免某些企业利用自身的有利地位滥施权力的现象。这类现象的发生，破坏了供应链上下游企业间的合作伙伴关系，使供应链处于动荡不稳的状态中，从而有悖于供应链管理的目标。为了杜绝这类现象，同时针对供应链绩效已经上升到主要地位的现实，应当在绩效评价中大力倡导供应链绩效优先，同时兼顾供应链中各企业绩效的原则。

（二）多层次、多渠道和全方位评价原则

多方搜集信息，实行多层次、多渠道和全方位的评价，有助于尽可能全面和有重点地反映供应链绩效，同时也有助于增强绩效评价的可操作性。在实践中，经常综合运用上级考核、专家评价、同级评价、下级评价、职员评价、客户评价等多种形式。

（三）短期绩效与长期绩效、近期绩效与远期绩效相结合原则

短期绩效与长期绩效、近期绩效与远期绩效是分别就供应链绩效涉及的时间长短、远近而言的，其间均存在着辩证统一的关系。在进行绩效评价时，不仅要考虑短期、近期的绩效，更要重视长期、远期的绩效。在供应链管理中，某些行为从短期或近期的角度来看，可能绩效甚微或者无绩效可言，但从长期或远期的角度考虑，它对规范供应链上下游企业行为，促进企业间的资源共享和共赢，推动供应链的协调发展无疑具有重大的意义。在供应链绩效评价中，将短期与长期、近期与远期正确地结合起来，有助于企业提高自觉性，减少盲目性，使供应链管理水平稳步提高，有助于企业对社会资源的生产、流通、分配和消费活动作出更大的贡献。

（四）静态评价与动态评价相结合原则

在绩效评价过程中，不仅要对影响物流与供应链绩效的各种内部因素进行静态考察和分析评价，而且要动态地研究这些因素之间以及这些因素与外部因素之间的相互影响关系。作为一种新兴的管理模式，在供应链管理过程中，肯定会不断地遇到前所未有的新情况和新问题，因此，在进行绩效评价时，一定要在相对稳定的基础上应用动态和发展的观念，才能解决所面临的难题。

（五）宏观绩效与微观绩效相结合原则

从所涉及的范围来看，物流与供应链绩效可分为宏观绩效和微观绩效两种。宏观绩效是供应链管理活动从全社会的角度来考察时的总的绩效，微观绩效是指供应链管理活动从企业与供应链系统本身的角度来考察时的绩效，二者既相互矛盾又彼此统一。从矛盾性来看，微观绩效为了显示自己的基础性作用，必然会作出种种努力，以突出个体，包括要求减少来自宏观层面的控制和干预，而宏观绩效为了发挥自己的主导作用.也必然会对微观层面施加种种限制性措施，以抑制其个性化发展。从统一性来看，微观绩效是宏观绩效的基础，离开了微观绩效，宏观绩效就要落空，宏观绩效又对微观绩效起着导向作用，微观绩效只有在符合宏观绩效的前提下才能得到有效发挥。

（六）责、权、利相结合原则

评价的主要目的是改善和提升物流与供应链绩效，而不是为了其他的目的。为此，在绩效评价过程中，应当及时地将评价的结果落实到个体，分清责任归属和权利范围，做到责、权、利明晰，赏罚分明。例如，由于供应链上的每个企业都是独立的经济实体，出于个体经济理性的考虑，经常会发生供应链上下游企业间因争夺自家"小利"而导致丧失供应链"大利"的情况。针对这一司空见惯的问题，在绩效评价中，应当本着责、权、利相结合的原则，谨慎处理。否则，就可能会破坏供应链上下游企业间的战略合作伙伴关系，阻碍供应链竞争战略目标的实现。

五、供应链绩效评价的过程

供应链的绩效评价在企业变革中起着枢纽的作用，它能约束和激励供应链上的各企业、企业中的各部门，从而产生向前的动力。要建立和实施一个完整的供应链绩效评价体系，一般遵循以下五个步骤：

（一）明确绩效评价的目标和方向

对评估的内容没有足够的认识，实施评估就无的放矢。一个组织要实行评估，高层管理人员应布置评估任务，了解评估的性质及范围。一旦确定组织目标和方向，就应该确保评估制度

能帮助组织完成它的发展规划。企业的绩效目标应与供应链总体绩效标准挂钩,这是使节点企业活动与供应链整体战略目标保持一致的最佳方式。

(二)评价指标的设计和选取

供应链的绩效评价指标主要反映供应链整体运营状况以及上游、下游节点企业之间的运营关系,而不是孤立地评价某一节点企业的运营状况。一个理想的评价指标体系能够反映客户、企业和供应链自身的需求,易于理解,应用广泛和使用成本低等,更重要的是能够为操作者和管理者提供快速的反馈,能激励绩效的改善等。

(三)选择合适的评价方法

企业绩效评估应分为实际效果和流程动因两个方面。在选择合适的方法时,不仅要考虑该方法是否对企业绩效的表现作出评价,是否可靠地预测未来的绩效,还要考虑是否评估了最根本的原因,是否有助于改进供应链绩效。这是确保绩效评价体系成为企业发展和运作改进的真正"发动机"的重要步骤之一。

(四)评价体系的应用

这个过程包括评价、反馈和纠偏行为。在绩效评价指标的基础上采用合适的评价方法对供应链整体进行评价。由于供应链绩效评价随环境的变化而变化,因而在评价的过程中要进行及时的反馈,并根据需要对绩效计划进行相应的调整。供应链的最优绩效是不断改进和发展的动态结果。

(五)评价结果的实施

供应链的绩效评价的最终目的不仅是要获得企业和供应链的运营状况,而且更重要的是优化企业后供应链的业务流程。绩效评价不应该止于评价结果,企业应该用它来监督有效的供应链经营活动,并推动和改进供应链流程。

六、影响供应链绩效评价的因素

(一)影响供应链绩效的外部驱动力

供应链管理的驱动力是在供应链整体价值最大化的前提下,有效降低供应链运作成本,并最终实现供应链竞争力的提升。供应链由于受外部环境的影响,其绩效的外部驱动力主要有行业特征、竞争者、技术、客户、经济及社会环境。

1. 行业特征

就不同的范围而言,现有的供应链研究主要集中于制造行业和仓储零售行业方面。供应链管理所涉及的行业特征使得供应链管理在绩效的考虑角度差异很大。制造业的供应链管理的重点侧重于将采购及物料管理作为一个基本战略,其管理的逻辑是扩展传统内部行为至外部,达到和战略合作伙伴的共同优化。仓储零售业的供应链管理则偏重于运输和物流管理,它将供应链物流部门的狭隘定义扩展为从供应商到客户的物流价值链,有效的实物分销和运动是其业务流程的主要组成部分。这两种行业的大致区分给出了供应链管理的两大分类。由此其绩效的侧重也分别处在供应商合作关系和物流上了。

2. 竞争者

供应链的核心竞争力为供应链在竞争过程中保持独有的竞争优势,竞争者的技术优势、产品以及流程的革新、人力资源的整合都成为影响供应链绩效的长期驱动力。很难从模拟或分析中得出竞争者的优势所在,但是作为竞争单元的集成供应链的确需要从客户角度分析起,利用标杆法,对供应链中的非增值行为进行分析,找出竞争者在可能的领域对供应链的潜在威胁和机遇。

3. 技术

技术的作用在产品/服务以及信息流通上发生着对绩效的影响力。不断涌现的先进设计技术对于产品的设计快捷的影响自不必说。先进的管理技术的不断推进也使得供应链管理不断适应得以提高,供应链伙伴之间的信息集成也将信息的滞后和夸大的问题降低到最小。技术不断推进也使得以往实践中难以实施的绩效测评变得可行。

4. 客户

客户作为供应链市场导向和利润来源,成为供应链绩效的主要驱动。不断变化的、加强的客户化要求,不断降价的要求和消费的偏好增加了供应链在运作成本和提前期上的压力。同时产品的质量、计划的柔性不能有丝毫的下降。客户对产品为自身带来的价值增值或成本节约愈发注重,使得供应链要在链中的每一个环节都应考虑客户理念的作用。

5. 经济以及社会环境

关键因素包括世界范围的普遍的经济前景。经济压力通常会迫使供应链国内成本降低以面对世界范围的竞争,而良好的供应链管理可以帮助降低成本。社会的变化对于形成与供应商的伙伴关系也会产生重要的影响。另外,跨国供应链在不同的国家(地区)的工业结构、经济发展阶段、客户要求等变量也会发生相应的变化。

(二)影响供应链绩效的内部驱动力

1. 流程机制

供应链运作的流程因为产品、服务和市场的分布在业务流程上是分散采购集中制造还是集中采购分散制造都由所提供的产品/服务所决定,而不同的市场层面也会使业务流程在设置上会有相当的差异。供应链绩效所关注的方面也是由于流程的差异而有所差异。

2. 合作伙伴

历史上供应链内部的关系被视为"arm-length"或"敌对的"关系。在这种情况下,用户有许多供应商可以选择,供应商也有许多用户。任何特定的供应链关系都被视为临时的而不是永久的关系,注重短期的个体的利益而忽视了战略利益,供应链的长期方面也未予以考虑。交易双方即使在同意交易或交换的商品价格协商上也会有抵触的目标。合作伙伴关系的长期稳定在降低价格、JIT 供货、库存管理绩效上作出巨大贡献。传统的交易对象之间的关系视为"零和博弈"。一个"零和博弈"是一方收益与另一方损失相当,两方面所得相加为零。供应链管理必须将这种零和的博弈转变为所有部分之间"双赢"的战略,从而使整个供应链获利更大并且处于供应链核心企业之间的利润分配更均匀。

3. 组织结构

供应链按组织结构可从恩斯特(Ernst)的结构模型中将供应链流程分为供应(S)、制造(M)、分销(D)三个步骤,按照产品的模块化水平和流程的延迟原则分为刚性型、模块型、延迟型和柔性型四个种类。刚性型(Rigid)的结构是典型的纵向集成的供应链,目标是大量产品库存基础上的规模经济。而另一个极端就是柔性型的结构,通过大量的外包、外协运作制造差别化组件,同时装配完工产品,满足纷繁的客户需求。而模块化类型的结构则有大量的组件/部件的供应商,最终分销少量完工产品,这是最典型的供应链结构;而延迟型的结构供应链经营客户化完工产品满足客户需求追求范围经济。可以理解四种不同的供应链结构在产品和流程上差异,绩效要求上的差异不言自明。

4. 供应链战略

供应链绩效是战略执行的结果,绩效评价要求与战略相一致,反馈战略的执行。供应链战略因为供应链发展集成的层次阶段以及供应链经营方式不同对绩效提出了不同的要求。史蒂文斯(Stevens,1989)将供应链集成归结为四个阶段:基础建设阶段、功能型阶段、内部集成阶段、外部集成阶段。这使得供应链战略从单一组织向多组织协调集成,从市场反应型发展为市场导向型进行运作。绩效也从内部单一评测扩展到了多方共同决定。供应链运作的方式的不同导致战略管理的重心的不同。高度集成的供应链在绩效上与上游或下游紧密地联系达成捆绑的联合体,以计算机制造业为例,IBM注重整个设计、制造、分销和市场的全过程;Dell则在装配和市场、服务上下大力气;Compaq注重于装配和市场。不同的这种选择和它们的外部供应链战略是相关的,绩效要求供应链运营必须有所差异。

5. 企业在供应链中所处的上下游位置

公司在整个供应链中运作的不同层次阶段上对各种运作绩效的要求也是不一样的,供应链伙伴中供应商可能更注重质量,地区分销商更注重于产品种类和价格,当地分销商注重产品送货和服务水平。增值活动发生的层阶结构阶段性为供应链改进绩效体系带来了难度。

七、供应链绩效评价与传统企业绩效评价的区别

(1)传统的企业绩效评价侧重于单一企业或者单个职能部门的评价,不注重供应链整体绩效的衡量,容易造成各个部门各自为政,不考虑整体效益。

(2)传统的企业绩效评价数据往往来源于财务结果,在时间上滞后,不能反映供应链动态运营情况,使企业只关注短期利益,损坏企业的长远发展潜力。

(3)传统的企业绩效评价往往侧重于对时间结果的事后评价,不能对供应链的业务流程实施评价,不能及时发现经营过程的偏差,进行及时补救。

(4)传统的企业绩效评价关注企业内部评估,不重视与外部利益相关者的战略合作关系。

八、供应链绩效评价角度

(一)供应链组织角度评价

1. 弹性

供应链的组织形式必须要具有一定的弹性,即在市场顾客需求、交货、链上成员、服务方式、服务方案等方面发生变化的时候,能够适应这些变化,并具有较强的快速响应能力。在竞争日益加剧的市场条件下,顾客的主要需求变化就要体现在服务水平、产品品质、需求种类、需求量、需求时间等方面;交货的变化主要体现在交货时间、交货数量、交货地点、交货方等方面;链上成员的变化主要体现在成员数、成员合作关系等方面。

为了提高供应链的弹性,供应链的组织首先应该具有虚拟性,即能够快速地根据新的业务单位组成新的虚拟团队;其次,必须借助现代信息技术,以提高信息在组织中的传递速度,从而保证组织的活性;另外,供应链组织模式的构建必须与顾客要求相一致,能够根据市场需求动态调整。

2.稳定性

供应链组织的稳定性是相对于弹性而言的,供应链在组织构建过程中不能单纯地追求动态性、虚拟性以满足快速变化的市场需求,更应该注重结构的稳定性。稳定的组织结构有助于供应链上企业采购、生产、运输、仓储、销售等各项业务的稳定,提高预测的精度,有利于制订各项计划,降低运营成本。

3.简洁性

供应链组织的简洁性体现在组织的层次、部门的简洁。首先,尽可能地减少供应链组织的层次,以减少信息传递的时间、信息的失真;其次,尽可能地减少各组织层次的职能部门,以减少职责重复与交叉,提高业务流程的运作效率。企业规模扩张所导致的管理机构膨胀、管理难度加大、运行效率低下等问题是引发组织机构精简化、扁平化的主要驱动力。

4.集成性

供应链是由多个具有业务联系的企业组织构成的业务联盟。每个企业均是供应链上的独立利益主体,而供应链又是一个独立的利益主体。各个企业之所以形成一条利益相关的链条,就是因为供应链的整体利益大于各个企业利益的总和。

(二)供应链采购供应角度评价

供应商的采购供应评价可以从与中游生产企业相互协调和配合等方面来体现。例如,企业从接到采购计划到运达生产企业的时间、企业面对生产企业计划调整的适应能力以及稳定性和成本方面。

1.提前期的评价

它是一种有效考虑整个组织经营的全面指标。仅降低提前期一项就可触及订货、设计蓝图的问题,包括长的调整准备期、频繁的停机时间、不协调的工作日程、不可靠的供应商、过长的运输时间,以及大规模的存货等一系列的问题。过长的提前期表现为供应链管理的运输、加工、高额储存。

2.柔性的评价

柔性的评价是指系统对于外部或内部干扰导致的变化所能做的调整范围。供应链处于很大的不确定范围环境中,由于市场的变动引起需求的变化,供应方的柔性成为生存的关键因素。

3.稳健性的评价

稳健性的评价指变化过程中的稳健性和强壮度。对供应方而言,稳健性意味着供应方在与委托人的合作中,即使委托人需求在一定程度上发生变化,供应方仍然能够保证产品质量,正常交货、运营,从而保证供应链整体的稳定性。

4.成本的评价

从采购供应的角度考虑,供应链成本集中在供应链总运营成本指标。供应链总运营成本包括供应链通信成本、供应链库存费用及各个节点企业外部运输总费用,用以反映供应链运营的效率。

(三)供应链物流角度评价

1.速度

供应链物流运作中最为关键的指标之一就是供应链的物流反应速度,它主要包括运输速度、数据处理速度、计划速度及执行速度。

2.可变性

供应链物流运作的可变性是指供应链物流能够提高对客户需求变动的柔性处理能力,具体客户需求的定制化处理能力;能够提供包括运输、仓储、装卸搬运、流通加工、配送等多种业务,能够提供一体化的物流解决方案。

3.可视性

供应链物流的可视性主要通过企业内部员工参与内部计划信息,与合作伙伴的信息相互共享,以及合作伙伴进入企业内部服务器获取相关信息来保障供应链物流业务运转过程的透明。信息的共享主要体现在企业内部和企业之间两个方面:

(1)企业内部:组织内部重要员工以及部门可以获得生产计划以及预测信息,是更好影响客户化服务的基础。对于内部员工而言,信息的共享使得他们意识到自身在整个组织中的作用力。

(2)企业之间:供应链企业的绩效影响其他交易伙伴的运作绩效。VMI提供了了解客户库存状况、销售计划、产品销售情况的及时信息,为企业提供了及时改动计划、方案的时机,改善了企业绩效。

第三节 供应链绩效评价的思路与方法

一、供应链绩效评价的常用方法

针对传统财务评价供应链管理中的问题和缺陷,出现了不同的评价供应链绩效的评价方法:ROF(resources,output,flexibility)法、SCOR(supply chain operations reference)模型、ABC(activity-based costing)法等。

(一)ROF 法

该方法由比蒙(Beamon)于 1999 年提出。为避免传统绩效评价的问题,他提出了三个方面的绩效评价指标,可以反映出供应链的战略目标:资源(resources)、产出(output)以及柔性(flexibility)。资源评价和产出评价在供应链绩效评价中已经得到了广泛的应用,而柔性指标则在应用中比较有限。这三种指标都具有各自不同的目标。资源评价(成本评价)是高效生产的关键,产出评价(客户响应)必须达到很高的水平以保持供应链的增值性,柔性评价则要达到在变化的环境中快速响应。它们之间是相互作用、彼此平衡的。

比蒙认为供应链评价系统必须从以下三个方面进行评价:

(1)资源评价包括库存水平、人力资源、设备利用、能源使用和成本等方面。

(2)产出评价主要包括客户响应、质量以及最终产出产品的数量。

(3)柔性评价主要包括范围柔性和响应柔性两种。

(二)SCOR 模型

供应链运作参考模型(SCOR)为了体现"从供应商的供应商到客户的客户"的供应链管理思想,覆盖了从订单到付款发票等的所有客户的交互环节;供应商的供应商到客户的客户的所有物流传运;所有的市场交互,总体需求的了解到每个订单的实行。供应链运作参考模型集成了业务流程重组(BPR)、绩效基准(benchmarking)、最优业务分析(best practices analysis)的内涵,提出 SCOR 的基础是五个严格的管理过程,即采购(purchase)、计划(plan)、生产(make)、发运(delivery)和回流(return),并提供了涵盖整个供应链的绩效评价指标。

1．物流绩效

物流系统也成为企业必不可少的竞争武器,国际市场竞争压力迫使物流配送的提前期越来越短。SCOR 从三个方面进行评价,即从接到订货到发运的提前期、订单完成率、订单的响应速度。

2．柔性与响应性

这一方面主要就生产柔性、供应链循环提前期进行评价。生产柔性被定义为非计划产出提高 20％的生产时间;供应链循环提前期则被定义为内部零库存生产或外包的平均时间＋生产完成到交货的平均提前期＋预测提前期。实现以上优化必须保证与供应商的有效联系和共同改进,以提高整体绩效。

3．物流成本、资产管理

物流成本主要包括整体的物流管理成本、订单管理成本。供应链的资产主要包括库存、厂房、资金和设备,可以通过库存占销售产品成本的比率和现金周转率以及净资产收益率来反映资产管理的效果。此时的现金周转率是指从原材料的现金投入之后到客户端的现金收回的平均日期。

(三)作业成本法(ABC)

传统成本会计采用成本随着产品的加工而流动,产品制造费用等间接费用按照数量或加工工时在产品之间进行分配的计量基础。作业成本会计提出成本动因和非增值作业的概念,认为生产成本的计量应该建立于分解为成本动因的作业上,从而突出了作业流程中的核心作业资源。这就为更精确地评价供应链的成本、作业分布奠定了基础。作业成本法并不是替代传统成本方法来进行测量绩效,而是从另一面为供应链绩效评价提供了信息来源。

(四)标杆管理法

标杆管理法由美国施乐公司于 1979 年首创,是现代西方发达国家企业管理活动中支持企业不断改进和获得竞争优势的最重要的管理方式之一,西方管理学界将其与企业再造、战略联盟一起并称为 20 世纪 90 年代三大管理方法。

标杆管理之所以能引起各大企业的如此重视并风靡于世界,其根本原因在于它能给企业带来巨大的实效。它会让企业形成一种持续学习的文化,企业的运作业绩永远是动态变化的,只有持续追求最佳才能获得持续的竞争力,才能始终立于不败之地。它的作用主要表现在进行企业绩效评估和企业持续的改进,提高企业经济绩效,制定企业战略,增进企业学习,增长企业潜力,衡量企业工作好坏,实行企业全面质量管理。

总之,标杆管理局限性的突破方向不在于标杆管理自身的完善,而在于超越标杆,把价值创造作为企业的根本战略抉择,才能获得持久竞争优势。

(五)平衡供应链计分法

供应链平衡计分卡是帮助公司监测供应链绩效并通过公司目标进行比较的管理工具。它既可以被应用在公司本身供应链的管理,也可以用来监管供应商表现。

第一层面为战略层面。反映客户、业务流程、持续发展、财务、供应商以及信息六个维度。

第二层面为关键成功要素层。首先要根据公司供应链管理目标确定供应链整体价值评估重点,找出这些关键业务领域,设计关键成功要素,即关键成功要素层。

第三层面为关键业绩评价指标层。该层将关键成功要素分解为关键业绩评价指标,其中包含定量评价指标和定性评价指标,分别采用不同的评价方法进行计量。

(六)供应链绩效测试和诊断表

供应链杰出运营要求系统同步协调,这就必须借助 IT 系统所提供的可见性服务和信息反馈控制机制。在企业确立运营杰出战略以后,能否充分地发挥供应链绩效,在某种程度上就取决于 IT 系统的整合能力。所以,对 IT 系统功能的诊断实际上也就是对供应链运营状态的诊断。

ARC 顾问公司的欧洲研究部主任西蒙·布拉格(Simon Bragg)设计了一个包括 10 个问题的供应链绩效测试和诊断表,并认为行业内最好的公司应当对这些问题直接回答 YES。虽然该测试问卷是为判断现有的 IT 系统投资有没有为公司提供最好的价值设计的,但实际上已经把供应链管理思想、运营杰出战略、关键绩效评价指标,以及对 IT 系统的功能要求融合成一个可供企业自我诊断供应链绩效的基本模型。

以西蒙·布拉格所设定的 10 个问题,每一题 YES 计 1 分:

如果得分在 3 以下,就表明公司在改善供应链运营绩效和提高企业盈利性方面还有许多机会。在 IT 系统方面的投资应当在一年内取得回报。

如果得分在 4 到 6 之间,则说明公司已经使用了一些 IT 技术系统,供应链绩效可能正好处于同行业的平均水平。

如果得分在 7 到 8 之间,则说明公司已经使用了许多有用的供应链管理技术系统。但在进一步采用新技术方面要采取谨慎的态度,因为那些技术的性能还没有被充分证明。

如果得分是 9 或 10,则说明公司处于技术领先状态,或采用了尖端技术系统。

二、供应链绩效评价的常用数学方法

(一)层次分析法

层次分析法(analytical hierarchy process,AHP)由美国运筹学家萨蒂(T. L. Satty)于 20 世纪 70 年代提出,它是一种定性与定量分析相结合的多目标决策分析方法。其主要思想是通过分析复杂系统的有关要素及其相互关系,将其简化为有序的递阶层次结构,使这些要素归并为不同的层次,在每一层上建立判断矩阵,得出该层要素的相对权重,最后计算出多层要素对于总体目标的组合权重,为决策和评选提供依据。运用它解决问题可以分为以下四个步骤:

(1)分解原问题,并建立层次结构模型;

(2)收集数据,用相互比较的办法构造判断矩阵;

(3)层次单排序及一致性检验;

(4)进行总排序和一致性检验,找出各个子目标对总目标的影响权重,并以此作为决策依据。

层次分析法自问世以来,以其定性与定量相结合地处理各种决策因素的特点,迅速地在社会经济各个领域内,如能源系统分析、城市规划、经济管理、科研评价等得到了广泛的重视和应用。但层次分析法也有其局限性,主要表现在:

第一,它在很大程度上依赖于人们的经验,它至多只能排除思维过程中的严重非一致性,却无法排除决策者个人可能存在的严重片面性。

第二,比较、判断过程较为粗糙,不能用于精度要求较高的决策问题。

因此,层次分析法至多只能算是一种半定量(或定性与定量结合)的方法。许多学者针对它的缺点进行了改进和完善,形成了一些新理论和新方法,像群组决策、模糊决策和反馈系统理论近几年成为该领域研究的新热点。

(二)模糊综合评判法

这是将模糊数学与层次分析法相结合的一种系统评价方法,它能比较好地解决系统多指标的综合评价问题。但在进行模糊综合评价时,一般很少考虑评价对象的特性值随时间而变化的情况,而是把评价指标作为常量进行评价,或者只根据某时间点的一组指标值进行评价,然后将评价结果推及整个时间段。而动态模糊评价法对供应链绩效进行评价时,对评价结果根据不同时点的指标值进行修正,能够实现实时的动态评价。由于供应链管理与现行企业模式有较大区别,其绩效评价指标体系的建立与评价方法也就有其特殊性,李贵春(2004)在综合分析现有的供应链绩效评价指标体系的基础上,初步建立了一套适合我国供应链绩效评价的指标体系。同时,给出了供应链绩效评价的多级动态模糊综合评价方法。

(三)人工神经网络算法

人工神经网络(artificial neural networks,ANNs),也简称为神经网络(NNs),是由人工建立的以有向图为拓扑结构的动态系统,它通过对连续或断续的输入作状态响应而进行信息处理。人工神经网络以对大脑的生理研究成果为基础,其目的在于模拟大脑的某些机理与机制,实现某个方面的功能。

神经网络具有联想推理、高速并行处理、自适应识别和模拟人类思维的能力,经过科学训练和学习,能够找出系统输入—输出之间的非线性映射关系,从而用于智能推理和预测。而动态供应链绩效评价系统是一个包含多个指标和输入输出的复杂评估系统,各绩效指标具有模糊性、不确定性,绩效指标数量较多,彼此之间存在非线性关联性。针对这样一个复杂的评估系统,业界已越来越多地应用神经网络理论来构建供应链绩效评价系统。

(四)粗糙集理论

粗糙集理论是一种研究不完整、不确定知识和数据的表达、学习、归纳的理论方法,本质属于一种基于符号的机器学习范畴。近年来,对该理论的研究多集中在粗糙集的模型推广、问题的不确定研究、与模糊问题的数学理论关系、粗糙集的算法研究等方面。随着该理论的日趋成熟,它在各个方面的应用也越来越广泛,如医学诊断、近似推理、金融数据分析、文本分类等。

在把粗糙集理论应用于供应链绩效评价方面,2006年李树丞运用模糊粗糙集理论构建了一个三维供应商绿色评价体系,在该理论指导下对贯穿于供应商评价与选择全过程的评价指标进行"绿化",从中进行数据挖掘,实现了对供应商的科学评价和正确选择。

2007年史成东利用粗糙集的理论和方法,建立了基于粗糙集的供应链绩效改进决策模型框架,并给出其中的指标约简方法和基于分辨矩阵计算指标权重的数学模型。郭梅等提出了一种基于模糊粗糙集的指标约简方法:将连续实值属性值转化为模糊值,把每个对象对应的各个属性值看做一个模糊集合,定义了对象间的模糊相似关系和模糊相似类的概念;给出了模糊相似关系下的变精度粗糙集下、上近似及属性约简方法。

(五)灰色关联分析法

灰色关联分析理论及方法对于两个系统之间的因素,其随时间或不同对象而变化的关联性大小的量度,称为关联度。

在系统发展过程中,若两个因素变化的趋势具有一致性,即同步变化程度较高,即可谓二者关联程度较高;反之,则较低。因此,灰色关联分析方法,是根据因素之间发展趋势的相似或相异程度,亦即"灰色关联度",作为衡量因素间关联程度的一种方法。灰色系统理论提出了对各子系统进行灰色关联度分析的概念,意图透过一定的方法,去寻求系统中各子系统(或因素)之间的数值关系。因此,灰色关联度分析对于一个系统发展变化态势提供了量化的度量,非常适合动态历程分析。

(六)数据包络分析方法

数据包络分析(data envelopment analysis,DEA)是一个对多投入/多产出的多个决策单元的效率评价方法。它是 1978 年由查恩斯和库柏(A. Charnes & W. W. Cooper)创建的,可广泛使用于业绩评价。

它通过明确地考虑多种投入(即资源)的运用和多种产出(即服务)的产生,能够用来比较提供相似服务的多个服务单位之间的效率。它避开了计算每项服务的标准成本,因为它可以把多种投入和多种产出转化为效率比率的分子和分母,而不需要转换成相同的货币单位。因此,用 DEA 衡量效率可以清晰地说明投入和产出的组合,从而,它比一套经营比率或利润指标更具有综合性并且更值得信赖。

DEA 是一个线性规划模型,表示为产出对投入的比率。通过对一个特定单位的效率和一组提供相同服务的类似单位的绩效的比较,它试图使服务单位的效率最大化。在这个过程中,获得 100% 效率的一些单位被称为相对有效率单位,而另外的效率评分低于 100% 的单位被称为无效率单位。

这样,企业管理者就能运用 DEA 来比较一组服务单位,识别相对无效率单位,衡量无效率的严重性,并通过对无效率和有效率单位的比较,发现降低无效率的方法。

三、各种绩效评价得出的结论

通过以上的分析,我们可以看出虽然供应链绩效评价的方法比较多,但是各有优劣。ROF 法需要同时达到三项评价指标的要求才能进行综合运用,应用起来比较难以实现。SCOR 模型对于企业在分析供应链运作绩效上有简便易于操作的优点,但是并没有建立对于各项指标的总体衡量机制,即在一大堆数据面前,我们无从得知企业通过供应链管理,绩效总体的提升效果,相应地对于企业合作关系的分析也有同样的问题。当然,这并不是 SCOR 模型的问题,因为它的运用目标并非用于具体的评价实行,而是用于业务流程再造。SCOR 模型的建立思想、分析机制对于我们进行现实模型的建立还是有帮助的。ABC 成本法只注重了采购活动产生的直接和间接的成本,在实际中,企业选择合作伙伴在考虑成本的同时,往往把质量放在首位,所以这种方法比较片面。

比较而言,人工神经网络法和层次分析法综合了定性分析和定量分析,使合作伙伴评价选择结果更客观、合理,但是人工神经网络算法复杂,不易掌握。而层次分析法是一种相对比较完善、计算简便、适合于多目标、多准则的系统评价方法,具有许多其他方法不可比拟的优点。

第四节　供应链绩效评价体系

一、供应链绩效评价体系概述

(一)供应链绩效评价体系的含义

企业绩效评价体系是指由一系列与绩效评价相关的评价制度、评价指标体系、评价方法、评价标准以及评价机构等形成的有机整体。企业绩效评价体系由绩效评价制度体系、绩效评价组织体系和绩效评价指标体系三个子体系组成。企业绩效评价体系的科学性、实用性和可操作性是实现对企业绩效客观、公正评价的前提。企业绩效评价体系的设计遵循了内容全面、方法科学、制度规范、客观公正、操作简便、适应性广的基本原则。评价体系本身还需要随着经济环境的不断变化而不断发展完善。

(二)供应链绩效评价体系的基本组成

作为供应链绩效管理系统的子系统,供应链绩效评价也有自己完整的体系,这个体系要解决的是谁来评价、评价什么、如何评价、评价的结果怎么样等问题。一个完整的供应链绩效评价体系一般由以下几部分组成:

(1)评价的目的。供应链绩效分析评价的目的就是衡量供应链战略的执行效果,为优化改善供应链提供依据。

(2)评价的主体与客体。绩效评价的主体即负责领导和指挥所有评价活动的组织,一般是以供应链核心企业为发起者,由其他关键业务伙伴参与组成。绩效评价的客体即评价对象,就是整个供应链及其成员企业。

(3)绩效评价目标。供应链绩效评价的目标是根据主体需要确定的,是整个绩效评价的指南。

(4)绩效评价指标。供应链绩效评价指标设立的目的是明确绩效评价的内容。客体本身具有多方面的特性,只有依据客体的特性和系统目标,选择适合的评价指标并组成指标体系,才能有效地进行供应链的绩效评价。

(5)绩效评价标准。绩效评价标准是各个绩效评价指标应该达到的水平,它是评价客体绩效状态的标准。

(6)绩效评价方法。没有科学的评价方法,就不能得出正确的评价结论。

(7)绩效评价报告。绩效评价报告是绩效评价的结论性文件,是供应链实施激励措施和绩效改进的主要依据。

(8)激励与改进。评价的目标在于激励组织行为和改进绩效。激励是对绩效评价客体的良好行为进行的强化,是对良好绩效创造者所付出努力和所承担风险的补偿。

二、供应链绩效评价指标的构建

(一)供应链绩效评价指标的构建原则

(1)目标性原则。只有在明确的战略目标指导下设置的供应绩效评价指标才能充分地反映供应链各个环节、各个要素的运行情况。

(2)系统性原则。设计评价指标体系的方法应是系统方法,使体系中的各个要素及其结构能满足系统优化的要求。

(3)科学性原则。设计供应链绩效评价指标体系时在概念上要力求科学、确切,要从实际情况出发制定一套合理的评价指标体系。

(4)平衡性原则。供应链绩效评价指标应该平衡化,包括财务指标和非财务指标之间的平衡,供应链长期发展指标和短期利润指标之间的平衡等。

(5)适用性原则。一个好的评价指标体系,能够为操作者和管理者提供快速的信息反馈,还应具有易于理解、应用广泛和可操作性强等特性。

除了上面的原则外,还有一些微观的原则需要遵循,如层次性、参与者的充分信任等。

(二)供应链绩效评价指标体系的建立

由于绩效评价体系最终反映在供应链的价值上,因而对供应链绩效评价不仅考核当前状况,也更关注其长期发展能力,故而绩效评价指标体系应覆盖三个主要领域:考察供应链的当前盈利性(财务指标)、分析供应链盈利的持续能力(客户指标、流程指标、外部指标)、培养供应链盈利的增长潜力(发展指标)。

1.考察供应链的当前盈利性(财务指标)

财务指标是指企业总结和评价财务状况和经营成果的相对指标。财务工作实践中,通过对企业财务状况和经营成果进行解剖和分析,能够对企业经济效益的优劣作出准确的评价与判断,从而来了解供应链当前的盈利状况。

2.分析供应链盈利的持续能力(客户指标、流程指标、外部指标)

企业为了获得长远的财务业绩,就必须创造出受客户满意的产品和服务。客户指标是指供应链在客户服务方面所期望达到的绩效而采用的评价指标,应主要包括定制市场份额、准时交货率、客户报怨响应等。

流程指标是从满足投资者和客户需要的角度出发,从生产、运输、营销、质量等方面针对企业内部的业务流程进行分析评价的指标。

供应链像其他企业一样,不能离开社会这个大环境而孤立地存在。供应链在进行生产流通等过程中必然在环境污染、居民就业等方面与环境和社会密切联系。考察供应链对外部的影响、从外部角度评价供应链的绩效,是供应链绩效评价的重要内容之一。

3.培养供应链盈利的增长潜力(发展指标)

发展指标的评价分析可为其他领域的绩效突破提供手段。避免短期行为,强调未来和发展的重要性,同时并不局限于传统的设备改造升级,更注重员工系统和业务流程的投资,注重分析满足需求的能力和现有能力的差距,将注意力集中在内部技能和能力上。相关指标应包括新产品开发、新产品产值、科研投入等。

(三)供应链绩效评价指标设置的要求

评价指标是指为了达到系统的目的,从系统众多的输出特性中选出的一整套衡量指标。实际上,它是对现实复杂系统的一种简化。在决策理论中,它可以作为目标函数;在控制理论中,可以根据评价指标建立控制系统输出水平的标准值。评价指标具有评价标准和控制标准的双重功能。在设置评价指标时,必须做到以下几点:

(1)可测性。任何指标都应是相对稳定的,可以通过一定的途径、一定的方法观测到。供应链系统是极其错综复杂的,并不是所有的现象都可以调查测量,任何易变、振荡、发散及无法把握的指标都不能列入指标体系。

(2)可比性。每一项指标都应该是确定的、可比较的。即指标可以在不同方案间、不同范围间、不同时间点(或更长的时间间隔)上进行比较。

(3)定量性。每一项指标都应定量。客观现象十分复杂多变,只有加以定量才能有所把握,才能分析评价。

三、供应链绩效评价研究存在的主要问题

供应链管理是个新近出现的理念,供应链绩效评价也受到越来越多的重视。先前的研究者对供应链绩效评价理论进行了非常有益的探索,但是还有诸多问题尚待解决,概括起来主要有以下几点:

很多研究的注意力放在供应链绩效的单维度评价上(如财务评价),很少考虑把供应链绩效作为一个跨企业的、复杂的、多维的、综合性系统来评价。

缺乏供应链整体绩效与各成员绩效关系的研究。供应链的整体绩效受到供应商、制造商、分销商、零售商等各子系统的影响和制约,各节点企业的收益与供应链的整体效益是非线性关系,因此各节点企业的利益如何协调将直接影响供应链的正常运行。但从现有的文献资料中还没有发现有谁对此作过深入的研究。而建立供应链绩效评价的层次结构模型,既要进行供应链整体绩效和各子系统绩效的评价,还要进行供应链绩效的综合评价,这是以后研究中要注意解决的问题。

一些研究主要集中于单个企业的绩效评价或买卖关系的绩效评价上,特别是供应商的选择与评价、顾客满意度的评价受到广泛的重视。这种评价思想,本质上还是从核心企业角度,而不是从供应链整体的角度来进行评价。

供应链绩效评价方法和绩效评价系统有待进一步开发。目前,对供应链绩效评价所使用的方法和手段比较少,有些还很不完善,如层次分析法就有其局限性。

此外,现有的供应链绩效评价系统和工具很少能将供应链各节点企业异构数据库内的数据及时、准确地析取到评价系统的数据库中,无法实现实时的动态的绩效评价。如何开发出适合供应链绩效评价的新方法、新手段也是迫切需要解决的问题。

项目小结

1.绩效评价是指运用一定的技术方法,采用特定的指标体系,依据统一的评价标准,按照一定的程序,通过定量、定性对比分析,对业绩和效益作出客观、标准的综合判断,真实反映现实状况,预测未来发展前景的管理控制系统。

2.实施 BSC 的管理方法主要有以下优点:克服财务评估方法的短期行为;使整个组织行动一致,服务于战略目标;能有效地将组织的战略转化为组织各层的绩效指标和行动;有利于各级员工对组织目标和战略的沟通和理解;利于组织和员工的学习成长、核心能力的培养;实现组织长远发展;通过实施 BSC,提高组织整体管理水平。

3.供应链绩效评价的内容主要包括四个方面:供应链综合绩效评价;供应链各企业评价;供应链内各企业合作关系评价;供应链内各企业激励关系评价。

4.供应链绩效评价的过程:明确绩效评价的目标和方向;评价指标的设计和选取;选择合适的评价方法;评价体系的应用;评价结果的实施。

5.供应链绩效评价体系的基本组成:评价的目的;评价的主体与客体;绩效评价目标;绩效评价指标;绩效评价标准;绩效评价方法;绩效评价报告;激励与改进。

思考题

1.影响供应链绩效评价的因素有哪些?
2.供应链绩效评价的内容有哪些?
3.供应链绩效评价的作用有哪些?
4.供应链绩效评价指标体系的构建原则是什么?

案例分析

弗莱克斯特罗尼克斯的供应链管理

电子制造服务(EMS)提供商弗莱克斯特罗尼克斯国际公司两年前便面临着一个既充满机遇又充满挑战的市场环境。弗莱克斯特罗尼克斯公司面临的境遇不是罕见的。事实上,许多其他行业的公司都在它们的供应链中面临着同样的问题。很多发发可危的问题存在于供应链的方方面面——采购、制造、分销、物流、设计、融资等。

1.供应链绩效控制的传统方法

惠普、3COM、诺基亚等高科技原始设备制造商(OEM)出现的外包趋势,来自电子制造服务业的订单在减少,同时,弗莱克斯特罗尼克斯受到来自制造成本和直接材料成本大幅度缩减的压力。供应链绩效控制变得日益重要起来。

与其他公司一样,弗莱克斯特罗尼克斯首要的业务规则是改善交易流程和数据存储。通过安装交易性应用软件,企业同样能快速减少数据冗余和错误。比如,产品和品质数据能够通过订单获得,并且和库存状况及消费者账单信息保持一致。第二个规则是将诸如采购、车间控制、仓库管理和物流等操作流程规范化、流程化。这主要是通过供应链实施软件诸如仓库管理系统等实现的,分销中心能使用这些软件接收、选取和运送订单货物。

控制绩效的两种传统的方法是指标项目和平衡积分卡。在指标项目中,功能性组织和工作小组建立和跟踪那些被认为是与度量绩效最相关的指标。不幸的是,指标项目这种方法存在很多的局限性。试图克服某些局限性,许多公司采取了平衡积分卡项目。虽然概念上具有强制性,绝大多数平衡积分卡作为静态管理"操作面板"实施,不能驱动行为或绩效的改进。弗莱克斯特罗尼克斯也被供应链绩效控制的缺陷苦苦折磨着。

2.供应链绩效管理周期

弗莱克斯特罗尼克斯实施供应链绩效管理带给业界很多启示:供应链绩效管理有许多基本的原则,可以避免传统方法的缺陷;交叉性功能平衡指标是必要的,但不是充分的。供应链绩效管理应该是一个周期,它包括确定问题,明确根本原因,以正确的行动对问题作出反应,连续确认处于风险中的数据、流程和行动。

弗莱克斯特罗尼克斯公司认为,定义关键绩效指标、异常条件和当环境发生变化时更新这些定义的能力是任何供应链绩效管理系统令人满意的一大特征。一旦异常情况被确认了,使用者需要知道潜在的根本原因,可采取的行动的选择路线,以及这种可选择行为的影响。以正确的行动对异常的绩效作出快速的响应是必要的。但是,一旦响应已经确定,只有无缝地、及时地实施这些响应,公司才能取得绩效的改进。这些响应应该是备有文件证明的,系统根据数据和信息发生以及异常绩效的解决作出不断的更新、调整。响应性行动导致了对异常、企业规则、业务流程的重新定义。因此,周期中连续地确认和更新流程是必要的。

在统计流程控制中,最大的挑战往往是失控情形的根本原因的确认。当确认异常时,对此的管理需要能确认这些异常的根本原因。供应链绩效管理应该也能在适当的位置上支持、理解和诊断任务。这允许管理迅速重新得到相关的数据,相应地合计或者分解数据,按空间或者时间将数据分类。

3.成功的例子

弗莱克斯特罗尼克斯公司的成功,确认了供应链绩效管理作为供应链管理的基础性概念和实践的力量和重要性。弗莱克斯特罗尼克斯使用了供应链绩效管理的方法,使它能确认邮政汇票的异常情况,了解根本原因和潜在的选择,采取行动更换供应商、缩减过度成本。绩效管理的方法包括了实施基于 Web 的软件系统加速供应链绩效管理的周期。弗莱克斯特罗尼克斯在 8 个月的"实施存活期"中节约了几百亿美元,最终在第一年产生了巨大的投资回报。供应链绩效管理周期使弗莱克斯特罗尼克斯获得这样的结果。

识别异常绩效,弗莱克斯特罗尼克斯系统根据邮政汇票信息连续比较了合同条款和被认可的卖主名单。如果卖主不是战略性的或者订单价格是在合同价格之上的,系统就提醒买方。另一方面,如果邮政汇票价格是在合同价格之下的,系统就提醒货物管理人员可能的成本解决机会。向接近 300 个使用者传递的邮件通告包含详细绩效信息的 Web 链接和异常情况的总结。

弗莱克斯特罗尼克斯管理人员随后使用系统了解问题和选择方案。他们评价异常情况并且决定是否重新谈判价格,考虑备选资源或者调整基于业务需求的不一致。同样,采购经理分析市场状况、计算费用,然后通过商品和卖主区分成本解决的优先次序。在供应链绩效管理周期开始之前或者周期进行中,弗莱克斯特罗尼克斯确认数据、流程和行动的有效性。当实施它们的绩效系统时,弗莱克斯特罗尼克斯建立指标和界限,并且也保证数据的质量和合时性。使用绩效管理系统,弗莱克斯特罗尼克斯已经能通过资本化各种机会节约成本并获得竞争优势。

讨论题:

1.供应链绩效控制的缺陷有哪些?

2.弗莱克斯特罗尼克斯公司在供应链绩效管理上取得成功的关键是什么?有何启示?

实训项目

1.实训目的

帮助学生理解建立供应链绩效评价指标体系的原则,更好地理解供应链绩效评价指标体系中各项指标的含义,并灵活运用,从而提高学生的实践和运用能力。

2.实训任务

选取学生所熟悉的企业为调查对象,了解企业供应链绩效评价工作的具体情况和所采用的方法,分析企业用于供应链绩效评价的各项指标的运用,总结成功的经验,发现其可以改善的地方。

3.实训组织

(1)学生分组,确定组长,明确分工。

(2)运用适合的调查方法和方式进行调查。

(3)编写调查问卷,完成调查准备工作。

(4)实地调查,作好调查记录。

(5)写调查总结。

项目九
供应链风险管理

学习目的与要求

1. 掌握供应链风险的定义,了解供应链风险产生的原因。
2. 了解供应链风险存在的客观性,理解供应链风险的特性。
3. 掌握供应链风险识别的目的和供应链风险的识别方法。
4. 了解供应链风险的评估步骤和供应链弹性的重构。

导入案例

沃尔玛全球采购的秘密

沃尔玛之前并没有从海外直接采购商品,所有海外商品都由代理商代为采购。沃尔玛要求刚刚加盟的沃尔玛全球副总裁兼全球采购办公室总裁崔仁辅利用半年时间作好准备,在2月1日这一天接过支撑2000亿美元营业额的全球采购业务。结果,他不但在紧张的时间里在全世界成立20多个负责采购的分公司,如期完成了全世界同步作业的任务,而且使全球采购业务在一年之后增长了20%,超过了整个沃尔玛营业额12%的增长率。那么沃尔玛全球采购业务的秘密何在?

1. 全球采购的组织

在沃尔玛,全球采购是指某个国家的沃尔玛店铺通过全球采购网络从其他国家的供应商进口商品,而从该国供应商进货则由该国沃尔玛公司的采购部门负责采购。举个例子,沃尔玛在中国的店铺从中国供应商进货,是沃尔玛中国公司采购部门的工作,这是本地采购;沃尔玛在其他国家的店铺从中国供应商采购货品,就要通过崔仁辅领导的全球采购网络进行,这才是全球采购。这样的全球采购要求在组织形式上作出与之相适应的安排。企业活动的全球布局,当今比较成熟的组织形式有两种:一是按地理布局,二是按业务类别布局。区域事业部制有助于公司充分利用该区域的经济、文化、法制、市场等外部环境的机会,不利之处在于各业务在同一区域要实现深耕细作需要付出很大的成本。而业务事业部的利弊则刚好相反。崔仁辅的全球采购网络首先由大中华及北亚区、东南亚及印度次大陆区、美洲区、欧洲中东及非洲区等四个区域所组成。其次在每个区域内按照不同国家设立国别分公司,其下再设立卫星分公司。国别分公司是具体采购操作的中坚单位,拥有工厂认证、质量检验、商品采集、运输以及人事、行政管理等关系采购业务的全面功能。卫星分公司则根据商品采集量的多少来决定拥有其中哪一项或几项功能。

2. 全球采购的流程

在沃尔玛的全球采购流程中,其全球采购网络就像是一个独立的公司,在沃尔玛的全球店铺买家和全球供应商之间架起买卖之间的桥梁。

"我们的全球采购办公室并不买任何东西。"崔仁辅解释说，全球采购网络相当于一个"内部服务公司"，为沃尔玛在各个零售市场上的店铺买家服务，只要买家提出对商品的需求，全球采购网络就尽可能在全球范围搜索到最好的供应商和最适当的商品。全球采购网络为店铺买家服务还体现在主动向买家推荐新商品。沃尔玛全球采购的流程分为重复采购和新产品采购两种。所谓新产品，就是买家没有进口过的产品。对于这类产品，沃尔玛没有现成的供应商，就需要全球采购网络的业务人员通过参加展会、介绍等途径找到新的供应商和产品。由于沃尔玛的知名度很高，许多厂商也会毛遂自荐，把它们的新产品提供给全球采购网络。然后，全球采购网络就会把这些信息提供给买家。

3. 供应商伙伴关系

在全球采购中，全球采购网络不仅要服务好国外的买家，还要在供应商的选择和建立伙伴关系上投入。"不管是哪个国家的厂商，我们挑选供应商的标准都是一样的。"崔仁辅介绍说，第一个标准是物美价廉，产品价格要有竞争力，质量要好，要能够准时交货。第二是要求供应商要遵纪守法。"沃尔玛非常重视社会责任，所以我们希望供应商能够像我们一样守法，我们要确定他们按照法律的要求向工人提供加班费、福利等应有的保障。"还有一点就是供应商要达到一定规模。"我们有一个原则，就是我们的采购不要超过任何一个供应商50%的生意。"崔仁辅解释说，虽然从同一个供应商采购的量越大，关于价格的谈判能力就越强，但是供应商对采购商过分信赖也不完全是好事。如果供应商能够持续管理和经营，那还可以；如果供应商在管理和经营上出现波动，那就不仅仅是采购商货源短缺的问题。一旦采购商终止向该供应商采购，该供应商就会面临倒闭的危险，由此也会产生较大的社会问题。"这是我们不愿意看到的。"

第一节　供应链风险概述

一、风险的定义

风险管理从1930年开始萌芽。1938年以后，美国企业对风险管理开始采取更为科学的方法，并逐步积累丰富的经验。20世纪50年代风险管理发展成为一门科学，到了70年代风险管理在全球受到关注。1983年在美国召开的风险和保险管理协会年会上，世界各国专家学者云集纽约，共同讨论并通过"101条风险管理准则"，标志着风险管理的发展已进入一个新的发展阶段。

一般人对于风险管理的观念及定义仍然相当模糊，因为它表达的其实是一个抽象而又笼统的概念，风险的特定性是在强调未来的可能性，以及未发生事件的不确定性，如果一个事件或活动没有不确定性，那就没有风险的存在。

《韦式英文字典》对风险的解释为"损失的可能性或危害的结果"。风险有两层含义：一是易变化的特性和状态，缺乏肯定性，也就是不确定性；二是具有无常的、含糊的或未知性质的事物。

许多学者都尝试着去定义风险，目前较公认的对风险的定义是Metchell(1995)提出的，他认为风险是组织或个人发生损失的几率以及损失严重性二者的结合,任一事件的风险为事件的可能发生几率以及事件发生的后果之组合乘积。由此可知,风险包含两项基本组成:一为损失;二为不确定性。

综合目前风险的研究,主要有两种视角:一是不确定性视角;二是损失性视角。从不确定性的视角来研究风险最早源于经济学家。

二、供应链风险的定义

在市场竞争环境下,存在着大量的不确定性。只要存在不确定性,就存在一定的风险。不确定性是指当引入时间因素后,事物的特征和状态不能充分地、准确地被人们加以观察、测定和预见。在供应链企业之间的合作过程中,存在着各种产生内生不确定性和外生不确定性的因素,因此需要风险管理。

供应链系统是一个复杂的系统,其风险是很难界定的,不同学者从不同的角度来定义。国外学者对供应链风险的研究是从研究供应风险开始的,Metchell认为,它是由各成员企业中的员工的教育层次、国别等因素的不同及供应市场的特征(如市场结构的稳定性、市场利率的变化等)影响供应上的不足而带来的风险。Zsidisin等将供应风险定义为"供应的不及时而导致货物和服务质量的降低"。Philip O'Keeffe按照风险的一般方法,将供应链风险分为可控制和不可控制的风险,不可控制的风险如恐怖主义行为、严重的劳工停工、自然灾害等;可控制的风险如供应商资格、来源方的产品和服务等。但是,他没有给供应链风险一个确切的定义,也没有具体分析其区别的依据。

国内对供应链风险的研究始于20世纪末21世纪初,赵红、吕芳从合作的角度出发,将供应链的风险分为关系风险和绩效风险。他们认为,关系风险主要指供应链企业间缺乏必要的沟通造成相互信任的缺乏而产生的风险;绩效风险则指与合作情况无关的所有能够导致供应链整体失败或损失增加的危险。马士华将供应链风险分为内生风险和外生风险两大类,他认为内生风险产生于道德风险、信息扭曲和个体理性,而外生风险主要来源于政治、经济、法律和技术等方面。丁伟东认为供应链风险是种潜在的威胁,"它会利用供应链系统的脆弱性,对供应链系统造成破坏,给上下游企业以及整个供应链带来损害和损失"。

本书中对供应链风险有如下界定:

(1)供应链风险的来源是各种不确定性因素的存在。

(2)由于供应链网络上的企业之间是相互依赖的,任何一个企业出现问题都有可能波及和影响其他企业,影响整个供应链的正常运作,甚至导致供应链的破裂和失败。

(3)供应链风险不可完全根除,只能在一定范围内采取相应方法控制。

三、供应链风险产生的原因

(一)供应链内生风险

1.道德风险

道德风险是指由于信息的不对称,供应链合约的一方从另一方那儿得到剩余的收益,使合约破裂,导致供应链的危机。在整个供应链管理环境中,委托人往往比代理人处于一个更不利的位置,代理企业往往会通过增加信息的不对称,从委托合作伙伴那儿得到最大的收益。如供应商由于自身生产能力上的局限或是为了追求自身利益的最大化而不择手段,偷工减料、以次充好,所提供的物资达不到采购合同的要求给采购带来风险。

2.信息传递风险

由于每个企业都是独立经营和管理的经济实体,供应链实质上是一种松散的企业联盟,当供应链规模日益扩大,结构日趋繁复时,供应链上发生信息错误的机会也随之增多。信息传递延迟将导致上下游企业之间沟通不充分,对产品的生产以及客户的需求在理解上出现分歧,不能真正满足市场的需要。同时会产生牛鞭效应,导致过量的库存。

3.生产组织与采购风险

现代企业生产组织强调集成、效率,这样可能导致生产过程刚性太强,缺乏柔性,若在生产或采购过程的某个环节上出现问题,很容易导致整个生产过程的停顿。

4.分销商选择产生的风险

分销商是市场的直接面对者,要充分实施有效的供应链管理,必须做好分销商的选择工作。在供应链中,如果分销商选择不当,会直接导致核心企业市场竞争的失败,也会导致供应链凝聚力的涣散,从而导致供应链的解体。

5.物流运作风险

物流活动是供应链管理的纽带。供应链要加快资金流转速度,实现即时化生产和柔性化制造,离不开高效运作的物流系统。这就需要供应链各成员之间采取联合计划,实现信息共享与存货统一管理。但在实际运行中是很难做到这一点的,导致在原料供应、原料运输、原料缓存、产品生产、产品缓存和产品销售等过程中可能出现衔接失误,这些衔接失误都可能导致供应链物流不畅通而产生风险。例如,运输障碍使原材料和产品不能及时供应,造成上游企业在承诺的提前期内无法交货,致使下游企业的生产和销售受到不利影响。

6.企业文化差异产生的风险

供应链一般由多家成员企业构成,这些不同的企业在经营理念、文化制度、员工职业素养和核心价值观等方面必然会存在一定的差异,从而导致对相同问题的不同看法,采取不一致的工作方法,最后输出不同的结果,造成供应链的混乱。

(二)供应链外来风险

1.市场需求不确定性风险

供应链的运作是以市场需求为导向的,供应链中的生产、运输、供给和销售等都建立在对需求准确预测的基础之上。市场竞争的激化,大大增强了消费者需求偏好的不确定性,使准确预测的难度加大,很容易增加整个供应链的经营风险。如果不能获得正确的市场信息,供应链无法反映出不断变化的市场趋势和顾客偏好。一条供应链也会由于不能根据新的需求改变产品和供应物,而不能进入一个新的细分市场。最后,市场机会也会由于不能满足顾客快速交货的需要而丧失。

2.经济周期风险

市场经济的运行轨迹具有明显的周期性,繁荣和衰退交替出现,这种宏观经济的周期性变化,使供应链的经营风险加大。在经济繁荣时期,供应链在市场需求不断升温的刺激下,会增加固定资产投资,进行扩大再生产,增加存货、补充人力,相应地增加了现金流出量。而在经济衰退时期,供应链销售额下降,现金流入量减少,而未完成的固定资产投资仍需大量资金的继续投入。此时市场筹资环境不理想,筹资成本加大。这种资金流动性差的状况就增大了供应链的经营风险。

3.政策风险

当国家经济政策发生变化时,往往会对供应链的资金筹集、投资及其他经营管理活动产生极大影响,使供应链的经营风险增加。例如,当产业结构调整时,国家往往会出台一系列的产业结构调整政策和措施,对一些产业的鼓励,给供应链投资指明了方向;对另一些产业的限制,使供应链原有的投资面临着遭受损失的风险,供应链需要筹集大量的资金进行产业调整。

4.法律风险

供应链面临的法律环境的变化也会诱发供应链经营风险。每个国家的法律都有一个逐渐完善的过程,法律法规的调整、修订等不确定性,有可能对供应链运转产生负面效应。

5.意外灾祸风险

意外灾祸风险主要表现在地震、火灾、政治动荡、意外战争等,都会引起非常规性的破坏,影响到供应链的某个节点企业,从而影响到整个供应链的稳定,使供应链中企业资金运动过程受阻或中断,使生产经营过程遭受损失,既定的经营目标、财务目标无法实现等。

四、供应链风险存在的客观性

无论是自然界中的各种自然灾害,还是社会领域中的冲突、意外事故及其战争,都不以人们的主观意志为转移而客观存在,它们的存在和发生就整体而言是一种必然的现象。因此,像许多风险一样,供应链风险的发生也是客观和必然的,其本身是不可避免的,主要表现在以下几个方面:

(一)供应链本身结构的复杂性导致了风险客观存在

从组织结构来看,供应链是一个复杂的网络,由具有不同的目标且相互独立的经营主体组成。因此,供应链的运作相比单个的企业运作要复杂得多,物资从供应源进入供应链到最后变成商品到达最终用户手中,经过了原材料供应体系、制造体系和分销体系中众多节点企业,包括运输、储存、装卸、搬运、包装、流通加工、配送、信息处理等诸多环节,期间伴随着商流、物流、信息流和资金流的发生。虽然整个供应链是一个利益共同体,但各节点企业有各自的经营战略、目标市场、技术水平、管理制度及企业文化等,甚至同一个企业可能同时属于多个相互竞争的供应链上,这些都增加了供应链的复杂性和难度,从而导致了风险的产生。

(二)供应链所处内外部环境的不确定性导致了风险客观存在

把供应链当做一个系统来看,其不确定性环境包括两方面:系统外部环境的不确定性和系统内部环境的不确定性。系统外部环境的不确定性主要是指自然环境、市场需求环境、经济环境、政策环境、竞争环境以及资源环境等因素,这些都是客观存在的,并且是不能改变的,只能调整自身去适应;系统内部环境的不确定性主要是供应链上各节点企业运作的不确定性,如原材料供应商方面的运输问题、货源问题造成的不确定性,制造商方面由于生产系统的可靠性、计划执行的偏差、关键人员的临时短缺导致的不确定性,还有分销企业在配送、渠道设置方面的不确定性等,这些内部不确定性也是不能完全避免的。因此,系统内外部这些不确定性因素的客观存在也决定了供应链风险必然客观存在。

(三)供应链全球化趋势增加了风险

从过去盛行的"当地化"生产和营销策略转向"全球化"生产和营销是一大趋势。现在通过远程采购、全球生产和装配,供应链可以从地球的一端延伸至另一端。如一些电子产品,可以在中国台湾采购零部件,在新加坡组装,最后在美国总装,然后卖到全球市场。全球化的采购和生产可能减少采购成本和劳动力成本,但也可能带来更长的提前期、更多的安全库存和更高的报废率,增加风险。另外,全球化的趋势使得供应链企业分布范围更广,而劳动力成本低的地区或国家往往政局不太稳定,容易发生战乱,影响供应和生产,增加供应链运作的风险。

五、供应链风险的特性

(一)客观性和必然性

无论是自然界中的各种灾害,还是社会领域中的冲突、战争、过失及其他意外事故,都是不以人们的主观意志为转移而客观存在的。所以,供应链风险的发生也是客观的、必然的。人们对供应链风险的认识越高,供应链风险的规律性就越容易被发现或接近于被发现。

(二)复杂性和层次性

供应链网络的复杂性导致供应链风险的来源呈现复杂性的特征。一方面,供应链从构建起就面对许多风险,它不仅仅要面对单个的成员企业所要面对的系统风险与非系统风险,还要面对由于供应链的特有组织结构而决定的企业之间的合作风险、技术和信息资源风险、文化冲突风险以及利润分配风险等。供应链风险相比一般企业的风险,类型多、范围广,也更为复杂。另一方面,供应链的结构呈现层次化及网络化,不同层次的供应链成员如核心企业、供应商、经销商、协作层企业对供应链运作影响程度不同,同样的风险对不同层次的供应链成员的影响程度也不同。

(三)动态性

供应链管理目标的实现是供应链整合优化的过程。实现供应链目标的过程受到内部和外部各种因素的影响,不同成员企业和业务面临的风险因素不同。其中有些因素,随着环境和资源的变化及供应链管理目标的调整,可能会转化为供应链风险因素。因此,供应链风险因素将与供应链的运作相伴存在,具有动态性特征。

(四)传递性

由于供应链从产品开发、生产到流通过程是由多个节点企业共同参与,因此风险因素可以通过供应链流程在各个企业间传递和累积,并显著影响整个供应链的风险水平。因此,对供应链风险的传递和控制是供应链风险管理的关键之一。根据供应链的时间顺序和运作流程,各节点的工作形成了串行或并行的混合网络结构。其中某一项工作既可能由一个企业完成也可能由多个企业共同完成。供应链整体的效率、成本、质量指标取决于节点指标。由于各节点均存在风险,则供应链整体风险由各节点风险传递而成。

(五)此消彼长性

各个风险之间往往是互相联系的,采取措施消除一种风险可能会导致另一种风险的加剧;同样,供应链上某个企业采取的措施可能会增加供应链上其他企业的风险。供应链中的很多风险是此消彼长的,一种风险的减少会引起另一种风险的增加,下面从两方面来说明这个问题:

(1)供应链系统内各节点企业之间风险的此消彼长性,即一个企业风险的减少可能会导致相关的企业风险的增加。如制造厂商为了减少自身的库存风险,要求上游供应商采用 JIT 方式送货,在保证整条供应链顺畅运行的条件下必然导致上游供应商送货成本、库存的增加,即制造商库存风险减少某种程度上是以供应商库存风险的增加为代价的。

(2)从整体来讲,把供应链看做一个虚拟企业群,企业内一种风险的减少会导致另一种风险的增加,如营运风险和中断风险,减少库存营运风险减少,但中断风险随之而增加。因此在研究供应链风险,加强对供应链风险的控制时就要充分考虑风险的相互影响性,对此消彼长的风险进行权衡以确保供应链整体风险最小。

第二节 供应链风险的识别和评估

一、供应链风险的分类

我们按照供应链的组织和运作的角度来分类,并分析各类风险因素的成因。

(一)制度控制风险

内部控制被定义为各级管理人员为了保证单位的安全性、整体性,确保准确可靠的经济和会计信息,调整运行的行为,使用单位对经济活动的控制以及相互制约的内部分工,形成了一系列的控制功能、惯例、标准化、系统化相对完整的系统。内部控制可以分为控制的设计和执行两个方面。对供应链的有效运作,首先要有良好的结构组织和运作机制,表现在各个部分,如企业的内部控制确保了物流和信息流。一系列完善的内部制度是企业发展的成功因素,制度上存在缺陷会增加风险爆发概率和频率。例如,物流控制的不规范,物流运输的延迟;信息体系的缺陷,信息的失误使企业对市场需求的预测发生偏差,造成企业产品的生产增多,库存积压,资金无法回流。虽然内部控制具有良好的组织结构和运作机制,却不能保证供应链完整有效运作,那是由于供应链内部体制和机制没有被有效运行和实施。在好的控制政策和制度下,使控制政策和制度在供应链上得到有效的实施。全球最大的零售商沃尔玛有着完善的制度控制,能避免无关的风险发生,更好地对作业流程加以指导和控制,从而达到高效的运营。

(二)合作风险

由于组成供应链的成员都是独立经营的企业,其经营目标都是不同的,甚至互相矛盾。例如,制造商希望销售商的采购大且稳定,但销售商为了实现柔性化销售,以满足不同客户的需求,使得采购不稳定而且还期待制造商能够保持良好的供应和高水准的产品质量。供应网络是极为复杂的,供应网络包含了大量的货源和营销渠道,因为各自的对象不仅不相同,协调渠道之间的关系变得极为艰巨,因此在各行业之间合作需要高度的诚意。企业有着各自的经营利益,为了实现预期目标收益的最大化,企业之间经常会选择相互合作。核心企业贸易越大,容易形成更复杂的供应网络,各个企业之间的合作更加困难。供应链管理是一个系统的优化,但由于相互冲突的目标,供应链成员的利益不可避免地发生矛盾,往往会出现企业合作伙伴的不正当竞争、自私自利的行为和利润的分配不均,造成合作关系的破裂。例如,企业为了利益最大化隐瞒了重要的销售信息、客户信息,变相提高成本,造成产品的利润降低,销售量减少。这种利益是建立在合作伙伴的损失之上的,不利于供应链效率的提高。如超市与产品供应商之间的合作关系,超市希望供应商产品价格低于市面水平,且货源稳定;而供应商会变相地提高成本,来面对超市的要求。两者在价格上的要求都是为了获得更多的利益,这也使得它们不断产生矛盾。

(三)供应风险

供应风险是企业在货物运到组织中受到的影响因素对企业的成本和利益带来的不确定影响。良好的供应是确保供应链整体利益最大化的关键因素。而在实际过程中企业出现管理不当、反应不迅速、柔性低、交货延迟、资金流动慢等问题,这些失误都有可能对供应商和零售商造成损失。例如:企业实际运输过程中机械故障、信息错误、交通堵车、员工偷懒等原因造成的失误,这些失误将导致货物运输延迟,从而错过最佳的销售时间,使收益减少;供应商的选择不当,某些供应商规模小又不善管理等因素都会影响到零售商的货源问题,造成供应紧缺,这对零售商是个很大的风险。这类风险主要来自于供应商与物流的不确定性带来的影响,有供应商生产风险、供货延迟风险、采购风险等。最具有代表性的就是物流配送风险。如超市的产品基本上多需要物流公司进行配送,产品在物流过程中可能会发生一些意外事故以及物流公司自身的操作失误,都将给超市的利润带来损失。

(四)需求风险

在供应链中,生产是由需求决定的,需求过大和需求过小都会对整个供应链的运行乃至生存产生非常重要的影响,怎样解决供应链中需求的不稳定所造成的影响是供应链管理的重要问题。利用需求带来的影响来确定需求不稳定的范围,积极配合客户需求变化来减少不稳定性,通过对需求的变动使用多种计划方案来降低其造成的危害。供应链的建立是为了响应市场需求,更好地抓住机遇,从而快速发展,生产相应的产品来主导市场,但是市场需求的不确定性和需求的变化形成的虚假信息,容易导致企业的自身风险。市场上的产品种类和货源丰富,可以让客户选择更为自由化,但客户多元化的需求,容易减少对产品的忠诚度,使客户从一种产品转移到另一种产品,使得该产品的需求量减少,企业反应不及时造成产品的积压。因此供应链的调整需要提前制订需求计划,该计划要求准确预测市场需求的产品。企业的生产需要考虑到客户的需求信息,然后对生产进行协调。但虚假的需求信号在传递过程中会逐渐扩大,企业依据错误的信息来增加库存以降低风险。虚假信息在供应链上的传递使得企业的生产管理的成本增加,资金回流缓慢,市场竞争能力减弱。如超市根据供应商的虚假信息大量进货某类产品,而该产品的市场需求较低,使得超市销售缓慢,产品积压,变相导致超市的成本增加,利润减少。利用需求带来的影响来确定需求不稳定的范围,积极配合客户需求变化来减少不稳定性,通过对需求的变动使用多种计划方案来降低其造成的危害。同时加强信息渠道的建设,使得信息高速、准确地传递,杜绝虚假信息。

二、供应链风险识别

识别的目的是为了审核供应链中的不确定因素以及这些因素所对应的风险,并找出供应链上必然会发生的风险问题。也就是判断供应链风险来源因素和产生的原因。风险识别是指使用各种方法来找出风险事件发生的根本原因,以及系统地认识所要面对的各类风险,分析潜在的风险。识别供应链上的风险需要经过调查和研究来实现;经过整理归类,来确定风险根源,以及风险所应有的特性,从而实现对风险的测量和预防。供应链风险分析是建立在供应链识别的基础之上,在认知风险存在的前提之下,进行风险分析,进一步了解、深化风险,从而使风险识别更加准确。供应链风险识别是管理供应链风险的关键,也是供应链风险预防的前提。供应链风险既可以表现为明显的风险,也可以是潜在的风险。风险管理者只需要通过简单的方法去识别明显的风险,但对于潜在的风险则需作出一定程度的努力以后通过多种方法去识别。供应链内潜在风险会对供应链系统造成严重影响,因此要在识别供应链风险的前提下分析风险的结构特性之后对症下药。与此同时,供应链企业之间相互依赖,企业间或多或少存在着联系和合作。供应链风险对每个企业都有着不同程度的影响,因此需要在充分地认识到供应链的风险之后对风险进行管理。

三、供应链风险的识别方法

供应链中的风险识别是一个比较完整的过程。首先将整个供应链分解成各类相应的部分,然后对每个部分进行识别研究并且进行评估,从而确定该部分可能存在的风险。风险识别是非常复杂的,因此需要各种不同的方法配合使用来对风险进行识别。单个识别方法总是存在着一定的局限性。对于供应链风险的识别可以从不同角度进行,用多种识别方法进行分析,这样有利于发现供应链潜在的风险。

(一)财务报表法

财务报表法是以企业每月的财务报告为基础,对企业的各项资产和业务工作可能受到的风险进行识别和分析。财务报表是最常见的、最典型的企业风险识别和分析的方法。企业的各项业务工作的运作过程、经营管理的好或坏最终将会在企业的资金流动上表现出来,可以通过财务报告中的负面信息来了解风险造成亏损以及企业风险管理的各种成本。企业中的盈利表、资金流动表、财务状况表等都可以成为一个识别工具来对各种风险进行识别和分析。根据财务报表的负面信息来逆推供应链中的主要风险。供应链风险所造成的影响可以通过企业对应的财务报告上表现出来。通过调查财务报表中的某些偏差,并对偏差进行修正和消除,或者采取预防措施来减少破坏造成的后果。因此可以利用企业财务报表来对所有企业的风险进行识别和分析以及总结得出供应链的全部风险,提高运营绩效。

(二)因果关系图

因果关系图是被广泛地用作分析问题的一种方法。它是利用图解的形式来表现各类事故。它对各类有关的事故进行分解,将大的故障分解成一些小的风险事件,或者对事件发生的原因进行分解。例如对于送货延迟事件进行理性的分析,可以分解为汽车的故障、中途卸货、交通堵塞等原因;交通堵塞又可以由线路不好、上班时段车流量高、发生交通事故等原因造成。因为分解后的图形有点类似鱼骨,所以又被称为鱼骨图或石川图。对供应链风险进行识别时,采用因果关系图可以将整个供应链所要承受的复杂的风险分解成许多微小的风险,或者对风险产生的根源进行分解,找出影响因素,排除无关因素,从而降低风险发生概率。

(三)情景分析法

情景分析最常见的形式是使用头脑风暴法,通过一些专家来找出一系列重大的自然、经济、法律、文化和政治等风险因素。通过这样的方式可以辨别事件的发展趋势。当趋势被确定后,就必须考虑供应链在这一趋势下会对企业造成的影响有多大。再通过分析风险造成的影响来反证,以确定造成影响的一系列现有和潜伏的风险因素。情景分析是一种非常有效的识别方法,识别的对象是由环境所引起的风险,如出现新政策、市场需求的变化、经济危机、科技的开发等因素引发的各类供应链风险。情景分析也可以从其他角度来发现某些风险因素,以及这些危险因素造成的后果,如企业生产线上员工的操作不熟练所引起的生产效率减少。

(四)历史数据分析法

通过分析历史事件的数据变化以及各类事件所积累的各种数据经验,总结、整理相关经验,根据相应的经验来识别分析在未来供应链可能会发生的隐藏风险,然后确定风险的影响因素。正常情况下使用这种方法,首先收集一些产生重大影响的历史事件的数据、造成的不利后果,然后进行分析总结,得到那些风险因素引起历史事件发生以及所导致不利的后果。这种分析方法还要分析历史事件中一些没有造成实际损坏但却意味着一个潜在的风险危机。例如,机器的磨损、猜忌的合作关系、突然变化的客户需求、运输延迟等虽然短时间内不会有什么影响,但是如果不加以理会就会对企业造成影响。该识别方法也存在着缺点,那就是很少有发生的具有典型意义的危险事件,从而没有足够的用于分析识别的供应链风险的案例。更重要的是该方法只能对已经发生的事件进行识别并确定根源的危险因素,而且容易忽视一些新的重要风险因素,特别是企业文化、行政策略、货币汇率的浮动、市场的需求变化和行业潜在规则等尚未出现过的风险因素。

(五)过程图法

供应链风险可以通过分析供应链过程图来确定。这种方法需要制定供应链过程图来代表不同的模块实用功能,包括从开始到结束的全部过程,而且必须要有足够的详细且准确的过程图才可以对整个供应链分析。过程图中每个模块都代表一个独立的职业生涯活动,要弄清楚整个过程中的每一个细节,包括它的生产、运输、储存和检查等。在供应链过程图完成以后,它可以用来对每个活动进行分析从而发现在过程中的操作缺陷、潜在的故障线路等脆弱环节,还有要特别注意的是一切潜在风险可能会出现在不同的部门或组织之间的联系处。这种分析可以识别那些不会显示在现有流程中缺少的控制程序,它也可以识别工作和责任的错位,这些因素可能会造成错误的控制过程。过程图法能有效地确定那些执行不力的相关风险因素。过程图法可以识别潜在的风险在未发生实际损失之前,确定这些潜在的风险操作对供应链的影响大小,然后制定预防措施来解决问题。

综上所讲的几种对供应链风险进行识别的方法,必须要知道的是不管哪种识别方法都有一定的局限性。无论任何方法都不能完全识别供应链上存在的所有风险,也不能揭露所有引起事故风险的因素。所以必须基于供应链的类别、大小与每种识别方法的作用,采用多种方法相结合来识别风险。风险识别是持续的工作过程,一次或两次的调查和分析并不能完全识别风险,还有很多的复杂性和潜在风险存在,对于它们需要通过一系列的鉴定分析,以获得一个更准确完整的处理方案。

四、供应链风险的评估

在对供应链的风险进行识别后,我们必须对供应链的风险进行评估,在此使用多元统计分析方法进行评估。其步骤如下:

(一)供应链风险评估的调查表格设计

首先将供应链的内外部指标确定为调查表格中的一级指标。二级指标有系统风险、管理风险、信息风险、合作风险、自然环境风险与市场环境风险等。在二级指标的基础之上又可细分出众多的易获得数据的三级指标,如:管理因素可分为采购价格过高、供应商选择不当、采购品质量不合格、客户关系管理能力差、库存控制不严格等;信息风险可分为合作伙伴扭曲信息、IT系统和软件选择不当、信息共享水平低等;合作风险可分为合作伙伴的自利行为、合作伙伴间不信任、合作伙伴间利益分配不均等;自然环境风险包括发生自然灾害与疾病、公用事业提供不足、行业限制及产业政策限制等;市场环境风险可分为需求大幅度波动、客户财务状况不好等。由以上确定的指标设计调查表格,根据抽样调查原则,对各行业供应链企业进行问卷调查,对收集到的数据进行预处理,使之规范化、标准化。然后在预处理的基础上再进行数据挖掘,以确定重要数据间的潜在联系,自动发现奇异值,总结出特征指标,并对其进行归纳、分析和筛选,从而确定影响企业供应链风险识别的初级指标体系。

(二)企业供应链风险识别指标体系的构建

把所确定的初级指标体系中的指标先进行简单的定性分类,使每一类指标都大概反映企业供应链风险的某个方面,再以此为基础对每一类指标进行主成分分析,以选出的主成分作为新的分析变量,以各企业在各个主成分上的得分作为新的分析数据又进行因子分析。通过因子分析,找出影响企业供应链风险的几个主要因素(因子),并以此作为构建企业供应链风险最终评价指标体系的依据。接下来,计算出各企业在每个因子上的得分,作为判断企业在供应链风险某个方面强弱的标准,再以每个因子的贡献率作为权数,得到加权因子得分和,便可作为评价整个企业供应链风险强弱的标准。

(三)企业供应链风险评估模型的构建

首先,对统计分析中确定的不同因素研究影响供应链企业风险的方式、范围和程度,按相关程度大小对各因素进行筛选,将筛选出的最主要的几个因素作为评估模型的构成要素,根据数据挖掘过程中确定的各种数据之间的潜在联系,确定评估模型的结构和各个要素在模型中的地位与相互关系。利用多元统计分析方法,根据不同行业的特点,确定该模型各个要素取值的有效范围、测试标准和适用场合。然后在各种不同类型的企业中随机抽取足够大的样本,使用这些样本企业的数据对构造的模型进行测试,根据测试的结果对模型作出必要的修正。最后,我们就可以通过模型动态地对供应链企业风险进行动态的测定,以利于企业实施有效的风险管理。

第三节 供应链风险响应和管理方法

一、对待风险的态度

人们通过大量的研究,通常将供应链企业对待风险的态度分为三类:风险厌恶(risk averse)、风险中性(risk neutral)和风险偏好(risk appetite)。

(一)风险偏好型企业

风险偏好的概念是建立在风险容忍度概念基础上的。针对企业目标实现过程中所面临的风险,风险管理框架对企业风险管理提出风险偏好和风险容忍度两个概念。从广义上看,风险偏好是指企业在实现其目标的过程中愿意接受的风险的数量。风险容忍度是指在企业目标实现过程中对差异的可接受程度,是企业在风险偏好的基础上设定的对相关目标实现过程中所出现差异的可容忍限度。风险偏好型企业通常主动追求风险,喜欢收益的动荡胜于喜欢收益的稳定。他们选择资产的原则是:当预期收益相同时,选择风险大的,因为这会给他们带来更大的效益。

(二)风险厌恶型企业

风险厌恶是一个人接受一个有不确定的收益的交易时相对于接受另外一个更保险但是也可能具有更低期望收益的交易的不情愿程度。可以用它来测量人们为降低所面临的风险而进行支付的意愿。在降低风险的成本与收益的权衡过程中,厌恶风险的人们在相同的成本下更倾向于作出低风险的选择。例如,如果通常情况下你情愿在一项投资上接受一个较低的预期回报率,因为这一回报率具有更高的可测性,你就是风险厌恶者。当对具有相同的预期回报率的投资项目进行选择时,风险厌恶者一般选择风险最低的项目。

(三)风险中性型企业

"风险中性"在工具书中的解释是:投资者的确定性等值等于其投资收益期望值。"风险中性"在学术文献中的解释是:根据现代组合理论,风险中性是指投资者不关心风险,当资产的期望损益以无风险利率进行折现时,他们对风险资产和无风险资产同样偏好。但没有风险中性的假定是不能进行风险中性运用的。所谓的风险中性是指决策者的风险态度既不冒险也不保守。

因此,风险中性型企业既不冒险也不保守,而是介于风险偏好和风险厌恶之间。

二、响应风险的策略

在评估了相关的供应链风险之后,管理当局就要确定如何应对。应对包括风险回避、降低、分担和承受。应对风险的策略有四种:规避风险、接受风险、降低风险和分担风险。

(一)规避风险

风险规避是风险应对的一种方法,是指通过有计划的变更来消除风险或风险发生的条件,保护目标免受风险的影响。风险规避并不意味着完全消除风险,我们所要规避的是风险可能给我们造成的损失。一是要降低损失发生的几率,这主要是采取事先控制措施;二是要降低损失程度,这主要包括事先控制、事后补救两个方面通过规避免受未来可能发生事件的影响而消除风险。规避风险的办法有:

(1)通过公司政策、限制性制度和标准,阻止高风险的经营活动、交易行为、财务损失和资产风险的发生。

(2)通过重新定义目标,调整战略及政策,或重新分配资源,停止某些特殊的经营活动。在确定业务发展和市场扩张目标时,避免追逐"偏离战略"的机会。审查投资方案,避免采取导致低回报、偏离战略,以及承担不可接受的高风险的行动。

(3)通过撤出现有市场或区域,或者通过出售、清算、剥离某个产品组合或业务,规避风险。

(二)接受风险

接受风险策略是一种由企业自己承担风险事故所致损失的一种财务风险管理技术。其实质是将企业自身承受的风险以及生产经营过程中不可避免的财务风险承受下来,并采用必要的措施加以控制,以减少风险程度或减少不利事件的发生。企业可在风险分析的基础上确定特定财务风险的关键变量并加以控制,减少风险程度或减少不利事件的发生,使财务活动朝有利于企业的方向发展。接受风险做法是:

(1)不采取任何行动,将风险保持在现有水平。

(2)根据市场情况许可等因素,对产品和服务进行重新定价,从而补偿风险成本。

(3)通过合理设计的组合工具,抵消风险。

(三)降低风险

利用政策或措施将风险降低到可接受的水平。降低风险方法有:

(1)将金融资产、实物资产或信息资产分散放置在不同地方,以降低遭受灾难性损失的风险。

(2)借助内部流程或行动,将不良事件发生的可能性降低到可接受的程度,以控制风险。

(3)通过给计划提供支持性的证明文件并授权合适的人作决策,应对偶发事件。必要时,可定期对计划进行检查,边检查边执行。

(四)分担风险

与创业企业有关的各种风险要素需要以某种形式在参与者之间进行分配,即为风险分担。风险分担指受托人与受益人共担风险,是信托公司作为受托管理资产的金融机构所特有的风险管理策略,是在风险管理中正确处理信托当事人各方利益关系的一种策略。分担风险的方法有:

(1)保险法。在明确的风险战略的指导下,与资金雄厚的独立机构签订保险合同。

(2)再保险。如有必要,可与其他保险公司签订合同,以减少投资风险。

(3)转移风险。通过结盟或合资,投资于新市场或新产品,获取回报。

(4)补偿风险。通过与资金雄厚的独立机构签订风险分担合同,补偿风险。

三、供应链风险防范对策

(一)加强节点企业的风险管理

供应链从采购、生产到销售过程是由多个节点企业共同参与而形成的串行或并行的混合网络结构。其中某一项工作既可能由一个企业完成,也可能由多个企业共同完成。供应链整体的效率、成本、质量指标取决于节点指标。由于供应链整体风险是由各节点风险传递而成,因此,通过对节点企业风险的识别与判断,进行风险调整和优化,将大大加强整个供应链的风险控制。

(二)建立应急处理机制

供应链是多环节、多通道的一种复杂的系统,很容易发生一些突发事件。因此,必须建立相应的预警系统与应急系统。供应链管理中,对突发事件的发生要有充分的准备。对于一些偶发但破坏性大的事件,可预先制定应变措施,制定应对突发事件的工作流程,建立应变事件的小组。同时,要建立一整套预警评价指标体系,当其中一项以上的指标偏离正常水平并超过某一"临界值"时,发出预警信号。在预警系统作出警告后,应急系统及时对紧急、突发的事件进行应急处理,以避免给供应链企业之间带来严重后果。

(三)加强信息交流与共享,提高信息沟通效率

信息技术的应用加强了企业的通信能力,很大程度上推倒了以前阻碍信息在企业内各职能部门之间流动的"厚墙"。供应链企业之间应该通过建立多种信息传递渠道,加强信息交流和沟通,增加供应链透明度,加大信息共享程度来消除信息扭曲,比如共享有关预期需求、订单、生产计划等信息,从而降低不确定性、降低风险。一般来说,企业上下游间的信息有先进的通信方式、及时的反馈机制、规范化的处理流程,供应链风险就小,反之就大。

(四)加强对供应链企业的激励

由于目前我国企业的社会诚信机制很不完善,供应链企业间出现道德风险是难以避免的。要防止道德行为的出现,就应该尽可能消除信息不对称性,积极采用一定的激励手段和机制,使合作伙伴能得到比道德行为获取更大的利益,来消除对方的道德风险。

(五)优化合作伙伴选择

供应链合作伙伴选择是供应链风险管理的重要一环。一方面要充分利用各自的互补性以发挥合作竞争优势,一方面也要考量伙伴的合作成本与敏捷性。合作伙伴应将供应链看成一个整体,而不是由采购、生产、分销、销售构成的分离的条块功能。只有供应链上合作伙伴坚持并最终执行对整条供应链的战略决策,供应链才能真正发挥成本优势,占领市场份额。

(六)重视柔性化设计,保持供应链的弹性

供应链合作中存在需求和供应方面的不确定性,这是客观存在的规律。供应链企业合作过程中,要通过在合同设计中互相提供柔性,可以部分消除外界环境不确定性的影响,传递供给和需求的信息。柔性设计是消除由外界环境不确定性引起的变动因素的一种重要手段。另外,当今供应链管理强调 JIT 方法,减少库存以降低成本,这种运作模式一旦遇到突发事件或需求有较大波动时就会显得缺乏弹性。变色龙活的时间很长,是因为它应变的能力。因此,在注重效率的同时仍应保持供应链适度弹性。

(七)建立战略合作伙伴关系

供应链企业要实现预期的战略目标,客观上要求供应链企业进行合作,形成共享利润、共担风险的双赢局面。因此,与供应链中的其他成员企业建立紧密的合作伙伴关系,成为供应链成功运作、风险防范的一个非常重要的先决条件。建立长期的战略合作伙伴关系,第一,要求供应链的成员加强信任;第二,应该加强成员间信息的交流与共享;第三,建立正式的合作机制,在供应链成员间实现利益分享和风险分担;第四,加强契约规定等规范建设,促使伙伴成员以诚实、灵活的方式相互协调彼此的合作态度和行为。除了选择好的合作企业外,选择流通的产品也是一条重要的途径。供应链最有威力的是有规模的流通产品,在供应链中会显示优势。亿博物流咨询供应链专家举了个很简单的例子:纯净水就是流通的产品,大家都可以喝,风险相对较小。而如果供应的物品不是纯净水而是治癌的药,那么就不是流通的产品,而是专业性产品,风险就很高。

(八)加强供应链文化建设,打造共同的价值观

良好的供应链文化将能在系统内形成一股强大的凝聚力,增强成员企业之间的团结协作,减少不必要的矛盾冲突,从而减少内耗,并且形成一种相互信任、相互尊重、共同创造、共同发展、共享成果的双赢关系,使得供应链的成员与整体有相同的利益要求和共同的价值标准,从

而维持供应链的稳定与发展。

（九）加强采购管理，优化物流配送

企业产品生产是以采购为前提的，采购既是企业内部供应链的开始，又是企业与企业之间供应链的桥梁，对于企业降低成本，提高运作效率，增强竞争力有重要作用。采购环境的复杂多变与采购管理系统功能的弱化是采购风险形成的根源，采购风险的防范应从供应渠道或供应商的选择与强化采购制度控制两方面入手。大型企业集团物资采购市场大，涉及设备、钢材、木材、土产材料、工器具、化工原料等多个行业和领域，招标或比价采购促使成百上千家供应商前来竞争，为保证质优价廉物资的及时供应和可靠服务，一方面要实行供应商准入制，设定供应商准入的资格和条件，将质量差、资信低、服务不到位的供应商拒之门外。另一方面要建立供应商资信考评信息库，对供应商基本情况、产品质量、价格、交货及时性、售后服务等实行动态跟踪考核，并借助优胜劣汰机制，使企业集团始终拥有一支最佳组合的供应商队伍，为集团企业各类物资的可靠供应提供保障。强化采购制度控制应从加强采购队伍建设、严格采购程序、实施有效监管等方面推进。

供应链上采用多头供应商的柔性供应机制，可以有效防范单一供应商结构下渠道受阻，即可影响整条供应链正常运行的供货风险。为此，企业对关键物资材料的供应须选择来自不同地域的两个以上供应商提供，并对每个供应商的供货进行跟踪评估，以确保物资供应安全稳定。物流配送是供应链营运中的重要环节，依靠专业强势的第三方物流，企业可专注核心业务，优化经营流程，降低运营成本，分散并增强抵御物流配送风险的能力。

第四节　重构弹性供应链

一、供应链弹性

组织弹性不是什么新概念，一个组织成功应对不可预见事件的能力一直就是取得成功的核心要素。在今天的商业环境中，"弹性"这一术语被广泛用来描述组织对意外中断的反应并恢复其正常功能的能力。由于现代供应链是一种复杂的网络组织，可能遭遇风险的数量与种类比以往任何时候都要多，所以弹性在供应链风险管理中就显得尤其重要。

基于上述对弹性的认识，可将供应链弹性定义为：供应链网络系统在中断风险发生之后恢复到初始状态或理想状态的能力，包括回到正常绩效水平（生产、服务、供应比率等）的速度。21 世纪以来，供应链面临着比过去更多的风险，一条仅具"鲁棒性"的供应链已无法经受信息时代复杂多变环境的考验，只有那些蕴含足够弹性的供应链才有可能真正抵御各种不可预知的风险。

在讨论供应链弹性时，不能不涉及一个相关概念——"鲁棒性"。在供应链运作实践中，这两个概念常易混淆。"鲁棒"是 robust 的音译，即"健壮和强壮"的意思。"鲁棒性"就是系统的健壮性，是指系统在一定的参数摄动下维持某些性能的特性，是系统在异常和危险情况下生存的关键。比如，计算机软件在输入错误、磁盘故障、网络过载或故意攻击情况下，能否不死机、不崩溃的特性就是该软件的"鲁棒性"。抵御供应链风险，首先是要增强供应链的鲁棒性，使之不易受风险事件的影响。就如一颗大树，一般的风力、雪灾是摧不倒、压不垮的。但是，按基本含义，"鲁棒"供应链是不具备适应能力的，而且易受风险事件影响是现代供应链的固有特征，供应链中的任一环节出了问题都可能导致整个网络中断。所以，要建立一条能抵御一切风险的"鲁棒"供应链是不可能的，也是不合算的。从直觉上看，我们认为风险管理策略的目标应是建立和维持一条兼具"鲁棒性"和"弹性"的供应链。因此，较好的办法是在"鲁棒性"与"弹性"之间取得平衡，既要使供应链不易受风险事件的影响或在受到影响时造成的损失最小，又要使之一旦受到影响时，能迅速恢复到正常或理想状态。与"鲁棒"供应链相比，弹性供应链具有许多不同的特性。通过比较我们发现，虽然两者之间有许多共性，如稳定的流程和低库存水平，但关键的区别在于对输入变化的反应能力。一条"鲁棒"供应链能够应对输入的合理变化，同时对输出变化保持较好的控制。一条弹性供应链必定具有"鲁棒性"，它不仅能对可预测的输入变动作出反应，也能对输入水平和变率的突然意外改变作出反应。所以我们可以认为，一条"弹性"供应链具有适应性和可伸缩性。而要使供应链具有弹性，首先要增强它的"鲁棒性"。

二、供应链弹性创造竞争优势

竞争是市场经济的本质属性，是企业成败的关键。为了在市场中生存和发展，企业必须取得超过对手的竞争优势，而创造和维持竞争优势的途径有很多。迈克尔·波特从战略的视角认为，竞争优势归根结底来源于企业为客户创造的超过其成本的价值，并界定了成本领先和差异化两种基本的竞争优势形式及实现它们的三大战略，从而奠定了竞争优势理论的基本框架。

然而，人类进入 21 世纪后，经济进一步全球化，网络信息技术空前发展，上下游企业之间的联系越来越紧密，许多企业在寻求竞争优势的过程中惊讶地发现，仅仅运用传统理论与方法已经难以获取或保持竞争优势，而是应将目光转向包含物流这一"第三利润源"在内的供应链上。面对无情的成本压力，为了适时、适地和适量地将产品送到越来越变化无常的市场中，许多企业已经建立起了跨越全球的复杂供应链，企业竞争已逐步转变为供应链的竞争。

弹性作为供应链的一项核心要素，不只意味着管理风险的能力，更意味着比竞争对手处于更好的态势，甚至从中断中获得竞争优势。那么，供应链弹性是如何创造竞争优势的呢？由于供应链中断是供应链的一项固有特性，所以要想完全避免是不现实、不可能的。明智的做法是在增强供应链"鲁棒性"的前提下增强其弹性。在同样受到中断风险影响时，一个拥有弹性供应链的企业，除可使之维持经营活动之外，能比没有弹性的或弹性更弱的竞争对手更迅捷、更有利地作出反应，从而获得竞争优势。对手由于经受不住考验而危机四伏，或经此打击而一蹶不振，或不能为客户提供服务而丢城失地，最终结果是竞争优势的丧失甚至被淘汰出局。

三、供应链弹性的重构

（一）基于核心企业的供应链信息共享机制

建立供应链上各企业之间的信息共享机制，一方面有利于及时发现供应链上潜在的风险，另一方面可以提高供应链运作的协同性和运作效率，为规避风险、及早采取补救措施赢得宝贵的时间。基于核心企业的供应链信息共享机制，主要由供应商管理信息系统、生产商管理信息系统、分销商管理信息系统、顾客管理信息系统、合作伙伴管理信息系统、其他管理信息系统构成。核心企业管理信息系统的设计是实现整个供应链系统中信息流传递畅通和信息共享目标过程中最重要、最复杂的工作,非核心企业管理信息系统的设计则相对简单。对核心企业而言,建立基于核心企业的信息共享机制,核心企业能够将非核心企业的托管系统与自身的管理信息系统有机集成,可以实现信息资源的集中管理,实现充分的信息共享。

(二)建立多层次的供应链防御体系

1.保持适当冗余

保持适当冗余体现在供应链环节的生产和库存环节。生产环节的冗余指的是供应链上的企业保持协调一致的生产能力冗余,一方面减少了由于企业"满负荷"运转带来的自身各种设施可靠性方面的风险,另一方面提高了对顾客变化的适应性和可调节性。作为供应链上的核心企业,应不断重新评价合作伙伴,审视供应链的薄弱环节,通过施加压力以改进其生产供应能力。库存环节上的冗余指的是在供应链上保持超出正常需要的库存和能力的冗余,用来临时满足对物料或最终产品的紧急需要或作为替代产品来解决其他一部分产品的需要。但保持冗余对于供应链上相关企业来说,必须对冗余所造成的库存、人力资本、机械设备进行投资,付出额外成本。所以,保持供应链生产和库存的冗余来提高供应链弹性、降低供应链风险,应保持一定的度,在能保证自身成本和投资在一定范围内的同时,保持适度的冗余,比竞争对手作出更快的反应。

2.提高供应链敏捷性

供应链的敏捷性是指供应链对需求或供应不可预知的变化作出迅速反应的能力及在反应过程中迅速变换行动方向或调整行动策略的能力。提高供应链的敏捷性,可以在供应链环节的关键节点上节省比竞争对手更多的时间,面临突发事件或突发性的需求来临时,可以比对手更快地捕捉到机会并快速反应采取行动。提高供应链敏捷性必须减少各环节中涉及的活动数量以优化流程,并对重要物料或产品采用快速的直达运送方式。

3.建立供应链上的委托代理机制

加强供应链上下游相关企业之间的合作有利于供应链上企业的互利共赢。但在实际操作中,供应链上下游企业间的利益冲突也是会必然存在的。供应链企业共赢的基础是合作,但是由于利益主体的不同而使它们之间不愿共享其掌握的有效信息,出现供应链企业之间信息不对称的情况。供应链上建立委托代理机制,是指在供应链企业之间建立密切的、长期的、互利的合作关系,使它们在可预期的长期利益的诱导下,不会为了短期利益而做出冒险。同时建立长期而全面持久的评价指标体系,对高绩效的供应商进行折扣等鼓励,引导供应商在为自己提供专门产品方面进行投资,增加其转换成本。

4.建立供应链应急机制

在供应链风险应急机制中,供应链企业首先制定应急措施,通过各种风险控制工具,在突发事件或风险发生之前,尽量消除各种隐患,减少风险或应急事件的发生。同时供应链相关企业也要组建应变时的领导小组,提早预测各种风险的损失程度,以便在风险难以避免和转嫁的情况下,将损失有效地控制在企业可接受的范围内。

(三)形成供应链风险管理文化

众所周知,全面质量管理的实施有赖于企业文化的培养。同样,供应链风险管理的实现,也需要在企业形成相应的供应链风险管理的文化,并且这样一种文化应该是跨企业的,而不是仅仅局限于企业内部的,从而形成整个供应链的连贯性管理。和所有的文化变革一样,没有来自企业高层的支持,任何文化变革都是不可能的。同时,供应链风险评估应该成为每一层次的决策过程中应考虑的部分。供应链风险管理团队的设置也是非常必要的,而且这个团队应该是跨职能部门的。

项目小结

1. 供应链风险产生的原因:道德风险;信息传递风险;生产组织与采购风险;分销商选择产生的风险;物流运作风险;企业文化差异产生的风险;市场需求不确定性风险;经济周期风险;政策风险;法律风险;意外灾祸风险。

2. 供应链风险存在的客观性主要表现在以下几个方面:供应链本身结构的复杂性导致了风险客观存在;供应链所处内外部环境的不确定性导致了风险客观存在;供应链全球化趋势增加了风险。

3. 供应链风险的特性包括:客观性和必然性;复杂性和层次性;动态性;传递性;此消彼长性。

4. 供应链风险的识别方法有:财务报表法;因果关系图;情景分析法;历史数据分析法;过程图法。

5. 供应链风险防范对策有:加强节点企业的风险管理;建立应急处理机制;加强信息交流与共享,提高信息沟通效率;加强对供应链企业的激励;优化合作伙伴选择;重视柔性化设计,保持供应链的弹性;建立战略合作伙伴关系;加强供应链文化建设,打造共同的价值观;加强采购管理,优化物流配送。

思考题

1. 供应链风险的定义是什么?
2. 供应链外来风险有哪些?
3. 响应风险的策略有哪些?
4. 供应链风险防范对策有哪几种?
5. 提高供应链敏捷性有哪些用处?

案例分析

大洋专用汽车制造公司

一、大洋专用汽车制造公司概况

大洋专用汽车制造公司是中国政府认可的汽车改装企业之一,是一家后来居上的民营企业。下设汽车销售公司、生产管理中心和30多个国内分支机构,是集研发、制造、销售、服务为一体的专用车制造企业,年生产能力超过5000台。

二、重点业务现状分析

大洋公司各部门运作完全由客户订单驱动,是典型的MTO生产模式。公司销售部不断开拓客户类型,现有客户包括政府部门等大客户,以及由分销商承揽的分散小客户。

1. 总体业务流程

销售公司接到客户订单后,与生产部门协商,确定交货时间并与客户签订销售合同;销售公司将销售合同转化为生产计划单,编制贯穿整个流程的生产单号,生产计划单一式六份分别送采购部、制造部、技术部、品管部、存根和生产总经理。技术部根据生产计划单编制生产图纸，并制定物料清单。采购部依据生产计划单和物料清单制订采购计划。物料清单交仓库完成领料业务后返回采购部作财务统计。制造部依据生产计划单制订生产计划、完成生产通知单，并将图纸和物料清单交给各生产车间。制造部核算员根据物料清单开具领料单。生产车间经过"下料—拼焊—制罐—油漆—装配—面漆—检验（品管部）—成品"等过程，将成品交成品库。生产车间根据领料单到仓库领取零配件等物料。销售公司在办理合格证、说明书、标牌、3C等后，将产品交付客户。

2. 采购

采购部负责零部件、金属材料、辅助材料的采购工作，负责部分办公用品的采购以及外委外协零件和产品的管理工作。由于大部分常规零部件都可以从本地快速获得（一两个小时），一般不超过一天，因此没有严格的采购计划。特殊物资采购，如空压机，最长采购周期达一周，资金占用量较大，如对钢板、油漆等物料根据安全库存进行集中采购。供应商由品管部门、技术部门、采购部门根据价格、质量、服务、物流、交货时间综合确定，采购部门提供供应商名单，提交给技术部评定，出具评估报告。每年评审一次，未采用招投标管理。采购不是依据每笔客户订单的需求来确定，而是根据各仓库的临时缺料情况或根据安全库存申请采购，而且采购的数量和所需的时间没有明确的规定，这样形成大量的库存积压或有时又缺料满足不了生产需要。外购、加工组装存在不同步的问题，延长了生产周期。领料单由车间来根据图纸填制，车间主任审核，这样领料随意性大，没有根据生产订单领料，成本无法控制，同时仓库备料也没有依据。采购管理流程和岗位职责较为混乱，存在物资多个部门采购问题。采购管理人员素质较低，人员流动性较大。

3. 库存

仓库属采购部管理。仓库管理不规范、取料流程不严格，由于工人可用小单领料，经常出现多领的情况。车间加班，而仓库未及时通知加班时，车间工人会直接取料，不进行任何登记。未使用的零部件到处乱放，造成严重浪费。钢板无仓库，在准备区堆放，工人根据需要下料，无人对其进行管理。无完善的仓库设施，仓库面积小，安全性差。仓库与生产车间没有明显的界线，造成工人随意进出，领取物料管理混乱。货架无分类，所有零部件使用相同的货架。对物料没有定期检查，对库存没有定期盘点。

4. 生产

生产与销售的矛盾：销售部门经常交接货期短的订单，未与生产部门商量；销售订单经常变更。增加零部件，改动订单时常发生；销售公司改单，导致生产成本上升；销售公司将压力转给生产部门，出现问题不承担责任。生产与采购的矛盾：底盘无法按期到达。无底盘时生产停工，有底盘时晚上加班，导致费用提高。底盘不能维持较高库存，因为每个客户需求都不同，若维持库存底盘成本太高占用资金。采购底盘需要与供应商保持信息共享，但底盘生产周期长，难以实现JIT供货。生产与技术的矛盾：出图时间不及时，耽误交货期。有图纸反比没图纸效率低，没图纸时质量和交货期还要好一些；图纸有错误、生产不协调。工人明知图纸有误，但不愿指出；图纸不全，导致生产过程中才发现，需要各种原料，再采购耽误交货期；图纸不一致，相同的产品，不同的设计师设计的格式不一样，导致生产不便；技术部无法估计客户需要的零部件规格，以致生产的时候才意识到。生产与生产调度的矛盾：调度太粗略，作业时间按天，非小时；工序快慢不一致，有些工序忙，有些闲；订单排序随机，或EDD排序规则。生产管理层变动较大；车间布局不合理，导致工艺流程浪费时间；设备陈旧，效率不高；工人绩效考核缺乏手段。员工薪酬实行计件工资，在当地同行中工人工资较低，员工懈怠，出工不出力。同时有能力的员工流失严重，造成产品质量下降，工作效率降低。车间主任权力过大，经常驾空生产经理，不同班组接到生产计划后按照自己的想法进行分配工作，使得工人的岗位职责不明确，无法划分责任到人。

质量下滑严重，导致损失。原因有三：工人责任心不强，技术不高，质量不能保证；同时设备陈旧，也难以控制质量；再者，品管部虽设专人监督产品生产过程，但涉及处罚生产工人，执行难度较大。

5. 销售

销售部由销售总经理全面负责工作。现有的整个公司运作均靠销售公司拉动，签订合同—接订单—下给生产部门（常规订单直接下单，特殊要求组织评审）。交货期根据客户的要求、生产状况调整。一般交货期范围：水泥车15天、油车7天、消防车22天、洒水车7天。销售部下达给生产部门的交货期比实际交货期稍提前。海外客户主要集中在东南亚，因为企业刚开始有出口业务，对进出口贸易、报关流程等方面处于学习阶段，经常因为一些文件问题导致发货推迟。另外，第三方物流公司不能很好地和公司协调，经常出现车队独立核算，同时对外经营物流业务。

销售过程中存在以下问题：交货期长，流失了很多客户。30%的订单不能按时交货。大订单造成零散订单延期。改单。3%～5%的改单率。产品设计有问题，没有为客户考虑，因此客户改单率高，给生产和技术部门带来负担。客户满意度非常低。其原因为各部门之间协调性差，沟通脱节，各部门从自身利益出发，各自为营。销售公司追求市场盲目接单；生产部无法提高出车准时率；技术部门在企业中不受重视而闭门造车，产品无创新；采购部因底盘供应商的选择缺乏弹性影响产品交货期；没有工艺部门，生产车间现场制作效率质量低下；产管部监督无力等。

6. 技术

技术人员负责图纸和物料清单制作。技术部门人员时间浪费多：很多时间去答复销售人员、客户，参与订单洽谈，占工作时间的40%，兼做工艺和现场指导。一般出图时间1个小时，新产品出图时间大于2.5天。公司没有单独的产品开发部，对新产品设计开发业没有投入。新产品诸如半挂车的设计需要10天，按照工序步骤出图，时间上可以与生产部衔接。一般情况下不会按照生产整套出图后出发，其缺点是：不利于车间排程；其次是总装图的尺寸也会对前面设计产生变更，除非是新产品试制。很多产品出不了装配图，只能出一些大的简单的尺寸。每台车每张装配图都不一样，主要原因是人手不够和人员水平的制约。其他只有在物料清单上反映与现场指导，批量的车为了保证一致性有装配图。

7. 品管

品管部门负责零部件质量检测、生产过程质量控制、产成品质量检测以及合格证发放工作。产品质量问题多，质量不稳定，并且急剧滑坡。品管部在质量检验中没有尽到职责，生产过程中的检验也没有严格控制，有问题的产品也能得到合格证。

三、信息化建设现状

大洋公司已建成内部局域网，企业内部网主干带宽100M，采用企业内部专线，应用范围包括开发、设计、产供销等部门。已建成企业对外网站，可以实现发布企业新闻、产品信息、收集客户信息和接收订单等功能。企业已介入互联网,采用数据专线方式,最高速率 2M。目前有 20 台计算机接入网络,占用计算机数的 67%。企业信息技术专业人员 3 人,占企业总人数的 1%,技术力量薄弱。大洋公司拥有一套财务软件、人力资源信息管理系统及 CAD 系统。企业已认识到信息化建设的重要性,但是存在 IT 人才力量薄弱、软硬件缺乏、信息化建设力度不够等问题。企业信息化"总体规划、分步实施"的难点在于流程、组织变化太快,缺乏规范的基础信息。企业希望通过企业诊断、信息化战略设计、投资项目评估等专业咨询的实施,逐步实现业务流程重构,实施 ERP 和电子商务。

讨论题:

1. 如果与大洋公司合作,你认为会存在哪些潜在的风险?

2. 作为一个国际客户,有哪些风险最值得引起重视?

3. 对于潜在的风险,该公司应采取什么措施防止这些风险的发生?又该向大洋公司提出哪些改进措施?

实训项目

1. 实训目的

通过实训有利于学生更好地理解供应链风险管理,并在调查的基础上,结合自己的思考分析,给调查对象提出改进的建议,提高学生发现问题、分析问题和解决问题的能力。

2. 实训任务

选取学生所熟悉的企业为调查对象,对企业风险管理的情况进行调查,总结企业对待风险管理比较好的策略,发现其可以改善的地方,并总结企业供应链风险管理方面的不足。

3. 实训组织

(1)学生分组,确定组长,明确分工。

(2)选取调查对象,运用合适调查方法和方式进行调查。

(3)编写调查问卷,完成调查准备工作。

(4)实地调查,作好调查记录。

(5)写调查总结。

参考文献

[1]马士华,林勇.供应链管理[M].北京:机械工业出版社,2010.

[2]沈莹,陈小微.供应链管理[M].北京:清华大学出版社,2013.

[3]何慧.供应链管理[M].南京:东南大学出版社,2012.

[4]罗勇,禹海慧,李建民.供应链管理[M].长沙:湖南大学出版社,2007.

[5]杨晓艳.供应链管理[M].上海:复旦大学出版社,2005.

[6]吴登丰.供应链管理[M].北京:电子工业出版社,2007.

[7]王昭凤.供应链管理[M].北京:电子工业出版社,2006.

[8]赵刚.供应链管理[M].北京:电子工业出版社,2004.

[9]齐二石,刘亮.物流与供应链管理[M].北京:电子工业出版社,2007.

[10]施先亮,王耀球.供应链管理[M].北京:机械工业出版社,2010.

[11]王忠伟,庞燕.供应链管理[M].北京:中国物资出版社,2009.

[12]董千里.供应链管理[M].大连:东北财经大学出版社,2009.

[13]刘德武.供应链管理[M].北京:人民交通出版社,2003.

[14]林玲玲.供应链管理[M].北京:清华大学出版社,2008.

[15]王骏.供应链管理[M].北京:科学出版社,2006.

图书在版编目(CIP)数据

供应链管理/李喜梅主编.—西安:西安
交通大学出版社,2016.8
ISBN 978-7-5605-8821-6

Ⅰ.①供… Ⅱ.①李… Ⅲ.①供应链管理
Ⅳ.①F252

中国版本图书馆 CIP 数据核字(2016)第 177416 号

书　　名	供应链管理	
主　　编	李喜梅	
责任编辑	史菲菲	

出版发行　西安交通大学出版社
　　　　　（西安市兴庆南路 10 号　邮政编码 710049）
网　　址　http://www.xjtupress.com
电　　话　(029)82668357　82667874(发行中心)
　　　　　(029)82668315(总编办)
传　　真　(029)82668280
印　　刷　陕西天丰印务有限公司

开　　本　787mm×1092mm　1/16　印张 12.875　字数 306 千字
版次印次　2016 年 8 月第 1 版　2016 年 8 月第 1 次印刷
书　　号　ISBN 978-7-5605-8821-6/F·618
定　　价　29.80 元